Rob Boddice

Die Geschichte der Gefühle

Rob Boddice

Die Geschichte der Gefühle von der Antike bis heute

Aus dem Englischen von Mirjam Stiegel

Die englische Originalausgabe ist 2019 bei Reaktion Books Ltd., London,
unter dem Titel *A History of Feelings* erschienen.

Die Deutsche Nationalbibliothek verzeichnet diese Publikation in der Deutschen Nationalbibliografie; detaillierte bibliografische Daten sind im Internet über www.dnb.de abrufbar.

wbg THEISS ist ein Imprint der wbg.

Die Herausgabe des Werkes wurde durch die Vereinsmitglieder der wbg ermöglicht.
Lektorat: Melanie Kattanek, Hemmingen

Gestaltung und Satz: TypoGraphik Anette Bernbeck, Gelnhausen
Einbandgestaltung: Jutta Schneider, Frankfurt a. M.
Einbandmotiv: Die trauernde Maria Magdalena. Links unterhalb des Bildes befindet sich die Inschrift: »Selig sind die Trauernden, denn sie werden getröstet werden.« Öl auf Leinwand, um 1640 von Francesco Furini. © akg-images / Erich Lesing

Gedruckt auf säurefreiem und alterungsbeständigem Papier
Printed in Germany

Besuchen Sie uns im Internet: www.wbg-wissenverbindet.de

ISBN 978-3-8062-4011-5

Elektronisch sind folgende Ausgaben erhältlich:
eBook (PDF): 978-3-8062-4012-2
eBook (epub): 978-3-8062-4013-9

Inhalt

Anhang

Gefühle und Geschichte

Ich erinnere mich an ein Geschichtsprojekt in meiner Schulzeit – es muss etwa 1993 gewesen sein und ich war ungefähr 15 Jahre alt. In einem ehemaligen Bergbaudorf in der Nähe von Burton-on-Trent sollten meine Mitschüler und ich die Erlebnisse der Menschen dort während des Ersten Weltkriegs erforschen. Burton gehörte zu den ersten Orten in Großbritannien, die von Luftangriffen betroffen waren, daher interessierten uns die Zeppelin-Angriffe natürlich besonders. Die Aufgabe: Verfasse eine »empathische Darstellung« darüber, wie es war, im Januar 1916 in Burton einen Zeppelin-Angriff zu erleben. Uns wurden verschiedene Informationen an die Hand gegeben: Ausschnitte aus Regionalzeitungen; Sekundärquellen, die die Ereignisse und ihre Folgen beschrieben; Informationen zu technischen Details der Zeppeline und darüber, wie man sich gegen sie verteidigen kann; Angaben zum historischen Kontext Burtons, zu seiner industriellen und ökonomischen Bedeutung und so weiter. Mit diesen Informationen »bewaffnet«, sollten wir uns mithilfe unserer eigenen Vorstellungskraft in eine imaginäre Person der Vergangenheit hineinversetzen, die unter einem Küchentisch Schutz sucht oder die durch die moderne Tötungstechnologie Freunde oder Nachbarn verloren hat und nun mit diesem Verlust fertigwerden muss. Keine leichte Aufgabe.

Wenn ich mich richtig erinnere, sollte die Darstellung tausend Wörter umfassen. Es wäre passend und überdiest ziemlich schmeichelhaft für diejenigen, die sich solche Geschichtsprüfungen ausdenken, wenn ich diese Erfahrung als den Ausgangspunkt dafür beschreiben könnte, dass ich mich als Historiker mit Emotionen und mit dem Erleben beschäftige. So war es aber nicht (ohne meinem damaligen Geschichtslehrer David Frater zu nahe treten zu wollen). Vielmehr beginne ich mit dieser Anekdote, um zwei Dinge deutlich zu machen:

Der erste wichtige Punkt ist, dass womöglich davon ausgegangen wird, dass Empathie – das Erschließen von Emotionen anderer – ohne Weiteres auf die Vergangenheit übertragen werden kann. Diese Ansicht beruht auf der Annahme, dass das, was ich mir bezüglich meiner Gefühle vorstelle, die ich in einer bestimmten Situation hätte, dem nahe kommt, wie es sich tatsächlich anfühlt, in dieser Situation zu sein. Was uns hierfür qualifiziert, ist, dass wir alle Menschen sind und gewisse Grundemotionen und Bausteine unserer Erfahrungswelt gemeinsam haben. Ein Bombenangriff ist furchteinflößend. Vergleichbar fühlt es sich an, wenn ich Angst habe. Ich hätte unter einem Tisch Schutz gesucht. So muss es sich angefühlt haben. Aber so funktioniert Empathie nicht. Sie hängt nicht nur von biologischen Gemeinsamkeiten ab, sondern auch von Erfahrungen, einem gemeinsamen Kontext, von gemeinsamem Wissen, von dem, was von uns allen in Sachen emotionaler Empfindung erwartet wird, von gemeinsamen Gesten. Wir empfinden vor allem dann Empathie, wenn wir das Gefühl selbst kennen.[1] Wenn wir uns unbekannten Umständen gegenübersehen, versuchen wir zwar vielleicht, Empathie zu empfinden, aber wahrscheinlich kommen wir dem nicht besonders nahe, wie es sich tatsächlich anfühlt, die andere Person *zu sein*. Je weiter eine Situation von unserem Erfahrungshorizont entfernt ist, desto unwahrscheinlicher ist es, dass wir es schaffen, Empathie zu empfinden. Einige Situationen, die uns besonders fremd sind, lösen vielleicht noch nicht einmal den Impuls aus, überhaupt Empathie empfinden zu *wollen*. Ich frage mich jetzt, ob ich genügend Informationen hatte, um mich in jemanden aus dem Burton von 1916 hineinversetzen zu können – Informationen über Arbeit, Leben, Sprache, Identität, Probleme, Gesten, über die vielen Schichten von *emotional regimes* (Familie, Klasse, Gemeinschaft, Nation, Verbündete) und über die Prozesse des *othering*, die in der Zeit des Krieges zu Feindschaft und Hass führten. Ich komme zu dem Schluss, dass dies nicht der Fall war.

Der zweite wichtige Punkt ist, dass Empathie zwar eine der Grenzen zwischen uns und der Geschichte (genauer gesagt: der Geschichtsschreibung) zu markieren scheint, dass es aber doch Anlass gibt, optimistisch zu sein, dass wir diese Grenzen mit anderen Mitteln überschreiten können. Während meiner Zeit als Geschichtsstudent Ende der 1990er-Jahre schlug der »historischen Empathie« viel Gegenwind entgegen. Die Postmoderne drohte die Geschichtsschreibung auf einen höchst selektiven Erzählprozess zu reduzieren, der Fantasie der Historiker entsprungen, die eher mit Romanautoren zu vergleichen seien, und so wurde das Primat des Beweises, der empirischen Forschung, der Kontextualisierung bekräftigt und betont, dass die Darstellung der Vergangenheit einer Begrenzung unterliegt.[2] Nachzuempfinden bedeutete ein fantasievolles, aus der Luft gegriffenes Beschreiben, es bedeutete, historischen Ereignissen affektive Werte zuzuschreiben, auf die es in den Archiven keine Hinweise gab.[3] »Die Vergangenheit ist ein fremdes Land« – so lautet eine beliebte Parole. Und genau wie es manchmal bei Begegnungen mit Menschen aus fremden Ländern der Fall ist, ist nicht immer sofort Empathie vorhanden. Dennoch haben diejenigen, die sich Gedanken über die Vergangenheit machen, das Bedürfnis, nachzuvollziehen, wie es sich angefühlt hat, sich in einer bestimmten Situation zu befinden.

Verstehen erfordert Zeit, Arbeit und Mühe – aber deshalb ist es nicht unmöglich. Auch wenn es nicht möglich ist, einfach eine empathische Darstellung der Vergangenheit zu verfassen, können wir versuchen, zu verstehen, wie es sich zu einem bestimmten Zeitpunkt an einem bestimmten Ort angefühlt hat – aus der Perspektive der damaligen Akteure, indem wir die Gefühlswelten, in denen sich diese Menschen *bewegt* haben, gründlich rekonstruieren.[4] Eine Geschichte der Gefühle zu schreiben, ist möglich, aber nur, wenn wir zunächst das Primat unserer eigenen Gefühle als Wegweiser aufgeben. Es handelt sich hierbei nicht um Geschichtswissenschaft im Sinne eines Nachempfindens: Wir legen unsere Empathie ab, um herauszufinden, wie diejenigen, die heute tot sind, zu Lebzeiten gefühlt haben.

In den letzten zehn Jahren ist die Emotionsgeschichte in den Fokus der Geschichtswissenschaft gerückt. Allerdings explodiert zwar die Zahl der Arbeiten zur Geschichte von Gefühlen, Leidenschaften, Emotionen und Empfindungen, aber es wurde kaum ein Versuch unternommen, das Thema allgemein darzustellen oder die Geschichte der Emotionen quer durch alle Epochen von der Antike bis zur Gegenwart zu erzählen.[5] Das vorliegende Buch ist die erste locker strukturierte Geschichte der Gefühle über diesen sehr langen Zeitraum. In vielerlei Hinsicht ist dieses Buch eine Ergänzung zu *The History of Emotions*, einer Publikation, die sich ganz und gar auf die Theorie, die Methoden, Arbeitsweisen und Herausforderungen der Emotionsgeschichte als Forschungsfeld konzentriert und so den Anfangsschwierigkeiten bei der emotionsgeschichlichen Forschung begegnet.[6] Die bereits vorhandenen methodologischen und theoretischen Texte waren schwer zu überschauen und miteinander in Verbindung zu bringen, sodass es schwierig war, einen Ausgangspunkt zu finden. *The History of Emotions* befasst sich also mit dem wissenschaftlichen Handwerkszeug. Ich habe darin darauf hingewiesen, dass es noch keine Darstellung der Geschichte der Emotionen gab, welche die traditionelle Periodisierung durchbricht und über die Grenzen eines Fachgebiets hinausgeht. Mit diesem Buch versuche ich deshalb, die Emotionsgeschichte in möglichst groben Zügen darzustellen. Es handelt sich also nicht um eine detaillierte wissenschaftliche Untersuchung eines kurzen Moments oder eines einzelnen Ortes, sondern um den Versuch einer Darstellung des Gefühlslebens über einen Zeitraum von epischem Ausmaß hinweg. Es gibt tausend Möglichkeiten, wie diese Geschichte erzählt werden kann, und ich behaupte nicht, dass dieses Buch der definitive große Wurf ist. Es ist *eine* mögliche Darstellung, die als Ausgangspunkt dienen kann und die andere verbessern, mit Leben füllen und ergänzen können.

Das vorliegende Buch lehnt eine universelle Emotionstheorie ab und verfolgt stattdessen eine biokulturelle Herangehensweise, die davon ausgeht, dass unser Fühlen ein dynamisches Produkt ist, das auf der Existenz von Körper und Geist in Zeit und Raum beruht.[7] Emotionale Begegnungen und individuelles Erleben werden gleichermaßen im historischen und kulturellen Kontext erklärt, um das, was in traditionellen Darstellungen der Vergangenheit nicht beschrieben wird – Gesten, Gefühle, Erleben – aufzuarbeiten. Wir sind daran gewöhnt, dass in der Vergangenheit der Fokus auf der Vernunft lag und dass es als *irrational* abgetan wurde, wenn Gefühlen laut oder gar schreiend Ausdruck verliehen wurde. Ich gehe davon aus, dass die Trennung zwischen Vernunft und Irrationalität falsch ist. Dennoch stellt sich die Frage, wie die Akteure unterschiedlicher Epochen das Irrationale definiert und erlebt haben. Oft wurden Gefühle gar nicht als das Gegenteil von Rationalität angesehen, sondern man sah sie – so hatte es sich einigermaßen verfestigt – als Teil des Einklangs von Körper und Geist, *ratio* und *passio*.

Dieses Buch beschränkt sich auf die *historische* Zeit; neurobiologische Aspekte, die Suche nach »tiefen«, evolutionären Strukturen im menschlichen Körper, die präkulturell sind, werden außer Acht gelassen. Ich habe bereits an anderer Stelle geschrieben, dass zwar darüber spekuliert werden kann, welche menschlichen Verhaltensweisen »automatisch« sind – natürliche Prozesse sozusagen –, dass es jedoch unmöglich ist, sich einen Menschen außerhalb von Kultur vorzustellen.[8] Sollte jemand entgegenhalten, dass es irgendwo und irgendwann einmal präkulturelle Menschen gab, würde ich erwidern, dass diese Lebewesen dann prä-menschlich waren. Die Gesamtheit dessen, was in der Vergangenheit geschaffen wurde, ist – soweit erhalten – Kultur, egal ob es sich nun um Sprache, bedeutungsvolle Gesten, Kunst oder eine Art von gesellschaftlicher Organisation handelt. Etwas Bedeutungsvolles entsteht ausschließlich durch kulturelle Formation, durch Interaktion und Dynamik. Wenn es nichts gibt, was eine Bedeutung hat, dann gibt es, was die Geschichte anbelangt, nichts zu sagen. Für die Geschichte der Emotionen, der Sinne und des Erlebens ist es essenziell, sich von den Versuchungen einer Art transzendentalen Biologie zu befreien.[9] Einige behaupten, dass sonst die Gefahr bestünde, in ein neues »dunkles Zeitalter« zurückzufallen, wenn erst die Geisteswissenschaften all ihre Berechtigung, zu erforschen, was es bedeutet, Mensch zu sein, zugunsten der Evolutionswissenschaft aufgegeben haben.[10] Das erinnert mich an die Bedenken Sartres gegenüber der Psychologie. Über die Phänomenologie der Emotionen sagte er, dass Emotion, »als physisches Körperphänomen nicht existiert [...], da ein Körper ja nicht erregt sein kann, weil er seiner eigenen Manifestationen keinen Sinn zu verleihen vermag«.[11] In menschlichem Gewebe wird keine *Bedeutung* zu finden sein, wie intensiv auch nach den biologischen Wurzeln des Geistes gesucht wird. Bedeutung muss immer geschaffen werden – und dies passiert immer innerhalb eines Kontexts, einer Kultur und einer Gesellschaft. Gehirn und Körper sind selbst *Teil der Welt.* Sie sind selbst Teil der Geschichte. Gerade die Plastizität von Gehirn und Körper, die Anpassungsfähigkeit in Bezug auf kulturelle Formationsprozesse, sind eine essenzielle Grundlage für die Emotionsgeschichte, denn andernfalls bliebe, was das Erleben anbelangt, nur eine dünne Schicht von Veränderungen bei einer ansonsten stabilen Biologie.

Die Emotionsgeschichte greift aber tiefer. Insbesondere Erkenntnisse aus den Forschungen zur Neuroplastizität[12], Mikroevolution[13] und Epigenetik[14] liefern der Geschichtswissenschaft empirische Belege dafür, dass sich das Erleben verändert, und stehen verallgemeinernden Tendenzen einer rigideren

Evolutionsbiologie oder einer universalistischen Denkrichtung innerhalb der Affekttheorie entgegen.[15] Die Geschichtswissenschaft muss ihre Erkenntnisse über Veränderung nicht unter Verwendung der Begriffe dieser Forschungsbereiche formulieren – dafür gibt es keinen Anlass. Es schadet jedoch auch nicht, die empirische Grundlage für unsere Argumente hinsichtlich der Veränderlichkeit zu würdigen, die diese Wissenschaften liefern. Wenn ich behaupte, dass Gefühle in der Vergangenheit *anders* waren, als sie es in der Gegenwart sind, und dass wir sie nur durch die Schichten zeitgebundener kultureller »Drehbücher« hindurch verstehen können, so müssen wir darin eine Historisierung des Menschen selbst sehen.

Gefühle entstehen in einer dynamischen Beziehung zwischen Gehirn und Körper einerseits und der Welt andererseits, und als solche werden sie erlebt. Logischerweise geht keiner der beiden Faktoren dem anderen voraus: Während Gehirn und Körper das Spektrum an erfahrbaren Gefühlen funktional begrenzen, wird die Art der Erfahrungen kulturell vorgegeben. Sowohl Individuen als auch Gruppen müssen herausfinden, was sie in bestimmten Situationen fühlen, und wie sie dieses Gefühl im jeweiligen Kontext sinnigerweise *ausdrücken* können. An dieser *Anstrengung* (wie unbewusst sie auch sein mag) sind neurologische und physiologische Aktivitäten von Gehirn und Körper beteiligt, sodass die kulturell geprägte Art des Ausdrucks sich auf das Gefühl selbst auswirkt und es verändert. Das ist kurz gesagt das, was William Reddy als *emotive* – als den dynamischen Prozess von Fühlen und Ausdrücken im kulturellen Kontext – beschreibt.[16] Er kombiniert damit gewandt die Idee der soziokulturellen Entstehung von Emotionen mit dem dazugehörenden Ausdruck in Gefühlen. Seitdem er diesen Begriff geprägt hat, hat die soziale Neurowissenschaft Erkenntnisse erlangt, die Reddys Theorie im Wesentlichen bestätigen.[17]

Um es auf den Punkt zu bringen: Wie wir Emotionen *Ausdruck verleihen*, in einer Reihe im Wesentlichen kulturell gebundener Aktivitäten oder Praktiken, hängt damit zusammen, wie wir sie erleben.[18] Da es völlig außer Frage steht, dass sich die Art, wie Emotionen *Ausdruck verliehen* wurde, im Lauf der Zeit verändert hat, muss auch das Erleben selbst sich verändert haben. Das Ausdruck-Verleihen beinhaltet die Worte, mit denen wir affektives Erleben beschreiben, die Gestik und Mimik, mit deren Hilfe wir es zeigen, sowie die kulturell bedingten Vorgaben zum Wann und Wie des Ausdrückens. Es wäre eine schreckliche Zeitverschwendung, zu behaupten, dass nur das Gesicht der Emotionen sich verändere, während die Emotionen selbst zeitlos seien. Vielmehr ist es so, dass beides sich gegenseitig beeinflusst und bewirkt – nicht als Kreislauf, sondern dynamisch und wandelbar, je nach Kontext. Diese Dynamiken in der Vergangenheit zu sehen, gibt uns Anlass zur Reflexion: Wer oder was prägt die Parameter meines eigenen Erlebens? Wie fühle ich? Ich werde noch zeigen, dass solcherart Reflexionen super sind, denn Vorschriften bzw. »Regime« in Sachen Emotionen haben nur deshalb ihre Wirkung, weil diejenigen, die sie erschaffen, zugleich versuchen, sie entweder »natürlich« aussehen zu lassen oder aber sie unsichtbar zu machen. Wenn deutlich ist, dass sogenannte »natürliche Ordnungen« tatsächlich künstliche Konstrukte sind, und wenn wir die verborgenen Ecken hell ausleuchten, dann sehen wir, dass die Art, wie Gefühle ausgedrückt werden, kontextabhängig ist, und dass die Menschen die Akteure des Affektwandels sind. Der Mensch mit seinem Gehirn und Körper und seiner Kultur ist also die neue Grenze der Geschichtswissenschaft.

Ich lenke den Blick in diesem Buch zwar auf verschiedene Weltgegenden, aber hauptsächlich geht es um emotionale Begegnungen von Europäern, sowohl innerhalb des Kontinents als auch mit außereuropäischen Gruppen. Es geht um Politik und die Möglichkeiten im Zusammenhang mit affektiven Begegnungen mit Fremden, Freunden und Feinden, aber auch um den ganz persönlichen Umgang mit seinen Gefühlen. Die Themen reichen vom vermeintlich schlichten Zorn Achills bis zum komplexen Phänomen der Glücksempfindung im späten 20. Jahrhundert. Ich zeige, wie Gefühle jeweils Ausdruck fanden, wie sie definiert und erlebt wurden. Selbstverständlich ist es nicht möglich, in einem einzigen Buch jede Facette des Gefühlslebens an jedem Ort der Welt und zu jedem Zeitpunkt zu betrachten. Deshalb habe ich versucht, eine Auswahl zu treffen, die wichtige Epochen und Augenblicke umfasst. Auch wenn es in jedem Kapitel um die Veränderungen in einem kurzen Zeitabschnitt geht, besteht dieses Buch doch in gewisser Weise eher aus Momentaufnahmen, aus Emotionen, die charakteristisch für die jeweilige Zeit und den jeweiligen Ort sind. Stellt man diese Momentaufnahmen aber nebeneinander, dann zeigt sich, wie enorm und umfassend sich die Sprache wie auch das Erleben von Gefühlen verändert haben, und wie sich jeweils der »Trendsetter« verändert hat – von Griechenland zu Rom über das Florenz der Renaissance und die Salons von Paris bis hin zum industriellen und wissenschaftlichen London. Der europäische Fokus mag kritisiert werden – darauf bin ich vorbereitet: Andere mögen sich von mir inspirieren lassen und weitere Zivilisationsräume erforschen.[19]

Zwei wichtige Punkte sollten zu Beginn erwähnt werden: Erstens nenne ich dieses Buch nicht eine Geschichte der *Emotionen*, denn dieser Begriff impliziert in Bezug auf Konzeption und Erleben bereits eine Kategorie, und diese hat in der großen Mehrheit der historischen Aufzeichnungen keine relevante Bedeutung. Dies würde nicht nur einem spezifisch anglofonen Kontext das betreffend den Vorzug geben, was affektives Erleben ist, sondern auch die Analyse dahingehend verzerren, was besonders in der Psychologie und Physiologie seit der Mitte des 19. Jahrhunderts generell unter dem Begriff Emotionen verstanden wird. Manche mögen nichts Falsches darin sehen, den gegenwärtigen Stand der Wissenschaft auf die Vergangenheit zu projizieren. Das zeugt jedoch von einem falschen Verständnis sowohl von Geschichte als auch von der gegenwärtigen Emotionswissenschaft. Mit Blick auf die Geschichte ist es wichtig, zu verstehen, dass es um das Erleben der Akteure der Vergangenheit geht, so wie sie selbst es verstanden haben. Daraus ergeben sich einige merkwürdige Begegnungen mit dem affektiven Erleben, wie es uns wahrscheinlich nicht vertraut ist. Wir können nicht davon ausgehen, leichter Zugang zu den Erfahrungswelten von Akteuren der Vergangenheit zu finden als zu ihrer Gesellschaft oder ihrem häuslichen oder politischen Umfeld. Verstehen erfordert Arbeit, kontextualisiertes Lesen und Analyse. Manchmal ist die Geschichtswissenschaft gerade dann erfolgreich, wenn sie die Vergangenheit als einen Ort darstellt, in den man sich *nicht* hineinversetzen kann.

In der Wissenschaft gab es in der jüngeren Vergangenheit einige bedeutende Entwicklungen, die zeigen, inwieweit die mentalen und physiologischen Prozesse, die am emotionalen Erleben beteiligt sind, »Teil dieser Welt« sind. Damit ist gemeint, dass sie selbst die Gegebenheiten schaffen, innerhalb derer sie stattfinden, andererseits aber auch, dass sie ihrerseits von diesen

Gegebenheiten erschaffen werden. Es ist ein Unterschied, ob wir in unseren Emotionen innere neurologische Prozesse sehen oder ob wir uns als Opfer von Leidenschaften sehen, von äußeren Einflüssen auf den Zustand unserer Seele. Es handelt sich hier nicht nur um semantische Unterschiede, und es ist auch nicht damit getan, zu behaupten, dass eines dieser Konzepte wahr und das andere offensichtlich falsch sei. Es ist vielmehr so, dass das, von dem wir denken, dass es uns passiert, sich tatsächlich auf uns auswirkt; es hat nicht nur Einfluss darauf, wie wir fühlen, sondern auch darauf, wie wir handeln und wie andere im Verhältnis zu uns handeln. Wie ich bereits aufgezeigt habe, bestätigt die soziale Neurowissenschaft diese Auffassung, die die Emotionsforschung selbst so herrlich ungewiss macht. Jedes Mal, wenn jemand versucht, genau zu definieren, was eine Emotion ist, wird diese dadurch buchstäblich verändert. Die soziale Neurowissenschaft hält es für möglich, dass unterschiedliche kulturelle Framings des affektiven Erlebens Gehirne auf unterschiedliche Weise *formen* und diese Gehirne wiederum die Welt auf verschiedene Weisen *konstruieren*. Kurz gesagt: Es gibt eine dynamische Beziehung zwischen Kultur einerseits und Gehirn und Körper andererseits, wobei affektives Erleben sowohl Zutat als auch Produkt ist.

Die Veränderung von Emotionen in Zeit und Raum ist zentraler Bestandteil der menschlichen Veränderung im Lauf der Zeit. Sie ist Teil der biokulturellen Geschichte des Menschen, die einer viel schnelleren Veränderung unterliegt als die Artenvariation in einem engeren evolutionären Sinne. Die Darstellung der biologischen Evolution muss zunehmend die Ergebnisse derer berücksichtigen, die die eindrucksvollen Auswirkungen der mikroevolutionären Veränderung des Menschen aufgrund seiner Einbindung in kulturelle Kontexte erforschen.[20] Das sollte keine Überraschung sein. Charles Darwin (1809–1882) selbst hat gezeigt, dass die Evolution durch einen Domestizierungsprozess in Form von Selektion und Kontrolle enorm beschleunigt werden kann. Wenn wir uns die Menschheit als eine solche domestizierte Spezies vorstellen, fällt es vielleicht leichter, die Schnelligkeit und die extreme Vielfalt der Veränderung im affektiven Erleben der Menschen zu verstehen.[21]

Aufgrund dieser neuen Perspektiven aus der Welt der Biologie wäre es nicht angemessen, den Gefühlswelten von Akteuren aus der Vergangenheit den Begriff »Emotionen« aufzuzwingen. Jede andere Kategorie würde die

Analyse in ähnlicher Weise verzerren. Im Titel dieses Buches schlage ich den Begriff »Gefühle« (*feelings*) vor – nicht etwa, weil er in allen Fällen passen würde; ich gebe damit einfach einem weniger aufgeladenen Begriff den Vorzug, der es mir erlaubt, im Verlauf des Buchs das Gefühlsleben in Bezug auf Semantik, Konzeption und Erleben zu verschiedenen Zeitpunkten und an verschiedenen Orten zu diskutieren. Dies bedeutet häufig, dass ich die jeweiligen historischen Gefühlsbegriffe in der Originalsprache belasse und schwierige Erklärungen einfachen, aber verschleiernden Übersetzungen vorziehe.[22] Ich verfolge in diesem Buch auch das Ziel, die Übertragung von historischen Begriffen des affektiven Erlebens in leicht verständliche Gefühlskategorien der Gegenwart zu verbessern. Liebe Leserinnen und Leser, haben Sie keine Angst vor Griechisch und Latein!

Der zweite wichtige Punkt ist, dass ich nicht bzw. nicht immer der »anerkannten« Argumentationsweise folge, was die Veränderung von Gefühlen im Verlauf der Zeit anbelangt – mit der typischen Charakterisierung verschiedener Zeiträume und Orte entsprechend herrschenden emotionalen Standards. In vielen Fällen versuche ich, die Darstellung umzukehren und weise darauf hin, dass der Fokus auf der Elite lag, wohingegen ich mich auf das affektive Erleben derer konzentriere, die im Allgemeinen nicht im Rampenlicht stehen. Ich tue dies weniger aus einer nonkonformistischen Haltung heraus, sondern vielmehr weil ich den Verdacht habe, dass ein Großteil der Literatur über Emotionen tendenziell das betont, was *uns* mit der Vergangenheit verbindet: Es geht da um Veränderungen im Verlauf der Zeit, die dennoch auf Kontinuitäten hinweisen und die von der Logik der Teleologie getragen werden. Die Frage, wie wir von einem Punkt zum anderen gekommen sind, ist als Ausgangspunkt der Forschung absolut vernünftig. Dabei wird jedoch all das übersehen, was verloren gegangen ist. Für mich liegt gerade in dem Verlorengegangenen das, was Geschichte lebendig werden lässt – vor allem wenn es um Gefühle geht. Um zu untersuchen, was verloren gegangen ist, müssen wir mit den Kräften rechnen, die den Kurs der Menschheitsgeschichte bestimmen.

Ich betrachte Emotionen als kausalen Faktor der Geschichte. Im Allgemeinen neigen Geschichtsabhandlungen – also die Darstellungen der Vergangenheit entsprechend dem, was Historiker aus ihr *gemacht* haben – dazu,

Emotionen als Ergebnis von Ereignissen zu deuten. Sie sind in Form von Freude oder Schock die Folgen der wesentlichen treibenden Kräfte. Ich vertrete hier den Standpunkt, dass das Gefühlsleben von Menschen eine genauso relevante treibende Kraft ist wie andere Faktoren, und dass es nicht von politischen, ökonomischen oder rationalen Dynamiken zu trennen ist. Das Gefühlsleben ist untrennbar mit menschlichen Aktivitäten aller Art verbunden – ohne das begleitende Gefühl gäbe es nie eine Handlung, eine Erfahrung, eine Entscheidung, auch wenn dieses Gefühl als die Verleugnung von Gefühlen dargestellt wird. Auch eine deutliche Rationalität oder eine distanzierte Sachlichkeit ist durch eine affektive Haltung definiert, das Gefühl von Gelassenheit oder Rechtschaffenheit. Sogar das völlig Gefühllose – das Hartherzige, das *Brutale* – ist nur aufgrund seiner Außergewöhnlichkeit bestimmbar, in einem Kontext, in dem alles andere von Gefühlen überflutet ist.

Um eines so langen Zeitraums Herr zu werden, habe ich eine episodische Herangehensweise gewählt und zeige Gefühle im jeweiligen Kontext. Die wissenschaftliche Literatur zum Thema Emotionen ist für jede der in diesem Buch behandelten Epochen schon umfangreich und komplex. Ich möchte nicht diese Literatur untersuchen, sondern vielmehr für jede Epoche wichtige und einflussreiche Episoden unter die Lupe nehmen, die auf die eine oder andere Art den affektiven Kontext der Zeit charakterisieren. Somit handelt es sich nicht um eine geradlinige, chronologische Darstellung von Veränderungen im Lauf der Zeit. Ich untersuche weder philosophische Denkrichtungen zu Emotionen, noch unternehme ich den Versuch einer zusammenhängenden intellektuellen Geschichte der Emotionen. Die Episoden, die ich ausgewählt habe, ergeben sich nicht unbedingt eine aus der anderen und erscheinen vielleicht sogar unharmonisch oder unzusammenhängend. Jedes Kapitel hat ein vages Oberthema, wobei scheinbare Ähnlichkeiten sich oft in starke Gegensätze auflösen. Es ist gewissermaßen meine Absicht, nicht nur die Unterschiede zwischen der affektiven Vergangenheit und unserer Gegenwart aufzuzeigen: Ich will auch die großen Unterschiede im Verlauf der gesamten Geschichte und von Ort zu Ort herausstellen. Indem ich Gefühle, Leidenschaften und Emotionen in ihrem Kontext zeige, hebe ich hervor, inwiefern das affektive Erleben unserer Vorfahren reich, typisch und im Großen und Ganzen unbeständig und veränderlich war. Ich untersuche jede der Episoden, auf die ich mich konzentriere, systematisch wissenschaftlich und versuche dabei, die winzigen Besonderheiten in der affektiven Sprache und im affektiven Erleben zu entdecken, die andernfalls in weitläufigen Kategorien wie platonisch, stoisch, thomistisch, kartesianisch oder szientifisch untergehen würden.

Teilweise liegt der Fokus auf linguistischen Unterschieden, jedoch soll sich meine Argumentation nicht auf die Semantik beschränken. Wie ich bereits erwähnt habe, wird das Erleben nicht nur durch die Sprache benannt, sondern auch von ihr beeinflusst.[23] Der einstige Sprachreichtum in Gefühlsdingen geht oft durch eine Übersetzung verloren. Wenn ich Begriffe weglasse, dann weil ich tote Konzepte für die moderne Leserschaft verständlich machen will. Bevor die Emotionsgeschichte eine Theorie und Methodologie entwickelt hatte, störte sich die Geschichtswissenschaft kaum an dem Verlust, der mit der Übersetzung von *menis* als »Zorn« oder *misericordia* als »Mitleid« einhergeht. Man überließ diese Dinge den Philologen, deren Bedeutung nicht hoch genug eingeschätzt werden kann. Es wird überdeutlich werden, dass ich der Meinung bin, dass in diesen Fällen der Verlust schwerer wiegt als die Zweckmäßigkeit der Übersetzung. Ich würde immer eher in die Zeit investieren, den Kontext zu erklären, der einem Wort seine zeitgenössische Bedeutung verleiht, anstatt es dem heutigen Sprachgebraucht anzupassen. Dies bedeutet oft, dass ich die Emotionsbegriffe der Vergangenheit in der Sprache der jeweiligen Zeit belasse. Um ihre Bedeutung verständlich zu machen, ziehe ich weitere Quellen heran, die eine Episode kontextualisieren. In einigen Kapiteln werden visuelle bzw. materielle Quellen – wie Gemälde, Fotos, Holzschnitte, Keramik oder Mosaike – besonders hervorgehoben. Mithilfe eines Bildes kann oft mehr über ein Gefühl gesagt werden; gleichermaßen soll deutlich werden, dass kein völliges Verständnis erreicht werden kann, ohne den Kontext zu verstehen, in dem ein Bild entstanden ist. An anderen Stellen verwende ich bestimmte Aspekte der Biografie einer einzelnen Person und untersuche die dynamischen Beziehungen zwischen privater Korrespondenz und öffentlichem Kontext, um den affektiven Stil einer bestimmten Person zu finden, der typisch für die jeweilige Zeit ist. Publikationen aus Philosophie, Naturwissenschaften, Medizin und Literatur liefern die Einzelteile für die Rekonstruktion des Kontexts der Gefühle.

Letztendlich wird das Ziel der Emotionsgeschichte verfehlt, wenn wir versuchen, alles in die Kategorien von Emotionen zu pressen, von denen wir denken, dass wir sie bereits verstehen. Ich hoffe, dass wir durch das Verfremden der Gefühle der Vergangenheit einen Punkt erreichen können, an dem wir die Einbildung über Bord werfen, dass wir selbst unsere eigenen Emotionsbegriffe bereits verstehen. Wenn wir nicht die Macht und Politik von Sprache und Konventionen in Bezug auf Emotionen reflektieren, riskieren wir, nur vage zu verstehen, wie wir fühlen, – durch das durch andere gebrochene Licht.

Zweifellos wird die Auswahl der Episoden Fragen aufwerfen. Eine allgemeine Antwort gibt es da nicht; die jeweils gewählten Schwerpunkte scheinen entweder besonders einflussreich (nachhaltige Auswirkungen auf Gesellschaft, Politik, Kultur, Bildung für viele Generationen) oder besonders erhellend hinsichtlich der Distanz zwischen den Gefühlen der Vergangenheit und der Gegenwart. Mit vielen der Episoden habe ich mich im Verlauf der letzten zehn Jahre oder länger immer wieder beschäftigt, da sie fesselnd und verführerisch sind und nicht so einfach in emotionale Schubladen gesteckt oder in unserer eigenen Terminologie definiert werden können. Auf sie greife ich unter anderem zurück, um der Theorie universeller menschlicher Emotionen etwas entgegenzusetzen. Dieses Buch ist also keine durchgehende Geschichte. Ich versuche jedoch zu zeigen, dass es vor allem an Übersetzungen liegt, dass wir den Eindruck haben, das Interesse an und die Beschäftigung mit bestimmten Emotionen – zum Beispiel Glück – seien unveränderlich. Außerdem hat die Politik ihren Einfluss: Das Erleben ist auf überwältigende Weise von den Vorschriften und Begrenzungen durch diejenigen beeinflusst, die Macht haben. Menschen drücken ihre Gefühle derart aus, wie es in einem bestimmten Kontext als angemessen gilt, und diese Parameter werden niemals von den Armen, Schwachen, Entrechteten oder denen vorgegeben, die aufgrund von Geschlecht, »Rasse«, Alter oder Behinderung von *othering* betroffen sind.

Um eine so große Aufgabe in einem derart kleinen Rahmen anzugehen, musste ich die Grenzen meiner eigenen Expertise erweitern. Dies habe ich getan, um einen Punkt in *The History of Emotions* zu veranschaulichen. Die

Methodologie der Emotionsgeschichte lässt sich auf jeden Ort und jeden Zeitpunkt anwenden, hauptsächlich deshalb, weil alle Annahmen über Kategorien des Erlebens bezüglich der Vergangenheit über Bord geworfen werden. Gefühlsleben, -stile und -systeme müssen im Kontext rekonstruiert werden. In diesem Prozess wird die traditionelle Periodisierung infrage gestellt, denn die Kennzeichnung von Kontinuität und Veränderung geht nicht immer mit der Genese der Affekte überein. Nichtsdestoweniger habe ich eine Chronologie beibehalten, die ausreichend vertraut ist. Innerhalb der einzelnen Kapitel versuche ich jedoch, allgemeine Annahmen über die *emotional styles* der jeweiligen Epoche zu durchbrechen und implizit die Frage zu stellen, wie es zu solchen Annahmen kommt. Es stellt sich heraus, dass es in der *Ilias* gar nicht um Wut geht; platonischer Ekel entpuppt sich als Verlangen; frühneuzeitlicher Rationalismus wird zur bewussten *Bewegung*; das »Zeitalter der Empfindsamkeit« ist durch seine Beschäftigung mit der *Brutalität* oder durch einen Mangel an Gefühl gekennzeichnet; und unser eigenes, höchst emotionales Zeitalter ist durch eine verordnete Unterwürfigkeit charakterisiert. Was die Periodisierung anbelangt, so überlappen sich die einzelnen Kapitel manchmal. Durch diese etwas anders strukturierte Darstellung des affektiven Erlebens im Verlauf der Zeit erhoffe ich mir, dass zukünftige Historiker einen Schritt weiter gehen und eine völlig neue Periodisierung vornehmen, die auf einem neuen Verständnis des Gefühlslebens der Vergangenheit basiert.

Im Sommer 2017 fragte mich Thomas Dixon, der sich als Historiker mit Emotionen, den Naturwissenschaften und der Religion beschäftigt, während eines Abendessens in Helsinki, was meiner Meinung nach der Grund dafür sei, dass die Emotionsgeschichte während der letzten zehn Jahre plötzlich an Fahrt aufgenommen hätte. Wir sinnierten über die öffentliche Darstellung von Trauer und darüber, dass die Wissenschaft unausweichlich von derartigen Gefühlsäußerungen fasziniert ist. Aber keiner von uns beiden war mit einer solchen Erklärung zufrieden, die ohnehin nur die Frage bekräftigte und neue Fragen aufwarf. Nach einiger Überlegung bin ich zu dem vorläufigen Schluss gekommen, dass die Emotionsgeschichte genau deshalb momentan so aktiv ist, weil unser eigenes Gefühlsleben – ob es nun durch uns selbst, durch die Gesellschaft, das kulturelle Setting oder das Gemeinwesen unterschiedlicher Dimensionen gestaltet wurde – an Bedeutung verliert. Im neoliberalen Zeitalter erscheint Emotion als etwas Vages, Leeres oder Rohes. Das soll nicht heißen, dass es gegenwärtig keine extreme Wut und Trauer gäbe – diese Emotionen scheinen unvermeidbar. Vielmehr ist es so, dass ein komplexes und feingliedriges Set von Emotionen sowie eine komplexe Sprache, mithilfe derer wir über diese Emotionen sprechen könnten, durch die Massenkultur ersetzt (oder zumindest geschwächt) wurden. Größe hat den Platz dieser Feingliedrigkeit eingenommen. Ja, es gibt Wut, und extreme Wut, und *enorme* Wut. Das Gefühlsleben der Vergangenheit erregte in dem Moment das Interesse der Geschichtswissenschaft, als einstige Gefühle als etwas Unvertrautes erkannt wurden.

Wie es bei den meisten Geschichtsstudien der Fall ist, spricht auch das Bedürfnis, die Gefühle der Vergangenheit zu erforschen, Bände über unsere eigenen Zweifel hinsichtlich der Gefühle der Gegenwart. Vielleicht versuchen wir, diese Gefühle wiederzuentdecken oder wiederzugewinnen; oder vielleicht wollen wir einfach etwas über die Kräfte wissen, die begrenzen und/oder kontrollieren, wie wir fühlen. In diesem Sinne unterscheidet sich die Emotionsgeschichte nicht besonders von anderen neuen Zweigen der Geschichtswissenschaft in den letzten fünfzig Jahren. Sie versucht, die Machtinstrumente aufzudecken, um sie zu zerstören.

Ich möchte das politische Ziel dieses Buches nicht überbetonen, aber Emotionen sind politisch, und Emotionshistoriker diskutieren die möglichen Auswirkungen ihrer Arbeit. Insbesondere William Reddy betont unsere Fähigkeit als Historiker (und Anthropologen), »emotionale Regime« entsprechend dem Grad der individuellen Freiheit, was Emotionen anbelangt, zu beurteilen. Mit anderen Worten: Inwieweit kann eine Person selbst aus einer Vielzahl von möglichen »Drehbüchern« auswählen und somit entdecken, was sie fühlt? An anderer Stelle habe ich behauptet, dass sogar ein strenges emotionales Regime einem Individuum den Eindruck – und damit die Realität – geben kann, emotional frei zu sein, und dass eine urteilende Position niemals neutral ist.[24] Wenn man jedoch diese Herangehensweise auf den Kopf stellt, gibt es ein Ziel. Die Geschichtswissenschaft sollte in der Lage sein, herauszuarbeiten, in welchem Ausmaß Akteure der Vergangenheit sich der emotionalen Begrenzungen ihres Erlebens bewusst waren. Sich Restriktionen bewusst zu sein – sich bewusst zu sein, dass das Natürliche tatsächlich kulturell und politisch ist und das Unsichtbare gesehen werden kann –, selbst wenn diese Restriktionen keine schlechten sind, bedeutet, sich der eigenen Unfreiheit bewusst zu sein. In diesem Buch werde ich reihenweise Beispiele von Menschen und Gesellschaften zeigen, die nicht die Macht hatten, innerhalb der affektiven Regime, an die sie gebunden waren, Veränderungen zu bewirken, die sich aber dennoch dieser Gebundenheit bewusst waren. Ihr Leiden wurde durch dieses Wissen verschlimmert; ihr Ringen jedoch erhielt dadurch eine Fokussierung, eine Richtung und trotz des Regimes ein zusätzliches dynamisches affektives Element. Ich gehe nicht davon aus, dass ich ein Instrument zum Erlangen einer emotionalen Freiheit bereitstelle, indem ich über unsere eigenen emotionalen Regime reflektiere (womit dieses Buch abschließt), über das, was uns bindet und beschränkt oder unser Erleben lenkt. Aber die Ketten zu verstehen, ist eine notwendige Voraussetzung, um die Schlösser zu knacken.

Inwieweit wissen wir, ob wir »glücklich« oder »mitfühlend« sind oder »Schmerzen haben«? Die Anführungszeichen kennzeichnen die Kontingenz und Veränderlichkeit. Wie dieses Buch zeigen wird, gibt es in Bezug auf keines dieser Dinge etwas Intrinsisches, Objektives oder Zeitloses. Die Art, wie affektives Verhalten bewertet wird, hängt ebenfalls von historisch spezifischen Konfigurationen ab.

1 Archaische und klassische Leidenschaften

Die Archaik und die Klassik des antiken Griechenland gehören in Bezug auf die Leidenschaften mitsamt ihrer Bedeutung, ihrem Wert und ihrem Erleben zu den am besten erforschten Zeiten. Ein Großteil der Forschung fokussiert auf die Literatur und Philosophie dieser Epochen: ergiebige Quellen mit weitreichendem Einfluss.[1] Es kann hier also keine umfassende Darstellung erfolgen, ebenso wenig, wie irgendeine andere Epoche vollständig behandelt werden kann. Stattdessen habe ich eine Auswahl getroffen, die beispielhaft für die Komplexität und Fremdheit der antiken griechischen Leidenschaften stehen soll – in Bezug darauf, wie sie beschrieben, aber auch wie sie erlebt wurden (insoweit wir hierzu überhaupt Vermutungen anstellen können).[2] Ich betrachte vier »Emotionen«, die oberflächlich betrachtet vertraut und unkompliziert erscheinen: Wut, Angst, Scham und Glück.

Anhand von Homers *Ilias*, Thukydides' (460–400 v. Chr.) *Peloponnesischem Krieg* und Aristoteles' (384–322 v. Chr.) *Nikomachischer Ethik* will ich zeigen, dass diese bloßen Etikette – Wut, Angst, Scham, Glück – in Bezug auf das, was im Griechischen damit gemeint ist, mehr verschleiern, als sie enthüllen. Zu Beginn beziehe ich mich zwar auf diese vertrauten Emotionsbegriffe, aber ich werde zeigen, dass sie nur mit Vorsicht und mit Erklärungen verwendet werden sollten, da sie nicht das bedeuten, was sie zu bedeuten scheinen. Deshalb halte ich es für notwendig, in diesem Kapitel die jeweiligen griechischen Begriffe zu verwenden (mit Transliteration, damit jeder sie lesen kann). Auch wenn ich kein Experte des Altgriechischen bin, habe ich genug gelernt, um zu wissen, dass es gefährlich ist, zugunsten der Übersetzung die griechische Bedeutung zu verflachen; daher ziehe ich es vor, ausführlich zu erklären, was die griechischen Begriffe tatsächlich bedeuten. Ich hoffe, dass diejenigen Leser, die eine Beschreibung unserer heutigen Begriffe Wut, Angst, Scham und Glück erwarten, stattdessen am Ende des Kapitels eine Vorstellung davon haben, was μῆνις (*menis*), φόβος (*phobos*), αἶσχος (*aischos*) und εὐδαιμονία (*eudaimonia)* bedeuten.

Gottgleiche Bedrohung

Am Anfang war das Wort *menis*. Dieses allererste Wort des westlichen Literaturkanons wird üblicherweise mit Zorn oder Wut übersetzt: In der *Ilias*, dem epischen Gedicht Homers, scheint es im Wesentlichen um die extreme Wut Achills zu gehen (dort steht es, als erstes Wort, im Akkusativ Singular: μῆνιν – *menin*, der Nominativ dieses femininen Wortes lautet μῆνις – *menis*). Für mich ist dieses Werk der logische Ausgangspunkt. Der Einfluss der *Ilias*, die vermutlich um 800 v. Chr. oder etwas später verfasst worden ist, kann nicht hoch genug eingeschätzt werden.[3] Zusammen mit einer kleinen Anzahl an weiteren epischen Gedichten dominierte sie das griechische Bildungsleben. Im Athen zur Zeit Platons (ca. 400 v. Chr.) war man mit dem Werk sehr vertraut, sah es als Grundlage für die fundamentalen Lehren des Lebens. Bis heute ist die *Ilias* ein beliebter Klassiker und insbesondere ein Eckpfeiler der liberalen Bildung. Die Tatsache, dass etwas, das wir als Emotionsbegriff bezeichnen würden, den Beginn sowie den Rahmen der Erzählung darstellt, rückt *menis* für eine Geschichte der Gefühle ins Rampenlicht. Die *Ilias* ist weniger eine faktische Darstellung eines Krieges und der in diesem Zusammenhang erfolgenden Handlungen, sondern sie diente vielmehr jahrhundertelang als Leitbild für Heldentum und Tugend. Beides wird von den Leidenschaften der Seele und von dem gelenkt, das wie Emotionen aussieht, das aber größere kosmologische Dimensionen hat.

Wenn wir davon ausgehen, dass es in der *Ilias* um so etwas wie Wut geht, müssen wir auch der Frage nachgehen, was wir in dem Werk über Wut lernen sollen. Diesbezüglich bin ich zu dem Schluss gekommen, dass es in der *Ilias* letztendlich eigentlich gar nicht um Wut geht. Daraus ergibt sich eine Reihe von Fragen dazu, warum der Begriff dann in den Übersetzungen als Wut oder Zorn wiedergegeben wird. Es wurde seitens der Wissenschaft oft darauf hingewiesen, dass *menis* in der *Ilias* ein besonderes und seltenes Wort ist, das ausschließlich für Achill und die Gottheiten verwendet wird und sich von der prosaischeren Wut der anderen Charaktere unterscheidet – sie leiden an χόλος (*cholos*), dessen Ursprung im Körper liegt, etwa in der Galle.[4] Achills *menis*, die mit den Gottheiten in Zusammenhang steht, ist in Bezug auf ihre Größe und Bedeutung kosmisch.

In einer teleologischen Interpretation der *Ilias* bezeichnet Leonard Muellner *menis* als »kosmische Sanktion« und schreibt ihr die Macht zu, die soziale Ordnung der Welt, die durch eine fundamentale Bedrohung gestört wird, wiederherzustellen.[5] Meistens geht sie von einer Gottheit aus und dient dazu, einen Menschen, der sich »wie eine Gottheit« verhält, davon abzuhalten, die Grenzen seines Wesens zu überschreiten, oder um die Ordnung unter den Gottheiten selbst aufrecht zu erhalten. Achill ist kein Gott, sondern ein Halbgott; er hat eine unsterbliche Mutter. Wichtiger ist aber, dass er ein König von gleichem Rang wie Agamemnon ist. Zu Beginn der *Ilias* demütigt Agamemnon Achill, indem er ihm die versklavte Briseis wegnimmt, die dieser zuvor als Beutefrau erhalten hat. Damit gefährdet er die sensible soziale Ordnung unter den Königen und verletzt außerdem die Rituale bezüglich der Aufteilung der Beute. Achill ist zu Recht wütend, aber sind diese persönliche Demütigung und die Gefährdung der griechischen Gesellschaftsstruktur der Grund für seine *menis*?

Das zweite Wort des westlichen Literaturkanons ist »preisen«. Hierin liegt ein deutlicher Hinweis darauf, worum es bei der *menis* Achills geht. Homer beginnt seine Erzählung damit, dass er die Göttin – seine Muse – bittet, die Erzählung zu preisen. In den meisten modernen Übersetzungen fordert Homer die Göttin dazu auf, Achills Wut zu »singen«. Soweit ich es beurteilen kann, resultiert diese eher neutrale Wortwahl daraus, dass der Übersetzer nicht glauben kann, dass die *menis* in der *Ilias* als Tugend oder zumindest als eine positive Emotion gemeint ist. Aus demselben Grund verwenden die meisten modernen Übersetzungen die Worte »Zorn« und »Wut« gewissermaßen synonym. So geht die wesentliche Unterscheidung zwischen menschlicher Wut und kosmischer *menis* verloren. In Robert Fagles' viel gepriesener englischer Übersetzung zum Beispiel ist Wut ein Leitmotiv des gesamten Epos, wodurch das Bild einer dicht mit wütenden Königen und Gottheiten besiedelten Landschaft entsteht.[6] Dieser wundervoll klaren und fesselnden Erzählung wird jedoch eine zentrale Unterscheidung geopfert. Als ich 2006 zum ersten Mal zur

Ilias las, wurde zur Fassungslosigkeit und Überraschung der anwesenden Altertumswissenschaftler seitens der Studierenden »preisen« als mögliche Übersetzung für ἀείδω (*aeido*; in der *Ilias* steht der Imperativ *aeide*) vorgeschlagen. Ich übernehme an dieser Stelle dankend diesen Vorschlag und warte auf weitere Fassungslosigkeit in den Reihen der Altertumswissenschaftler.

Oberflächlich betrachtet, handelt es sich hierbei nicht um eine umstrittene Übersetzung des Wortes. Die meisten Wörterbücher schlagen diese Übersetzung vor. Was sie im Zusammenhang mit der *Ilias* unplausibel macht, ist unser heutiges Verständnis von Wut – insbesondere der Wut Achills – als negativ, übertrieben, unanständig, böse, hartherzig und extrem irrational. Es fällt uns schwer, zu verstehen, warum Achills Zorn sich durch das gesamte Epos zieht und warum irgendeine seiner Taten lobenswert sein sollte. Dementsprechend schließen viele moderne Übersetzungen die Taten, die Achill begeht, als er am Ende der *Ilias* wieder in das Kampfgeschehen eingetreten ist, in die Erzählung über seine Wut ein. Angesichts seiner extremen Mordlust während der Schlacht ist es schwierig, seine *menis* als lobenswert zu beurteilen. Hierdurch werden das Verständnis und die Analyse erschwert.[7]

Die *Ilias* bietet einen spannenden möglichen Ausgangspunkt für eine alternative, fremdartige und lebendige Geschichte der Gefühle, da hier durch eine radikale Veränderung in der Bewertung bestimmter Leidenschaften eine Umkehrung von Tugend und Laster stattgefunden hat. Die Geschichte der Emotionen selbst wird durch diesen Wandel reflektiert. Um Homer mit den Augen seiner Kritiker zu lesen, muss zunächst diese Geschichte herausgearbeitet werden.

Mit der Zeit nahm das Verständnis für die *menis* Achills ab, und die menschlichen Qualitäten und die emotionale Komplexität Hektors rückten in den Fokus. In der heutigen Lesart ist Hektor der Held der *Ilias* – ein galanter und tapferer Außenseiter, dessen Schicksal durch einen Unmenschen besiegelt ist, dessen Leidenschaften außer Kontrolle sind. Wenn in diesem Epos *pathos* zu finden ist, dann in Hektors Not.[8] In der Welt der *Ilias* hingegen ist es gerade diese Menschlichkeit, die Hektor für die erste Reihe des Pantheons der epischen Helden disqualifiziert. Der Grund dafür, dass Hektor im Verlauf der Jahrhunderte Beifall erhielt, rührt daher, dass sich die Interpretation des Werts der jeweiligen Emotionen der beiden Helden veränderte. Aber es war nicht nur die Veränderung in der moralischen Interpretation des Textes oder einfach nur eine Veränderung in der Bewertung bestimmter Emotionen (wie Wut oder Angst), die Hektor zum Helden und Achill zum Übeltäter des Stücks machte: Auch eine Distanzierung hinsichtlich des Erlebens vom Kontext des Epos ist zu vermuten. Achill wird deshalb zum Übeltäter, weil es nicht länger möglich ist, sein Erleben von *menis* oder das Ausmaß seiner Trauer und die daraus folgenden Handlungen zu erklären.

Die wichtigste kritische Lektüre Homers ist vielleicht zugleich die erste und bekannteste: In Platons *Politeia* finden wir die erste wirklich kritische Diskussion der Schwierigkeiten, Homers Achill als einen tugendhaften und damit vorbildlichen Helden zu akzeptieren. Im klassischen Athen sollte daraus ein Verbot der Lektüre Homers folgen, aufgrund des schädlichen Einflusses seiner Werke. Vom Mittelalter bis zum viktorianischen Zeitalter wurde Hektor dann zum ritterlichen, heldenhaften Verlierer der *Ilias* umgeformt; er diente als Beispiel höfischer Männlichkeit. Zu diesem Zweck mussten Hektor und Achill umgestaltet werden, sodass sie letztlich den späteren Empfindungen in Bezug auf die Bedeutung und den Wert von Wut und Tapferkeit entsprachen. Achill wurde zum Erzbösewicht, der besiegte Hektor zum Urbild des pyrrhischen Siegers. Wut, insbesondere zügellose Wut, konnte nicht als positive Eigenschaft akzeptiert werden. Die kosmische Bedeutung von *menis*, die aus einer von Ritualen geprägten, polytheistischen Gesellschaft stammte und für eine monotheistische Kultur, die vom Stoizismus beeinflusst war, völlig unverständlich war, war verloren gegangen.

Im englischen Gedicht *Laud Troy Book*, das um 1400 verfasst wurde (von wem, wissen wir nicht), heißt es über Hektor, er sei zu einem Helden eines höfischen Romans geworden. Als solcher kommt er auch in Elizabeth Barrett Brownings Gedicht *Hector in the Garden* (1846) vor.[9] 1869 drückte William Ewart Gladstone seine Bestürzung darüber aus, dass

> die Figur des homerischen Hektor von der jüngeren Tradition so überhöht und so entstellt wurde, dass sie mit dem Original nichts mehr gemeinsam hat und zu einem Symbol der höchsten Tapferkeit und Ritterlichkeit wurde. Weder Tapferkeit noch Ritterlichkeit sind jedoch Merkmale von Homers Hektor.

Gladstone versuchte, die »widersprüchlichen« Charakterzüge Hektors, die sich zwischen extremem Mut und »offensichtlichen Zeichen von Feigheit« bewegten, in Einklang zu bringen. Dies zeigt, wie schwierig es war, genau zu sagen, wovor Hektor Angst hat. Gladstone fragte sich, ob vielleicht »unter anderem die völlige Abwesenheit von Lastern [...] in seinem Charakter dafür verantwortlich war, dass er als Modell des heroischen Mannes des Altertums in die christliche Literatur des Mittelalters aufgenommen wurde«.[10]

Saul Levin schreibt hierzu Folgendes:

> Seit jeher wurde jeder Generation von Griechen durch die *Ilias*, die sie von Kindheit an las oder vorgetragen bekam, ein Bild gewisser heroischer Typen vermittelt. Unabhängig von der jeweiligen zeitgenössischen Umgebung wurden die Griechen mittels dieses Gedichts unmerklich durch entfernte Ahnen geformt oder vielmehr durch das, was diese bewunderten. Dennoch waren die Griechen des Goldenen Zeitalters von manchen Stellen der *Ilias* mehr berührt als von anderen. Sie konnten eine der beiden zentralen Figuren – Hektor – ignorieren, was sie auch taten. Dieser berührt jedoch den Großteil der modernen Leserschaft und sogar der Forschenden weit mehr als Achill. Wir möchten lieber so sein wie Hektor. Aber sind wir den Gefühlen des Dichters und seines achäischen Publikums so nahe, wie es ihre Nachkommen waren, die allein in Achill den großen Helden der *Ilias* sahen?[11]

Ich denke, dass wir weit von den Gefühlen des Dichters und seines achäischen Publikums entfernt sind und dass wir, um zu verstehen, warum Achill der Held der *Ilias* ist, zunächst einige Mühe aufbringen müssen, um seine *menis* zu verstehen. Deshalb möchte ich in Erwägung ziehen, dass Homers Epos tatsächlich so beginnt, wie es zu beginnen scheint – nämlich mit einem Aufruf an die Göttin, die *menis* zu preisen –, und dass die *Ilias* als Ganzes eine lobenswerte Erzählung über die *menis* ist. Wenn Achill aber der Held ist und Hektor der verhasste Übeltäter, wie können dann all die entsetzlichen Taten Achills als positiv, angemessen, schicklich, tugendhaft, gefühlvoll, rational und gerecht verstanden werden? Ich behaupte, dass eine solche Lesart möglich ist und dass die Griechen den Helden Homers so verstanden haben.

Achill erlangt seine Ehre durch Zeus, weil er den Kampfhandlungen *fernbleibt.* Sein Wiedereintreten in den Krieg signalisiert das *Ende* seiner *menis.* Deshalb schlage ich bescheiden eine neue Übersetzung für die ersten beiden Wörter der westlichen Literatur vor: »Preise die gottgleiche Bedrohung«.

Menis ist keine bloße Leidenschaft und kann nicht einfach mit dem gleichgesetzt werden, was wir Emotion nennen. Sie kommt nicht von innen, sondern hat sowohl soziale als auch kosmische Impulse. Nach meiner Lesart ist es sinnvoller, *menis* als *menace* (dt. etwa: »Bedrohung«) zu übersetzen (es gibt Gründe, diese beiden Wörter miteinander in Verbindung zu bringen, nicht zuletzt deshalb, weil sie nahezu identisch klingen). Das englische *menace* impliziert eine affektive Disposition für extreme Wut sowie eine gewaltsame Bedrohung, wodurch die Handlungen des Subjekts bestimmt werden und das Erleben aller, die ihm begegnen, gestört wird. *Menis* beschreibt also letztendlich nicht nur das Gefühl Achills, sondern unterstreicht und rechtfertigt alles, was er tut und nicht tut, sowie den Verlauf des Krieges bis zu dem Zeitpunkt, als er sie schließlich aufgibt und wieder an den Kampfhandlungen teilnimmt. Als Nomen im Singular wird *menace* heute als »eine Person oder Sache, die wahrscheinlich Schaden verursachen wird, eine Bedrohung oder Gefahr« oder als eine »bedrohliche Eigenschaft oder Atmosphäre« verstanden. Im Kontext der *Ilias* existiert aufgrund der Verletzung der sozialen und rituellen Ordnung, die durch Agamemnons Verhalten gegenüber Achill verursacht wird, genau so eine Bedrohung.

Achills *menis* richtet ein Blutbad unter den Argivern an. Was ist die Ursache hierfür? Eine einfache Lesart, nach der angenommen wird, dass *menis* »Wut« bedeutet, macht es fast unmöglich, nicht zu dem Schluss zu kommen, dass Achill aufgrund des Unrechts, das ihm angetan wurde, jedes Maß verloren hat. Im ersten Buch der *Ilias* nimmt Agamemnon, nachdem er selbst seine eigene Beute, die versklavte Chryseis, an ihren Vater, einen Priester des Apollon, zurückgeben musste, Achills Beute, die versklavte Briseis, als Entschädigung. Zuvor hat sich Agamemnon entgegen der kosmischen und rituellen Vorstellungen von Gerechtigkeit und Ordnung geweigert, Chryseis gegen ein Lösegeld zurückzugeben, woraufhin Apollon den Griechen eine große Pest geschickt hat. Das allgemeine Leid, das diese *menis* Apollons verursachte, veranlasste Agamemnon dazu, seine Meinung zu ändern und so die

Ordnung wiederherzustellen und Apollons *menis* zu beenden. Als Entschädigung für seine eigene Beute, und um nicht das Gesicht zu verlieren, nimmt er also Achills Beutefrau. Da die Griechen dies geschehen lassen und somit Agamemnons Verhalten billigen, bricht Achill alle Beziehungen zu ihnen ab. Wenn wir Achills Verhalten so interpretieren, dass er einfach sehr wütend war, weil er sein Gesicht verloren hat, er von Agamemnon entehrt wurde oder weil ihm Briseis weggenommen wurde, erscheint es als extrem trotzig. Kann seine Entehrung wirklich all das schreckliche Leid rechtfertigen, das seine *menis* verursacht? Dass Agamemnon ihm ungerechterweise Briseis wegnimmt, verärgert Achill aber nicht einfach auf einer persönlichen Ebene. Vielmehr bedeutet dies in weit größerem Ausmaß eine Störung der Ordnung der weltlichen Dinge, die unmittelbar auf die Störung der kosmischen Dinge folgt. Agamemnon hat zwei Mal *menis* riskiert – zuerst Apollons, dann Achills –, indem er tief verwurzelte rituelle Praktiken in Bezug auf Status, Tausch und Ehre verletzt hat. Achills *menis* ist deshalb lobenswert, weil sie letztendlich die Ordnung wiederherstellt.

Der teleologische Zweck von Achills *menis* ist es während des Großteils der Handlung der *Ilias* nicht, Gewalt zu entfesseln, sondern sich von Gewalt zurückzuziehen. Achill ist durch *Tatenlosigkeit* charakterisiert, wobei er von sich selbst, von Athene und von Thetis zurückgehalten wird. Eine Wandmalerei in Pompeji aus dem 1. Jahrhundert n. Chr. zum Beispiel zeigt, wie Achills *menis* durch Athene zu Kontrolle und Rückzug umgewandelt wird. Nebenbei bemerkt, zeigen die meisten antiken Darstellungen Achills keine offensichtlichen oder deutlichen Gesichtsausdrücke. Das Gesicht Achills, des angeblichen Archetyps der Wut, offenbart keinen archetypischen Ausdruck dieses Gefühls. Eine Schale aus den Jahren um 480 v. Chr. zeigt den Moment, als Briseis zu Agamemnon gebracht wird, während Achill, in ein Trauertuch gehüllt, regungslos dasitzt. Der einzige sichtbare Ausdruck ist seine Hand auf seiner Stirn. Dies kann zwar als körperliche Geste seiner persönlichen Trauer interpretiert werden, im Kontext macht es aber Sinn, es als sichtbares Zeichen seiner *menis* zu deuten. Er ist reglos und trauert nicht nur aufgrund seines eigenen Schicksals, sondern auch aufgrund der Lage der *Welt*.

Achill begibt sich dann zu den Schiffen, wo sich seine *menis*, die weiterhin Schwierigkeiten für die Argiver bedeutet, fortsetzt. Da die *Ilias* die Wiederer-

Fresko mit Achill und Agamemnon; Casa di Apollo, Pompeji, 1. Jahrhundert n. Chr.

Die rotfigurige Schale aus Athen zeigt, wie Briseis dem Achill weggenommen wird; ca. 480 v. Chr.

zählung einer Geschichte mit bereits bekanntem Ausgang ist, deutet Achills *menis* auf das gewaltsame Ende hin, zu dem es unweigerlich kommen wird. Sie ermöglicht auch die Gewalt, die die Griechen erfahren. Durch seinen Rückzug erhalten Hektor und die Trojaner einen Vorteil in der Schlacht, was enormes Leid für die Achäer bedeutet: Nachdem die Hauptquelle des militärischen Widerstands von der Bildfläche verschwunden ist, metzeln die Trojaner die Argiver nieder. Dies ist Zeus' Wille, der jedoch in diesem Fall Achills *menis* übernimmt. Zeus wird, mit den Worten Muellners, zum *active agent* (»Wirkstoff«) von Achills *menis*.[12] Er entspricht damit Achills Bitte, die dieser durch seine Mutter Thetis vortragen lässt, dass alle Achäer für Agamemnons Verstoß leiden sollen, womit die ungewöhnliche menschliche *menis* des Halbgotts Achill zur »kosmischen Sanktion« eines tatsächlichen Gottes wird. Dieser bestraft dann gerechterweise die gesamte gesellschaftliche Gruppe, die mit demjenigen in Verbindung steht, der die Welt in Unordnung gebracht hat.[13]

Achills *menis* endet erst, als er Patroklos in den Kampf gegen die Trojaner schickt. Dass die Argiver den ungeordneten Rückzug antreten mussten, ist Strafe genug für die Verletzung von Achills Ehre. Indem Achill Patroklos so in die Schlacht schickt, *als ob* er Achill selbst wäre, macht er den ersten Schritt zur Wiederherstellung der Verbindung, die von Agamemnon zu Beginn des Epos zerschlagen worden war. Patroklos' Tod – den Achill nicht einfach als den Tod eines geliebten Menschen erlebt, sondern, da beide sich extrem gleichen, wie seinen eigenen Tod – entfacht in dem Helden eine tiefe Trauer, die ihn schließlich wieder in die Schlacht eintreten lässt. Moderne Übersetzungen verwechseln diesen Wiedereintritt in das Handlungsgeschehen fast unweigerlich mit einer Fortsetzung von Achills Wut, wobei weitere starke Emotionen hinzukommen: Liebe und Trauer. Nach unseren eigenen Standards in Bezug auf die Ursachen von Wut oder Zorn ist es durchaus nachvollziehbar, dass die außergewöhnliche Gewalt, die von Achill ausgeht, nur hierin begründet liegen kann. Insofern als Achills Handlungen jedoch aus Trauer und zum Vorteil all seiner Kameraden erfolgen, muss seine erbarmungslose Mordlust als Zeichen dafür interpretiert werden, dass seine *menis* – das Leitmotiv der *Ilias* – sich aufgelöst hat.

Während Achill in seiner *menis* völlig inaktiv war, wird er in seinem ausschweifenden Töten »wie die *menis* der Gottheiten« beschrieben. Achill verkörpert die von oben entfesselte *menis* nur bildlich und erst, nachdem er seine eigene *menis* aufgegeben hat, um sich wieder der menschlichen und rituell gebundenen Gemeinschaft anzuschließen.[14] Indem Homer Achill, unmittelbar bevor dieser Hektor tödlich verwundet, als eine »gewalttätige [oder wilde] Seele voller Macht« (μένεος δ᾽ ἐμπλήσατο θυμὸν ἀγρίου – *meneos d'emplesato thymon agriou*)[15] beschreibt, wird dessen Leidenschaft explizit wieder in einen weltlichen Kontext gebracht – eher in das Reich der Natur als in das des Kosmos. Stephen Scully beschreibt Achill als »personifizierte Wut«. Nun handelt es sich jedoch um einen sterblichen, einen menschlichen Körper und um eine menschliche, durch Trauer verursachte Wut.[16] Moderne Übersetzungen wählen »Wut« oder »Zorn« für μένος (*menos*) und verschmelzen somit diesen Begriff für Macht, Stärke, Kraft oder Gewalt mit dem kategorisch anderen *menis.*[17] Wichtig ist hierbei, und dies wird oft übersehen, dass Achill, als er sich weigert, Hektors Leiche zu übergeben, und darauf besteht, dass sie zu Hunde- oder Vogelfutter wird, sich wünscht, er hätte die μένος καὶ θυμὸς (*menos kai thymos*), Hektors rohes Fleisch zu essen.[18] Fagles übersetzt hier *my rage, my fury* – »meine Wut, meine Raserei« –, A. T. Murray *wrath and fury* – »Zorn und Raserei«.[19] Beides ist in Einklang mit dem Motiv eines wütenden Achill, wobei »Wut« hier nicht von der *menis*, die das gesamte epische Gedicht eröffnet hat, zu unterschieden ist. Der Abschnitt impliziert jedoch eindeutig, dass Achill *nicht* die nötige Leidenschaft hat, Hektor roh zu essen, und er dies auch nicht versucht. Es könnte also genauso gut folgendermaßen lauten: »[…] hätte ich die Stärke (*menos*) oder das Herz (*thymos*), dich roh zu essen«. Dies wäre eher in Einklang mit der Weise, wie Achills Charakter in der Erzählung gezeichnet wird; zu diesem Zeitpunkt hat er seine kosmischere *menis* vollständig aufgegeben.

Angst und kosmische Dinge

Während des zentralen Moments des Zusammentreffens zwischen Achill und Hektor im 22. Buch der *Ilias* verliert Hektor, obwohl er sich zunächst zu diesem Zweikampf mit Achill durchgerungen hat, die Nerven und läuft, von Angst überwältigt, davon. Achill verfolgt ihn erbarmungslos entlang der

Mauern Trojas. Nur durch die Täuschung Athenes, die vorgibt, Hektors Verbündete zu sein und ihn im Kampf gegen Achill zu unterstützen, bleibt Hektor schließlich stehen. Warum läuft Hektor weg, nachdem er sich zuvor zum Kampf entschieden hat? Für diejenigen, die Hektor eine Vorrangstellung unter den epischen Helden zuschreiben, ist dies die schwierigste Stelle. Widerspricht es angesichts seiner Taten während der gesamten *Ilias* nicht völlig seinem Charakter, zu »zittern« (τρόμος – *tromos*) und »in Angst zu fliehen« (φοβηθείς – *phobetheis*)?

Ein wesentlicher Grundsatz der Emotionsgeschichte ist es, dass es nicht ausreicht, auf Veränderungen *im Objekt* der Emotionen hinzuweisen, da diese Veränderungen auch das Erleben von Emotionen verändern. David Konstan, der bekannteste Emotionshistoriker, was die Antike anbelangt, schreibt Folgendes: »Emotionen sind keine instinktiven und universellen Reaktionen, sondern durch Werte, die für eine bestimmte Gesellschaft spezifisch sind, bedingt, [...] sie sind kognitiv begründet und sozial konstruiert«; sie »hängen im Wesentlichen von Beurteilungen ab«. Laut Sara Ahmed werden solche Beurteilungen vorgenommen, *als ob* sie natürlich wären.[20] Dies passiert so schnell, dass das Erarbeiten des angemessenen Verhaltens nicht von einem bewussten Gefühl begleitet wird. Emotionen werden nicht ausgeführt, sie passieren. Sie passieren jedoch in einem Kontext, und sie gehen mit einem Verständnis dieses Kontexts einher. Um zu verstehen, warum Hektor wegläuft, genügt es nicht, zu sagen, dass er dies tut, »weil er Angst hat« oder »weil er Angst vor Achill hat«. Beide Konstruktionen führen nur zu einer weiteren Frage: Wie kommt es, dass ein so furchtloser Krieger plötzlich zittert?

Um das zu verstehen, müssen wir die relativ geringe Tiefe menschlichen Heldentums in der allgemeinen kosmischen Ordnung verstehen, die Homer entwirft. Um sich Homers Erzählung als eine Art Interpretation der Oberfläche des Heroischen vorzustellen, sehen wir uns Homers Beschreibung einer anderen Oberfläche an: von Achills Schild. Dieser Schild, geschmiedet von dem Gott Hephaistos, wird ihm übergeben, bevor er schließlich wieder in den Krieg eintritt und nachdem er seine *menis* aufgegeben hat.

Oliver Taplins hilfreichem Ansatz zufolge ist der Schild als Mikrokosmos des Universums gestaltet.[21] Er enthält, grob gesagt, die Elemente des Lebens (und diese sind hauptsächlich gut), dargestellt in fünf konzentrisch verlaufenden Streifen. Der Kosmos – Erde, Himmel, Meer, Sonne, Mond und Sterne – befindet sich in der Mitte des Schilds. Im nächsten Streifen werden mithilfe zweier Städte – eine im Frieden, eine im Kriegszustand – zwei Arten von Gerechtigkeit dargestellt (»unmittelbare Gerechtigkeit« und die Gerechtigkeit von Bronze und Blut). An diese Szene schließt sich ein Streifen an, der das Landleben mit den Jahreszeiten und den jeweiligen Aktivitäten darstellt. Im nächsten Streifen ist Tanz zu sehen, und im letzten, breitesten Streifen das Meer. Zum einzigen Mal in der *Ilias* wird in dieser Schildbeschreibung der Krieg in einem größeren Zusammenhang dargestellt, der das gute Leben, oder zumindest ein gesamtheitliches Leben zeigt.

Aber warum wird dieser Schild, mit diesem Design, Achill gegeben? Als einzige Figur in der *Ilias* wählt Achill bewusst den Krieg, einen ruhmvollen Tod, anstelle eines langen und friedlichen Lebens. Achills Macht basiert auf seiner Virtuosität als Kämpfer. Sein Daseinszweck ist nur in einer Hälfte eines der Streifen dargestellt, nicht im Zentrum des Schilds. Es ist nicht die Art von Schild, die wir sonst sehen, mit dem Kopf der Gorgo, mit Donnerkeilen und Blitzen. Achills Schild ist vielmehr eine Erinnerung an das Alltägliche: Landwirtschaft, »friedliches« Streiten, die Launen der Natur, Herumtollen. Das Leben wird durch den Himmel und das Meer begrenzt, und die Bandbreite des Erlebens ist eher gering. Die Themen erinnern an Hesiods *Werke und Tage* (etwa 700 v. Chr.), worin das Alltägliche beschrieben wird: was getan und nicht getan werden sollte, die Jahreszeiten und das Land, vergebliche Streitigkeiten. Die Begrenzungen sind aus der Sicht Hesiods das Meer, das am besten gemieden werden sollte, sowie die immanenten Gottheiten. Da Hesiod die sich wiederholenden Jahreszeiten und den sich wiederholenden Kalender beschreibt, verfügt *Werke und Tage* im Wesentlichen über eine kreisförmige Struktur. Somit haben der Schild Achills und *Werke und Tage* strukturell gesehen etwas gemeinsam. Ich denke jedoch, dass die Ähnlichkeit darüber hinaus und noch tiefer geht.

Die scheinbare Oberflächlichkeit sollte also hinterfragt werden. Hesiods Botschaft scheint es zu sein, dass das Alltägliche, auch wenn es an der Oberfläche profan ist, als Wille der Gottheiten dennoch von Bedeutung ist. Das Leben, mit all seiner Kreisförmigkeit und seinen Wiederholungen, ist im Kern göttlich. Achills Schild zeigt ebenfalls, oberflächlich betrachtet, die Alltäglichkeit des Lebens. Der trojanische Krieg fügt sich in ein viel größeres Ganzes ein, in dem er ein bloßes Detail ist, und erscheint klein gegenüber den größeren Kräften. All die Taten der Helden auf dem Schlachtfeld sind nur ein Teil der Armee als Ganzer und letztendlich der größeren Ordnung des Lebens in all seinen Formen. Somit erscheinen die Handlungen unserer Helden unwichtig. Es handelt sich zwar nicht um eine Darstellung einer durchgängig glücklichen Welt, aber insgesamt teilt sie mit *Werke und Tage* eine alltägliche Perspektive. Die Schlussfolgerung ist in beiden Fällen gleich. Letztendlich wurde der Schild Achills von einem Gott geschmiedet und repräsentiert unter der Oberfläche die Gegenwart des Göttlichen in allen Dingen. Der Wert des Helden, sein Status als Krieger, wird untergraben und der Held durch die breite Perspektive entmannt. Wie groß die Heldentaten in der Schlacht auch sein mögen, wie berühmt (oder berüchtigt) der Held sein mag, sein Ansehen erscheint klein angesichts des Einflusses des Göttlichen sowie der Macht des Meeres und der Sterne. Deshalb ist es von entscheidender Bedeutung, dass dieses profane und doch göttliche Bild an der zentralen Stelle der *Ilias* geschmiedet wird, wo Achill schließlich seine *menis* aufgibt und in Trauer und Wut wieder in den Krieg eintritt. Es ist, als würde an dieser Stelle bereits darauf hingewiesen, dass das, was wir hören oder lesen werden, seinen Platz hat. Das Epos als Ganzes wird in einen größeren Zusammenhang eingeordnet. Achill trägt die Würde des Universums vor sich her.

Auch wenn wir wieder von den Heldentaten, die dann dargestellt werden, eingenommen werden, kehren doch die Motive von Frieden und einer Welt, die größer ist als das Schlachtfeld (und als die Menschen), zurück. Wenn sich Achill im 19. Buch für die Schlacht bereit macht, erfahren wir, dass sein Schild »der Ferne den Glanz hinsendete, ähnlich dem Vollmond. / Wie wenn draußen im Meere der Glanz herleuchtet den Schiffern / Vom auflodernden Feuer, das, hoch auf Bergen entflammet, / Brennt in einsamer Hürd, indes mit Gewalt sie der Sturmwind / Fern in des Meeres fischwimmelnde Flut von den Freunden hinwegträgt«.[22] Himmel, Erde, Meer. Auf diese Weise wird die Struktur des Schilds prägnant zusammengefasst. Dies geschieht erneut, wenn Achill seinen Helm aufsetzt: Dieser glänzt »gleich dem Gestirne«, das Pferdehaar, das die Erde repräsentiert, »[f]latterte«, um uns an das Meer zu erinnern. Und schließlich, wenn Achill seinen Streitwagen besteigt, »[leuchtet er] im Waffenschmuck wie die strahlende Sonne des Himmels«.[23] Im Kontext des Kosmos sind die Dinge, die im Verlauf der abschließenden Bücher der *Ilias* passieren, tatsächlich unbedeutende Taten.

Laut Stephen Scully erklärt diese deutliche Darstellung der Bedeutungslosigkeit menschlicher Taten die Unfähigkeit von Achills Heer, der Myrmidonen, die Rüstung anzusehen. Achill kann sie mit Vergnügen betrachten, weil er seinen drohenden Tod und die Belanglosigkeit menschlichen Handelns bereits akzeptiert hat. Es muss hierbei berücksichtigt werden, dass Achill ein Halbgott ist. Aus demselben Grund flieht Hektor in dem Moment, als er den Schild sieht. Er hat noch nicht seinen Frieden gemacht mit seiner Sterblichkeit und mit seinem Platz im großen Ganzen. Exakt in dem Moment, wenn Hektor stirbt, wird erneut an die kosmische Ordnung erinnert: Achill ist die Wut selbst, befindet sich aber »hinter der Wölbung seines Schilds«. Auch diese Beschreibung spiegelt die universelle Struktur des Schilds: Der Kamm seines Helms kräuselt sich wie das Meer; das dicke, goldene Pferdehaar symbolisiert das Land; und die Spitze seines Speers glänzt »wie der Abendstern«. »Ein solches Framing des Menschen innerhalb des größeren Kontexts von Erde, Himmel, Sonne, Mond, Sternen und Meer«, so Scully, »rührt von den Olympischen Göttern her und stellt einen distanzierenden Blick auf das Sterbliche dar, den nur Achill in seiner transzendentalen Wut lange ertragen kann.« Da seine »transzendentale Wut« – seine gottgleiche *menis* – jedoch zu diesem Zeitpunkt bereits vergangen ist, denke ich, dass Achill dies deshalb ertragen kann, weil er in der Wut der Trauer sein Schicksal akzeptiert, in der Schlacht zu sterben. Die einzelnen Ringe des Universums als »einheitliches Ganzes« zu sehen, versetzt diejenigen in Schrecken, die nur um ihre eigene Sterblichkeit besorgt sind: »Diese synoptische und unmenschliche Perspektive bricht mit der Vorstellung des besonderen Status des Menschen, indem dieser im Kontext eines größeren Kosmos sowie des Willens Zeus' verortet wird.« Dies trifft vor allem auf Hektor im Moment der Konfrontation mit Achill zu. Scully spricht von »einem Eindruck einer vergegenwärtigten Gottheit«, einer Vision des Kosmos, die auf ihn niederdrückt, ausgeführt von Achill. Eine solche Szene zu sehen, bedeutet, zu etwas unendlich Kleinem reduziert zu werden. Der Schild ist aber mehr als »gorgonenhaft in seiner Wirkung auf die Menschheit«.[24] Er erweckt *Ehrfurcht*, die spezielle Angst vor dem Göttlichen, die mit einem Gefühl überwältigender Würde einhergeht.

Die Erzählung der *Ilias* zeigt, dass Taten mehr sagen als Worte – oder vielmehr, dass Worte ohne Taten wirkungslos sind. Jemand, der zwar gut reden, aber weder ein Schwert schwingen noch einen Speer werfen kann, *sollte* nicht gehört werden. Dennoch vollzieht sich diese Beobachtung in einem Gedicht, dem Medium der Worte par excellence (wahrscheinlich *nicht* schwertschwingend). Homers Beschreibung des Schilds – die Erinnerung an die Oberflächlichkeit und Teilhaftigkeit von allem, was in der *Ilias* geschieht – verweist darauf, dass der Dichter Göttlichkeit im Universellen, nicht im Besonderen sieht und dazu *fähig ist, sie zu beschreiben.* Helden kommen und gehen, genauso wie Ruhm, Angst und Wut. Handlungen existieren in dem Moment, in dem sie ausgeführt werden. Sie machen nur einen Bruchteil des großen Ganzen aus, durch das die Gottheiten dennoch wirken. Ebenso überschreiten Worte Zeit und Raum und umschließen das Gesamte. Die Vision des Dichters ist wahrhaft heroisch, da sie die Dinge in einen Kontext setzt und im Universellen wirkt, ähnlich wie das Göttliche. Sie hat Zugang zum Göttlichen unter der Oberfläche des Ganzen. Achill sagt über den Schild, dass ihn »kein / Sterblicher hätte herstellen können«, dennoch *hat* der Dichter den Schild hergestellt.[25] Die überzeugende Art der Beschreibung verbindet die Dichtung mit dem Göttlichen. Der erzieherische Wert der *Ilias*, das heroische Beispiel, dem es nachzueifern gilt, wird deshalb immer von dem folgenden Vorbehalt begleitet: Ohne den Dichter hätten wir zu diesen Helden oder zu der beispielhaften, gottgleichen *menis* Achills gar keinen Zugang. Die Unsterblichkeit von Achill oder Hektor ist gegenüber der Unsterblichkeit des Dichters, der ihre Geschichte erzählt, immer zweitrangig. *Worte* sind der tatsächliche Held der *Ilias*, da sie die Macht haben, das Heroische und seine Grenzen aufzuzeigen. Während der Held entweder unter der Macht der Ehrfurcht zusammenbricht oder diese zu empfinden nur in der Gewissheit des Todes fähig ist, ist der Dichter der Einzige, der Einsicht in *menis* und Ehrfurcht hat, der den Helden überlebt und dem Göttlichen ins Gesicht sieht.

Scham und menschliche Dinge

Im krassen Gegensatz zur Betrachtung des Menschen als durch die kosmische Erhabenheit herabgesetzt konzentriert sich die Handlung in Thukydides' *Geschichte des Peloponnesischen Krieges*, in der kosmische Aspekte keine Rolle spielen, direkt auf die menschlichen Dinge im großen, aber dennoch menschlichen Rahmen. Um die menschlichen Dinge zu verstehen, inklusive der Geschichte des menschlichen Gefühlslebens, müssen wir wissen, was der Mensch ist. Der Reiz von naturwissenschaftlichen Herangehensweisen an Emotionen besteht darin, dass Emotionen unantastbare Einsichten in die menschliche Natur zu bieten scheinen, die das menschliche Erleben überall und für alle Zeiten erklären können. Die Zirkularität einer solchen Forschung ist offensichtlich. Um das menschliche Erleben zu erforschen, muss untersucht werden, was der Mensch ist, was wiederum durch die Erforschung des menschlichen Erlebens herauszufinden ist. Wer zu Emotionen forscht, weiß oft nicht genau, was sein Gegenstand ist, viele gehen aber von der einen oder anderen gewichtigen Annahme aus: Entweder behaupten sie zu wissen, was der Mensch ist, oder sie behaupten, bereits zu wissen, was eine Emotion ist – für alle Zeiten. Eine kritische Lektüre von Arbeiten aus Psychologie, Philosophie, Evolutionsbiologie und anderen Disziplinen führt zu der Schlussfolgerung, dass diese Annahmen üblicherweise falsch sind.

Es sollte uns allerdings überhaupt nicht überraschen, dass es solche Annahmen durchaus gibt. Zwar streben wir danach, uns selbst zu definieren, jedoch zeigt sich im Verlauf der Zeit sehr deutlich, dass diese Definitionen nicht zutreffend sind. Die logische Schlussfolgerung ist allerdings nicht, dass sich uns die wahre und endgültige Definition, die am Ende einer noch zu findenden Forschungsagenda steht, entzieht, sondern dass wir definitiv der Versuchung widerstehen sollten, diesbezüglich Definitionen vorzunehmen. Wenn kategorische Erklärungen bezüglich der Beschaffenheit und Bedeutung des Menschseins keinen Bestand zu haben scheinen, liegt das vielleicht daran, dass diese Beschaffenheit und Bedeutung selbst sich verändern. Dass das menschliche Wesen nicht festlegbar ist, ist zentral für meine Argumentation in diesem Buch. Carl von Linné hat unsere Spezies wie folgt klassifiziert: *Homo, nosce te ipsum* (»Mensch, erkenne dich selbst«). Dies impliziert die

Unbeständigkeit der Subjektivität. Es ist gerade die Unterschiedlichkeit zwischen Achill und Hektor, durch die sie schließlich als Held und Besiegter voneinander abgegrenzt werden: Hektor hat im Gegensatz zu Achill nicht erkannt, was es bedeutet, menschlich (sterblich) zu sein. Das sich verändernde Schicksal dieser beiden Charaktere könnte als ein Anstieg in der Bedeutung der Weltlichkeit und ein Nachlassen der Gottesfurcht zusammengefasst werden. In jedem Fall bieten sie eine ausgefallene und überzeugende Studie über die Veränderlichkeit von Schlussfolgerungen darüber, was ein Mensch ist und tut.

Aber auch Historiker sind nicht immun gegen die Versuchung, die menschliche Natur definieren zu wollen. Eines der hervorstechendsten Mittel ist hier die Kunst des Übersetzens, wobei gegenwärtig die antike Geschichtsschreibung für eine Beschäftigung mit der Bedeutung des Menschen herangezogen wird. Wie wir gesehen haben, ist auch die *Ilias* da ein Paradebeispiel. Um dieses Thema näher zu beleuchten, werde ich besonders darauf eingehen, wie die Geschichtswissenschaft mit Thukydides' *Geschichte des Peloponnesischen Kriegs* umging. Dieses Werk hat den Ruf, sich um die Zeitlosigkeit der menschlichen Natur zu drehen, insbesondere in Bezug auf ihre emotionalen und irrationalen Eigenschaften. Anders als Homer beschreibt Thukydides einen Krieg, der zuverlässig datiert, lokalisiert und kontextualisiert werden kann. Wie deutlich werden wird, ist es der Geschichtswissenschaft zu verdanken, dass sein Werk für die Darstellung der menschlichen Natur als zeitlos bekannt ist. Tatsächlich wird jedoch die Veränderlichkeit der menschlichen Dinge gezeigt. Eine Durchsicht der Übersetzungen aus verschiedenen Zeiten erbringt letztendlich ein Verständnis der Bedeutung des Besonderen in Thukydides' ursprünglicher Darstellung des Krieges, nicht des Allgemeingültigen. Und dieses Besondere, dieses kontextabhängige Verständnis menschlicher Dynamiken, schließt zwangsläufig affektives Erleben mit ein.

Thukydides (ca. 460–400 v. Chr.) nahm als athenischer General am Krieg zwischen Athen und Sparta teil, der 411 v. Chr. begann. Aufgrund seiner faktenbasierten und »objektiven« Erzählweise gilt er als Vater der Geschichtsschreibung. Seine Beschreibung des Krieges, den er als den größten Krieg aller Zeiten darstellt, kommt ohne Gottheiten und übernatürliche Kräfte aus und konzentriert sich stattdessen auf menschlichen Eifer und menschliche

Angst als bedeutende Faktoren für die Entstehung und den Verlauf von Konflikten zwischen Gemeinwesen. An anderer Stelle habe ich Thukydides' Werk als die erste Emotionsgeschichte dargestellt, weil in der Weise, wie die Ereignisse erzählt werden, deutlich wird, dass die Menschen dazu neigen, Leidenschaften zu erliegen, denen sie angeblich widerstehen können.[26] Da Thukydides' Darstellung viele Beispiele für die politische Argumentationsweise und Rhetorik Athens enthält, wird die Handlung dementsprechend von den Folgen von Angst und Eifer, von gesellschaftlich erwarteten Leidenschaften und vom Durchbrechen dieser Erwartungen getragen.

Das Gefühl, dass man das, was man sät, später ernten wird, ist zentral für das heutige Verständnis von dem, was laut Thukydides die anhaltende Bedeutung seines Werks ausmacht: dass er einen Krieg beschreibt, mit dem andere später ihre eigenen Kriege identifizieren würden. Diese Identifizierung mit Thukydides' Werk wurde jedoch über die Jahrhunderte in großen Teilen dadurch beeinflusst, dass zahlreiche Leser sowie Übersetzer versucht haben, die Darstellung mit ihrem eigenen Verständnis von Geschichte, dem Voranschreiten der Zeit sowie der Bedeutung der Hauptfigur der Geschichte – dem Menschen – in Einklang zu bringen.

Die ruhmreiche Mary Beard, einst wohl die erste Fernsehhistorikern, bemerkte 2010, dass Thukydides' Griechisch »aufgrund von Neologismen, unbeholfenen Abstraktionen und linguistischen Eigenheiten aller Art nahezu unverständlich ist«. Dieser Umstand hatte einen späteren griechischen Historiker, Dionysios von Halikarnassos, dazu veranlasst, Thukydides' »gequälte Formulierungen« und »rätselhafte Obskuritäten« zu kritisieren. Er merkte an, dass, »wenn Menschen tatsächlich so sprechen würden, nicht einmal ihre Eltern dies ertragen könnten«. Sie bräuchten »Übersetzer«. Beard schlussfolgert, dass Übersetzungen, die »flüssig und leicht zu lesen sind, [...] das griechische Original sehr schlecht vermitteln. Je ›besser‹ sie sind, desto unwahrscheinlicher ist es, dass sie Thukydides' Stil reflektieren.« Sie weist darauf hin, dass Thukydides viele der »geistreichen Bemerkungen, die ihm zugeschrieben werden, überhaupt nicht gemacht hat«.[27]

Thukydides vermittelt den Eindruck eines universellen menschlichen Erlebens. In einer einfachen Lesart könnte dies als permanentes Vorhandensein von, oder zumindest als Potenzial für Eifer und Enthusiasmus verstanden werden, insbesondere im Zusammenhang mit Macht. Und wo es ein Streben nach Macht gibt, gibt es irgendwo anders irgendjemanden, der in gleichem Maße Angst empfindet. Diese menschlichen Faktoren der Angst und des Strebens nach Macht plagen jedes Individuum entsprechend seiner Nähe zum Ort der Angst oder den Instrumenten der Macht. Zu Beginn seines Werks kündigt Thukydides an, dass sich diese Dinge wiederholen werden, was in seiner Darstellung des Krieges, in dem das Streben nach Macht und die Angst vor Macht den Athenern und Peloponnesiern gleichermaßen bemerkenswert ähnliche Schwierigkeiten und Niederlagen bescherten, immer wieder bestätigt wird. Das, was Thukydides' Darstellung definiert, könnte als emotionale Schwäche oder als das Versagen von Vorsicht und Vernunft sowohl in Bezug auf das Streben nach Macht als auch auf den Anstieg von Angst interpretiert werden. Die essenzielle Menschlichkeit dieser Schwäche fungiert als allgemeine Ursache dafür, dass diese Art von Krieg sich wiederholen wird, oder wenigstens, dass Kriege grundlegend ähnlich wirken werden.

In Einklang mit Beards Skepsis muss die Frage gestellt werden, wie dieser Eindruck von einem roten Faden in Thukydides' Erzählung entstanden ist. Dieser steht gewiss in krassem Gegensatz zu Aristoteles' Einschätzung dessen, was Historiker tun. Vermutlich hat der Philosoph in Thukydides' griechischem Original keinerlei Behauptungen gelesen, die Zukunft in Bezug auf die menschliche Natur voraussagen zu können:

> Denn ein Historiker und ein Dichter unterscheiden sich nicht darin, dass sie mit oder ohne Versmaß schreiben (man könnte die Bücher Herodots in Vers bringen, und sie blieben um nichts weniger eine Form der Geschichtsschreibung, in Versen wie ohne Verse), der Unterschied liegt vielmehr darin, dass der eine darstellt, was geschehen ist, der andere dagegen, was geschehen müsste. Deshalb ist die Dichtung auch philosophischer und bedeutender als die Geschichtsschreibung. Die Dichtung nämlich stellt eher etwas Allgemeines, die Geschichtsschreibung Einzelnes dar. [...]. Auch wenn es sich also ergibt, dass er Geschehenes dichterisch behandelt, ist er trotzdem ein Dichter. Denn es gibt keinen Grund, warum nicht auch wirkliches Geschehen manchmal so sein kann, wie es wahrscheinlich geschehen würde und wie es dem bestimmten Charakter eines

Handelnden nach möglich ist, dass es geschieht, und das ist es, was das Dichterische an seiner Behandlung dieses Geschehens ausmacht.[28]

Dennoch hat Thukydides einen geradezu gegenteiligen Ruf. Ich nehme an, dass der Grund hierfür im Dünkel seiner Übersetzer liegt, die für die Geschichtswissenschaft Ansprüche angemeldet haben, die Aristoteles für die Dichtung reserviert hatte.[29] Die historiografische Bedeutung des Werks wird üblicherweise im 22. Kapitel des ersten Buchs verortet. Die zentrale Formulierung im griechischen Original lautet wie folgt: κατὰ τὸ ἀνθρώπινον (*kata to anthropinon*). Steven Lattimore übersetzt die entsprechende Passage folgendermaßen (hier in dt. Übersetzung; die zentrale Formulierung ist kursiv gesetzt): »Wenn aber [meine Worte] von irgendjemandem als hilfreich bewertet werden, der die schlichte Wahrheit bezüglich vergangener Ereignisse sowie jener, die *entsprechend der menschlichen Natur* in der Zukunft auf ähnliche oder vergleichbare Weise wiederkehren werden, sehen möchte, ist das genug.«[30] *Kata to anthropinon* (hier: »entsprechend der menschlichen Natur«) wurde von den Übersetzern unterschiedlich interpretiert, wobei die Tendenz, etwas Zeitloses und »Natürliches« auszudrücken, charakteristisch ist für die Zeit nach dem Zweiten Weltkrieg. Rex Warner zum Beispiel hat die Formulierung im Sinne von »die menschliche Natur als das, was sie ist« übersetzt, Robert Lisle als »solange Männer Männer sind«.[31] Sogar die jüngste Übersetzung ins Englische von Martin Hammond geht in diese Richtung (hier in dt. Übersetzung, die zentrale Stelle abermals kursiv): »Ich bin zufrieden, wenn es von denen als hilfreich bewertet wird, die ein klares Verständnis dessen wünschen, was passiert ist, sowie dessen, was *entsprechend der menschlichen Beschaffenheit* irgendwann nach gleichem oder ähnlichem Muster wieder passieren wird.«[32] Dasselbe gilt für Übersetzungen in andere Sprachen. Die deutsche Übersetzung von Vretska und Rinner beispielsweise lautet: »gemäß der menschlichen Natur«[33]. Insgesamt wird Thukydides als jemand dargestellt, dessen Zufriedenheit mit seinem Werk auf dessen Nützlichkeit als zeitloses Beispiel dafür, was ein Mensch ist und was er tut, beruht. Es ist eine Blaupause, die dazu dient, zu verstehen, warum sich Menschen in bestimmten Situationen, die aufgrund eines bestimmten Verhaltens entstehen, auf eben diese Art verhalten.

Ältere Übersetzungen sind in Bezug auf *kata to anthropinon* weniger eindeutig. Thomas Hobbes, der Thukydides als Erster ins Englische übersetzte, entschied sich sinngemäß für »entsprechend der Beschaffenheit der Menschheit«, Benjamin Jowett, der viktorianische Altertumswissenschaftler, für »in der Ordnung der menschlichen Dinge«.[34] Beide Übersetzungen lassen Raum für Interpretationen. Die erste impliziert, dass die Beschaffenheit der Menschheit unbeständig sei, die zweite bezieht sich auf eine Kategorie – »menschliche Dinge« –, die nicht sofort verständlich ist. In den frühen 1980er-Jahren schrieb Marc Cogan ein Buch mit dem Titel *The Human Thing* – laut ihm die wörtliche Übersetzung von *anthropinon*, das von so vielen anderen als »menschliche Natur« übersetzt wird.[35] Der Begriff wird im Griechischen sehr selten verwendet. Bei Thukydides kommt er nur einmal vor, weshalb es unmöglich ist, die genaue Bedeutung zu verstehen, wenn er nicht im Gesamtkontext von Thukydides' Werk gesehen wird. Es sollte jedoch klar sein, dass Thukydides' Verkündung der Universalität der menschlichen Natur, aufgrund derer sich die Geschichte wiederholt, genau eine dieser geistreichen Bemerkungen ist, die Thukydides nie formuliert hat. Es kann mit Sicherheit gesagt werden, dass definitiv nicht die »menschliche Natur« gemeint ist, denn auf sie bezieht sich Thukydides an anderer Stelle in seiner Darstellung des Krieges (ἀνθρωπείαν φύσιν – *anthropeian physin*).

Wenn die Bedeutung von Thukydides' Werk in seiner Interpretation »der menschlichen Dinge« und nicht der menschlichen Natur liegt, ist es offensichtlich essenziell, zu klären, was damit gemeint ist. Ich behaupte, dass es Thukydides' Kernaussauge ist, dass Menschen durch ihre Kontingenz, ihren Wankelmut und ihre Neigung, in Notsituationen von ihren Leidenschaften überwältigt zu werden, charakterisiert sind. Damit sind sie keine feste natürliche Kategorie, die aus der Geschichte eine Art vorhersehbare Wissenschaft macht. Das einzig Vorhersehbare ist, dass Menschen sich unberechenbar verhalten, wenn sie unter Druck stehen. Die wesentliche Zutat für diese Instabilität des Temperaments ist eine affektive Schwäche. Somit scheitern alle Versuche, das menschliche Handeln als rational zu beschreiben.

Thukydides' Darstellung der Trauerrede des Perikles, in der dieser die Tugenden des athenischen Charakters preist und die Pest beschreibt, veranschaulichen dies perfekt. Perikles lobt den Mut und das Pflichtbewusstsein der athenischen Bevölkerung und weist auf ihre affektive Disposition als Garant dieser Tugenden hin. Die Athener sind gute Nachbarn und vermeiden es, andere zu verärgern. Sie respektieren das Gesetz, dessen Bruch als Quelle von Scham, Entehrung oder Schande (αἰσχύνη – *aischyne*) gilt. Sie gönnen ihrem Geist Erholung und verbannen schmerzliche Sorgen (λυπηρὸν – *lyperon*) durch Spiele und Feste. Sie lieben die Schönheit und das Wissen auf eine Art, die ihre Verweichlichung (wörtlich: »Weichheit«, μαλακία – *malakia*) verhindert. Nicht die Armut selbst ist eine Schande, sondern das Scheitern im Kampf, ihr zu entkommen. Stolz definiert somit das bürgerliche Leben. Anstatt über die Chancen des Erfolgs nachzudenken, überlassen sie das Ergebnis der Hoffnung (ἐλπίς – *elpis*), und ihr Leben gipfelt in Herrlichkeit statt in Angst (δέος – *deos*).[36] Athen selbst, die Stadt, die sich auf ihre Ahnen beruft, garantiert und gestaltet diese Eigenschaften. Die Athener sind Liebhaber (ἐραστὰς – *erastas*) der Stadt, deren Macht durch mutige Männer mit der Verpflichtung, Schande zu vermeiden, erlangt worden ist. Diese dynamische Beziehung zeigt sowohl die Abhängigkeit ihres Gefühlszustands vom Wesen der Stadt als auch die mutige Verpflichtung, die die Zugehörigkeit zur Stadt impliziert. Ein allgemeines Gefühl der Erfüllung und Zufriedenheit mit dem Leben (εὔδαιμον – *eudaimon*)[37] hängt von der Freiheit (ἐλεύθερον – *eleutheron*) ab, und Freiheit wiederum von Mut – oder wörtlich: einer Güte der Seele (εὔψυχον – *eupsychon*). Krieg wird somit zum natürlichen Mittel zur Zufriedenheit und durch die Logik der kollektiven Teilhabe an den politischen Institutionen gerechtfertigt. Krieg, Bürgerschaft, Mut (die Bekämpfung der Angst), Ehre, Liebe und Zufriedenheit sind alle Teil einer dynamischen Beziehung zwischen Individuum und Stadt.[38] Nichts davon ist verzichtbar.

Diese Lobrede auf die affektiven Eigenschaften und heldenhaften Tugenden verliert ihre Bedeutung, als die Pest beginnt, in der athenischen Bevölkerung zu wüten.[39] Der veränderte Kontext des bürgerlichen Lebens löst die enge Beziehung zwischen tugendhafter Bürgerschaft und ruhmreicher Stadt so weit auf, dass jeder Aspekt von Perikles' Rede sich in das Gegenteil verkehrt. Die Bevölkerung, die von Angst überwältigt ist, befolgt die Gesetzte nicht mehr und sucht das Glück eher im Hedonismus als durch Mut. Da der Tod keine Unterschiede macht, wenn er durch die Straßen zieht, und keine heroische Tat ihn aufhalten kann, muss ein Verlangen sofort befriedigt werden. Die Gesetze und das Justizsystem geraten angesichts der wütenden Pest zu leeren Kategorien. Die Institutionen, die die Leute in die Stadt integrieren, brechen zusammen, und die nun wieder individualisierte Bevölkerung geht rücksichtslos ihren Leidenschaften nach. Weder eine Angst vor Gott noch die vor Bestrafung zügelt ihre Hingabe, die durch die Angst vor dem Tod motiviert ist. Thukydides vermittelt sowohl ein Verständnis der Leidenschaften als Ursache der Ereignisse als auch ein Verständnis der Gefahren, die von den Leidenschaften ausgehen, wenn sie nicht durch die Gemeinschaft kontrolliert werden. Diese Verstöße untermauern das Argument, dass Athen von der affektiven Kontrolle und dem Anbinden der menschlichen Dinge an die Polis abhängig war.

Die Veränderlichkeit der menschlichen Dinge stand in Verbindung mit der Untätigkeit der politischen Institutionen, und so waren die Individuen in die Dynamiken der Polis eingeschlossen. Menschliche Dinge sind kollektive Dinge. Thukydides zeigt in seiner Darstellung des Krieges wiederholt, was passiert, wenn Individuen von Leidenschaften überwältigt werden und diese durch politische Institutionen ausleben. Die Tücken der menschlichen Dinge sind in dieser Dynamik zwischen Individuen und Institutionen zu finden. Bei Thukydides stehen die Menschen immer in einem Verhältnis zur Macht und zu ihren Institutionen, wobei die Macht entweder ausgewogen oder ungleich verteilt ist. Im zweiten Fall erliegen bei Thukydides die Mächtigen dem Eifer, die Ohnmächtigen der Angst. Beides bringt das Schlechteste im Menschen als Individuum zum Vorschein, aber es sind die Institutionen der Menschen, die sie in den Krieg treiben. Die Angst der Peloponnesier und das Streben Athens nach Macht haben ohne die politischen Strukturen, die Verortung des Menschen innerhalb der Polis, die ihr Schicksal besiegelt, keine Bedeutung. Obwohl Thukydides eindeutig die Demokratie der Oligarchie vorzieht, geht er davon aus, dass Machtdynamiken unabhängig von der Herrschaftsform zu Krieg führen und dass alle Regierungssysteme entweder dem Streben nach Macht oder – angesichts des Bestrebens anderer Regime, ihre Macht auszudehnen – der Angst unterworfen sind. Was Menschen tatsächlich tun, wie sie fühlen, wie sie handeln, ist herzlich chaotisch. Wenn es aber in Bezug auf die menschlichen Dinge Stabilität gibt, ist diese nicht in der

Biologie zu finden, sondern im Konflikt zwischen Regimen, die Menschen sowohl integrieren als auch entfremden.

Ein Großteil von Thukydides' Darstellung besteht aus Dialogen und Reden. Die zentralen Dialoge finden charakteristischerweise jedoch nicht zwischen einzelnen Personen statt, sondern zwischen Städten, denen jeweils eine individuelle Stimme gegeben wird. Das bekannteste Beispiel hierfür ist der sogenannte Melierdialog, in dem Athen die Unterwerfung der Insel Melos fordert; andernfalls würde sie zerstört.[40] Es spricht hier kein Individuum, sondern die jeweilige Stadt. Ich erwähne den Melierdialog an dieser Stelle, weil er insofern beispielhaft für Thukydides' Darstellung der »menschlichen Dinge« ist, als er eine rationale rhetorische Herangehensweise mit einer These bezüglich der Macht bestimmter Leidenschaften und der Wirkungslosigkeit anderer kombiniert. Die Tatenlosigkeit ist hier in der Bedeutung von Armeen und der Logik politischer Institutionen begründet. Hoffnung führt zur Zerstörung der Schwachen, der Hass auf die Starken ist ein Zeichen ihrer Stärke.

Der Dialog beginnt mit einem wesentlichen Hinweis auf menschliche Auseinandersetzungen (ἀνθρωπείῳ λόγῳ – *anthropeio logo*). Athen behauptet, dass Gerechtigkeit hierbei nur möglich sei, wenn beide Seiten gleich mächtig seien. Bei Ungleichheit hingegen nehme die starke Partei, was sie könne, und die schwache unterwerfe sich, soweit wie nötig. Stärke und Schwäche sind hier jedoch nicht auf ein bestimmtes Individuum zu beziehen, sondern auf die kollektive Stärke der jeweiligen Gemeinwesen. Die menschlichen Auseinandersetzungen – in manchen Übersetzungen als »menschliche Erwägungen« oder »menschliche Angelegenheiten« bezeichnet – sind nicht von den staatsbürgerlichen Angelegenheiten zu trennen. Die Athener, die stärkere Partei in diesem Streit, fordern deshalb die vollständige Unterwerfung der Melier, die ansonsten der völligen Zerstörung entgegensähen. Dabei implizieren sie – was sie rechtzeitig deutlich gemacht haben –, dass Stärke bei menschlichen Angelegenheiten eine bestimmte Haltung erfordert. Sie lehnen die Neutralität oder Freundschaft der Melier ab, da eine solche Gnade angesichts der Machtdynamiken ein Zeichen der eigenen Schwäche sei. Tatsächlich befürchtet Athen zu diesem Zeitpunkt, schwach geworden zu sein. Der Hass (μῖσος – *misos*) der Melier hingegen ist ein Zeichen und eine Bestätigung der Macht Athens. Die Athener sehen in ihrer Rede in einer kollektiven affektiven Disposition eines Feindes eine Bestätigung für den eigenen politischen Willen zur Unterwerfung oder Zerstörung.

Die Melier ihrerseits richten in ihrer Rede Bitten an Fortuna und an die Hoffnung: Ihr Glück im Krieg soll dem der Athener gleichen, ihre Hoffnung am Leben gehalten werden, solange sie nicht kapitulieren. Die Athener jedoch bezeichnen die Hoffnung laut den meisten Übersetzungen als »Trösterin der Gefahr«. Sich der Hoffnung hinzugeben, ist nur dann zu rechtfertigen, wenn sie mit greifbaren Mitteln zum Erreichen von Erfolg einhergeht. Die Athener weisen darauf hin, dass es noch einen Weg gibt, wie sich die Melier retten können, – Kapitulation – und dass es nicht klug wäre, wenn sie ihre Hoffnungen in unsichere Mittel – wie Prophezeiungen oder Orakel – setzten, die gemeinsam mit der Hoffnung zum Untergang führen würden. Die Athener sehen die Hoffnung als eine Art Augenbinde, die verhindert, dass Menschen ihr Schicksal sehen, welches jedoch unausweichlich ist, sofern keine konkreten Schritte unternommen werden, um es zu ändern. Dieses Festhalten an blinder Hoffnung geht mit der Sorge um Scham oder Schande einher, wodurch die Menschen davon abgehalten werden, das zu tun, was notwendig ist, um sich zu retten. Dies führt letztendlich zu einer noch größeren Schande, wenn die Menschen von den Ereignissen eingeholt werden. Die Athener sind von der Wahnhaftigkeit der Hoffnung der Melier überzeugt und kündigen die vollständige Zerstörung an.

Wie es für Thukydides' Darstellung üblich ist, schließt sich an diesen Dialog eine Beschreibung der Ereignisse des Sommers an, gefolgt von einem kurzen Überblick über weitere Geschehnisse in Melos im darauffolgenden Winter. Der explizit menschliche Fokus des Dialogs, der Städte mit affektiven sowie die Vernunft betreffenden Eigenschaften verbindet, geht im trivialen Berichten der Ereignisse sofort verloren. Die Schmucklosigkeit von Thukydides' Darstellung ist angesichts des Tons der athenischen Perspektive in Bezug auf die Ordnung der Dinge, die ihr vorausgegangen ist, wahrhaft erschreckend. Die Athener hatten die Melier gewarnt, dass der Natur entsprechend (φύσεως ἀναγκαίας – *physeos anangkaias*) die Starken über die Schwachen herrschen müssen. Thukydides' gesamte Darstellung des Krieges illustriert sein Argument, dass alle menschlichen Dynamiken auf das Streben nach Macht und die Angst vor Macht, auf Stärke und Schwäche in einem ungleichen Verhältnis reduziert werden können. Letztendlich wird das Schicksal der Bevölkerung von Melos durch dieses natürliche Axiom, dem die menschlichen Dinge verpflichtet sind, besiegelt. Nach einer kurzen Erhebung schickt Athen Verstärkung nach Melos, um die Belagerung zu festigen. Die Melier werden besiegt und ergeben sich. Alle Männer im wehrfähigen Alter werden getötet, alle Frauen und Kinder als Sklaven verkauft. Melos wird zur Kolonie für athenische Siedler.

An vielen Stellen fehlen Informationen über die Gefühle der handelnden Personen. In den Monaten zwischen dem Melierdialog und der Zerstörung der Lebensweise der Melier trat vermutlich vieles von dem ein, was die Athener vorausgesagt hatten. Die Melier hielten sich an ihrer Hoffnung und ihrem Stolz fest, also an der Ursache für ihren entwürdigenden Untergang. Das Objekt der Hoffnung ist hier eine Fantasie, die Konsequenz der Ruin. Das Streben der Athener nach Macht besiegt den spärlichen Widerstand der Melier, aber für ihre Zerstörung ist gerade der Mangel an Angst verantwortlich. Hätten sie sich entsprechend den Erwartungen Athens gefürchtet, nämlich vor dessen Macht, dann hätten sie kapituliert und ihre Versklavung akzeptiert – aber sie hätten wahrscheinlich überlebt. Stattdessen konzentrierte sich die Angst der Melier auf die Schande, die mit einer Kapitulation einhergeht. In diesem Fall wird Stolz zu einer Form von Angst. Der Cocktail aus Hoffnung und Stolz, eine Kombination zweier negativer Dinge, hat das Schicksal der Melier nicht nur besiegelt, sondern es gemäß den Erwartungen Athens sogar noch verschlimmert.

Praktiken des »Glücks«

Wenn gegen den Strich der heutigen Geschichtsschreibung gelesen werden muss, um bei Thukydides eine Geschichte der Gefühle zu finden, dann muss Aristoteles hierfür gegen den Strich der heutigen Philosophie gelesen werden. In beiden Fällen neigen moderne Übersetzungen dazu, diejenigen Kategorien hervorzuheben, die für die heutige Leserschaft am sinnvollsten scheinen, auch wenn dabei etwas Bedeutendes verloren geht. Was unser eigenes »emotionales Radar« betrifft: Wir haben ein starkes Bedürfnis nach Vertrautheit, Kontinuität und Sicherheit. Wenn diese Dinge umgekehrt werden und uns Thukydides und Aristoteles fremd erscheinen, empfinden wir Orientierungslosigkeit und Verlust. Um aber wirklich herauszufinden, wer wir sind und warum wir auf eine bestimmte Art fühlen, müssen wir uns mit dem Unvertrauten auseinandersetzen. Nur so können wir die Politik des Erlebens in unserem eigenen Leben enthüllen und Aufschluss über die Kontingenz unserer Gefühle gewinnen. Das Fremde in der Vergangenheit zu finden und zu verstehen, heißt, die Bedeutung des Kontexts für die Entstehung von Kategorien des Erlebens zu beleuchten. Die Kategorie »Emotion« ist sehr verlockend, um zu verstehen, wie wir fühlen, und somit, wer wir als Individuen sowie als Menschen an sich sind.

Für eine Beurteilung von Aristoteles' Verständnis des Zusammenhangs von Leidenschaften, Tugenden und Wohlbefinden ist es essenziell, der Versuchung der universellen Kategorie »Emotion« zu widerstehen. Am deutlichsten wird die dynamische Beziehung von Tun, Sein und Wohlbefinden in Aristoteles' *Nikomachischer Ethik*, auf die wir uns im Folgenden hauptsächlich konzentrieren. Normalerweise sieht Aristoteles' Konzept in etwa so aus: Das höchste Ziel des Lebens ist es, gut zu sein. Das höchste Gut ist Glück. Glück wird durch tugendhaftes Handeln erreicht. Die tugendhafteste Tätigkeit ist die Politik. Am glücklichsten ist man also als tugendhafter Politiker. Auf den ersten Blick ist dies ein Rezept für Glück, und es basiert auf der Aktivität der rationalen Seele. Mit diesem scheinbar einfachen Konzept gibt es allerdings ein paar bekannte Probleme.

Das erste und offensichtlichste Problem ist das Wort »Glück«. Es handelt sich um die gängigste Übersetzung des griechischen Worts εὐδαιμονία (*eudaimonia*), das wörtlich bedeutet, in einem Zustand »guten Geistes« zu sein. *Daimon* bezeichnet eine äußere Gottheit, einen persönlichen Schutzgeist. *Eudaimonia* jedoch, was etwas verwirrend ist, bezieht sich auf die Disposition eines Individuums. Diese Disposition kann, basierend auf der tugendhaften Ausbildung und Lebenserfahrung einer Person, objektiv gemessen werden.[41]

Ein größeres Problem ist, dass Aristoteles deutlich zum Ausdruck bringt, dass das tugendhafte Leben und das Erleben von *eudaimonia* Aktivitäten der *rationalen* Seele sind, wodurch der Teil, der für gewöhnlich mit so etwas wie

Emotionen in Verbindung gebracht wird, in den Hintergrund verwiesen wird. Etwas, das die Sinne oder das Erleben betrifft, hängt von sorgfältiger Überlegung und überlegtem Handeln ab. Dieses Gefühl des Guten, *eudaimonia*, sollte also nicht als Emotion oder Leidenschaft im Sinne eines Gefühls einer Person zu einem bestimmten Zeitpunkt verstanden werden, sondern eher als Disposition, als konkrete Eigenschaft. Es ist also sehr problematisch, eine Person als »glücklich« zu beschreiben, wenn sie zu einem anderen Zeitpunkt auch als schmerzerfüllt oder wütend beschrieben werden kann.

Auch wenn die Diskussion um die wahre Bedeutung und angemessene Übersetzung von *eudaimonia* – eines der Lieblingsthemen der Philologie – nichts Ungewöhnliches ist, bereichert der schärfere Fokus, den die Forschung im Bereich der Emotionsgeschichte auf solche Phänomene richtet, die Diskussion.[42] Mit Nachdruck zu leugnen, dass *eudaimonia* Glück bedeutet, heißt, die Geschichte der Philosophie sowie die Philosophie selbst aus dem Gleichgewicht zu bringen. Aber auch dann, wenn die Übersetzung als »Glück« mit der gebotenen Vorsicht verwendet und mit einer Anmerkung versehen wird, besteht die Gefahr, dass man beim Lesen des Wortes »Glück« eine zeitgenössische Perspektive gegenüber Aristoteles' Konzept einnimmt. Dadurch erhält jede Analyse zumindest den bitteren Beigeschmack des Anachronismus.

Was also tun? Am liebsten würde ich *eudaimonia* griechisch belassen. Dies macht zwar eine Erklärung nötig, dennoch ist es die beste Option. Sinn und Zweck der Emotionsgeschichte ist es, zu betonen, dass sich Emotionen nicht nur mit der Zeit verändern, sondern dass sie auch verloren gehen. Die Vergangenheit ist voll von affektiven Konzepten, Verhaltensweisen und Praktiken, für die es in unseren heutigen Sprachen keine Bezeichnung und keine Entsprechung gibt. Warum sollten wir dann also versuchen, archaische Konzepte in zeitgenössische zu übertragen? Wenn es das ultimative Ziel der Griechen der klassischen Epoche war, gut zu sein, und die höchste Ausdrucksform dieses Guten *eudaimonia* war, dann muss man sich darum bemühen, zu verstehen, was sie unter diesem Begriff für sich genommen verstanden haben. Auf eine Ähnlichkeit oder Analogie hinzuweisen, bedeutet nur, den infrage stehenden Gegenstand zu verfehlen.

Wenn *eudaimonia* eine tugendhafte affektive Aktivität der rationalen Seele ist, ein objektiv existierendes Phänomen, das einem Individuum dennoch verborgen bleiben kann, was sind dann die affektiven Aktivitäten der rationalen Seele, derer sich ein Individuum bewusst ist? Wir beginnen nun, uns mit den Leidenschaften und ihrer Entstehung auseinanderzusetzen, mit dem Umgang mit ihnen und mit ihrem Zweck sowie ihrem Verhältnis zu den Tugenden, oder anders gesagt, zur Moral.

Zwei zentrale Komponenten stechen hier besonders hervor. Erstens verfügen Menschen nicht von Natur aus über moralische Tugend. Diese muss vielmehr durch Gewohnheit kultiviert werden. Zweitens werden Tugend sowie Laster als Reaktionen auf Situationen kultiviert, die Leidenschaften hervorrufen. Anders gesagt: Die Praktiken und Aktivitäten, die angesichts der Leidenschaften kultiviert werden, bestimmen den moralischen Status eines Individuums. Diese Art des Umgangs mit Leidenschaften wirkt sich direkt darauf aus, wie Leidenschaften erlebt werden und welches Handeln sie hervorrufen. Wenn Aristoteles die verschiedenen Arten von Leidenschaft (*pathos*), mit denen die Aktivitäten verbunden sind, voneinander abgrenzt, fasst er die jeweilige Kategorie oft mit der Praxis zusammen. Es gibt kein Fühlen ohne Handeln. Ein Gefühl ruft immer eine praktische Reaktion hervor, die einen Wert hat. Das Erleben der Leidenschaften ist also höchst individuiert.

Hierdurch wird wiederum das Gefühl selbst relativiert. Eine bestimmte Situation mag beängstigend sein, aber wie diese Angst erlebt wird, hängt vollständig vom Verhalten, von den Praktiken ab, die dieser Angst zugeordnet sind. Ein ängstlicher Mann – ein Feigling – wird angesichts von Angst erstarren oder weglaufen; ein mutiger Mann wird bereit sein, der Quelle der Angst gegenüberzutreten, zu kämpfen oder zu beschützen. Für Aristoteles definiert das Handeln das Gefühl, nicht anders herum.[43] Es kann für den Umgang mit Angst, Wut oder jedem anderen Gefühl keinen integrierten Mechanismus geben, weil einem Individuum nur durch das Erleben und durch das Ausüben von Praktiken bewusst wird, was mit ihm passiert:

> Und durch unser Verhalten in gefährlicher Lage, Gewöhnung an Angst oder Zuversicht, werden wir entweder tapfer oder feige. Dasselbe trifft zu bei den Regungen der Begierde und des Zorns: die einen werden besonnen und gelassen, die anderen hemmungslos und jähzornig, je nachdem sie sich so oder so in der entsprechenden Lage benehmen. Mit einem

Wort: aus gleichen Einzelhandlungen erwächst schließlich die gefestigte Haltung.[44]

Die Disposition eines Menschen hängt also vollständig von seinen Gewohnheiten und dem Prozess der Bildung von Gewohnheiten seit der Kindheit ab. »[D]arauf kommt nicht wenig an, sondern sehr viel, ja alles«,[45] so Aristoteles. Emotionen und Affekte sind keine automatischen internen Prozesse, die im Wesentlichen natürlich oder fester Bestandteil des Menschseins sind, da es außerhalb von situationsbedingtem Verhalten kein affektives Erleben gibt. Um diesen Punkt deutlich hervorzuheben, zitiert Aristoteles seinen Lehrer Platon, laut dem »schon von früher Jugend an [...] eine bestimmte Führung da sein [muss], die Lust und Unlust da empfinden lehrt, wo es am Platze ist; denn dies ist die richtige Erziehung«.[46] Eine Erziehung in affektiver Orientierung und Praxis ist das ultimative Ziel der Erziehung insgesamt, da dies zu Tugend befähigt. Aristoteles war der Auffassung, dass die Seele die Fähigkeit hat, zu fühlen. Sie ist empfänglich für »die Begierde, den Zorn, die Angst, die blinde Zuversicht, den Neid, die Freude, die Regung der Freundschaft, des Hasses, die Sehnsucht, die Mißgunst, das Mitleid«, aber diese Dinge können weder durch das Selbst noch durch irgendjemand anderes bewertet werden, ohne dass zugleich das damit verbundene Verhalten bewertet wird.[47] Und es ist unmöglich, sich eine Leidenschaft ohne die dazugehörige Praktik vorzustellen. Sogar völlige Inaktivität ist eine Art Praktik, die etwas über die Disposition der Person aussagt.

Die Fähigkeit der Seele, bestimmte Dinge zu fühlen, bedeutet für Aristoteles nicht, dass sie diese Dinge fühlen *sollte*. Tatsächlich sieht er bestimmte Leidenschaften als entschieden unmoralisch an und weist darauf hin, dass ein tugendhafter Mensch diese einfach niemals erleben würde. Gefühle müssen »zur rechten Zeit [...] und den rechten Situationen und Menschen gegenüber, sowie aus dem richtigen Beweggrund und in der richtigen Weise« gefühlt werden – und manchmal überhaupt nicht.[48] Neid, Schamlosigkeit und Bosheit sind solche Fälle. Jeder, der solche Gefühle erlebt, liegt laut Aristoteles einfach falsch. Auf den ersten Blick scheint dies ein Problem darzustellen, da sich die Frage stellt, wie die Seele eines tugendhaften Menschen die Fähigkeit haben kann, etwas Lasterhaftes zu fühlen. Aristoteles löst dieses

Problem, indem er diese lasterhaften Leidenschaften zu extremen Epiphänomenen anderer Leidenschaften erklärt. Schamlosigkeit (*anaischyntia*) ist beispielsweise ein Mangel an Schamgefühl, die zugehörige tugendhafte Leidenschaft ist Bescheidenheit (*aidos*); die tugendhafte Leidenschaft zu Neid oder Eifersucht (*phthonos*) – ein Übermaß an Entrüstung – ist die angemessene Empörung (*nemesis*), die mit Praktiken der gerechten Strafe einhergeht. Mit anderen Worten: Die Fähigkeit der Seele, lasterhafte Gefühle zu erleben, entspricht der Fähigkeit der Seele, tugendhafte Gefühle zu erleben. Welche Gefühle zu einem bestimmten Zeitpunkt in einer Person hervorgerufen werden, hängt vollständig davon ab, was die Person gewohnt ist, zu *tun*. Aristoteles' Ansichten in Bezug auf Wut mag diejenigen, die heute unter Schwierigkeiten leiden, ihr Temperament unter Kontrolle zu halten, überraschen. Ein Übermaß an Wut führt zu Jähzorn (*orgilotes*), wohingegen es jemandem, der nicht wütend genug ist, an Geist (*aorgesia*) fehlt. Das tugendhafte Erleben von Wut hingegen wird von Sanftmut (*praotes*) getragen. Es ist schwer, sich Sanftmut als eine Form von Wut vorzustellen. Vielleicht hilft es aber, sich Sanftmut als eine Praktik der Aggressionsbewältigung vorzustellen.

Während Aristoteles uns an ein Verständnis der Tugend, des Guten sowie von *eudaimonia* heranführt, lohnt es sich, innezuhalten und darüber nachzudenken, wie diese Beobachtungen auf unsere vorhergehende Darstellung des affektiven Erlebens in der archaischen und klassischen Welt angewendet werden können. Es sollte klar sein, dass die Aktivitäten und Praktiken von Menschen in schwierigen Situationen nicht als Darstellungen ihres relativen Scheiterns oder Erfolgs in Bezug auf die emotionale Kontrolle verstanden werden können. Panik, Wut oder Grausamkeit sind genauso wenig das Ergebnis eines Kontrollverlusts wie ein Scheitern darin, sich zu mäßigen. In der klassischen Welt muss die Angemessenheit dessen, was in einer bestimmten Situation *passiert*, betrachtet werden, um die Art und den Wert affektiven Erlebens zu verstehen.

All dies ist weit entfernt von der Art von Leidenschaften, die in der *Ilias* ausgelebt werden, da Achills *menis* gleichzeitig als extrem und angemessen betrachtet wird. Dennoch verfügt Achill, dessen Wut außerhalb der Sphäre der Schlacht brodelt, im Großteil von Homers Epos über eine gewisse Sanftmut. Die Praktik der gottgleichen *menis* soll sein militärisches Können zurückhalten, das auch ohne einen direkten Ausdruck von Wut bestens funktioniert. Nach Patroklos' Tod zeugen Achills Rückkehr auf das Schlachtfeld, sein gnadenloses Niedermetzeln von allen, die sich ihm in den Weg stellen, sowie die Entehrung von Hektors Leiche nicht so sehr von Unverhältnismäßigkeit als vielmehr von einem Ausbruch von Trauer entsprechend der Größe seiner Liebe und Hingabe gegenüber Patroklos. Aufgrund der sich verändernden Codes des Heldentums hatten auch die Menschen im klassischen Griechenland Schwierigkeiten damit, die »Drehbücher« für *menis* und Trauer in der *Ilias* zu verstehen. Die Tatsache der Brutalität des Kriegs war in der klassischen Epoche allzu offensichtlich und gegenwärtig. Wie im Zusammenhang mit Thukydides gezeigt wurde, unterminierten Scham und Angst im Angesicht militärischer Macht die Ehre. Wut hat ohne die Macht, sie auch anwenden zu können, keinen Vorteil. In der Sichtweise Athens sollten Fühlen und Ausdrücken gegenüber einer überlegenen Macht durch Unterwerfung und Bescheidenheit gekennzeichnet sein. Durch Aristoteles' Schema betrachtet, deutet dies sowohl auf die Veränderlichkeit der Tugend als auch auf den Ort der Macht in Bezug auf die Tugend hin. War aus der Perspektive der Mächtigen nicht letztendlich das affektive Versagen der Bevölkerung Athens während der Pest sowie das der Melier gegenüber der Macht Athens nicht einfach ein Versagen darin, »zur rechten Zeit [...] und den rechten Situationen und Menschen gegenüber, sowie aus dem richtigen Beweggrund und in der richtigen Weise« zu fühlen? Und was waren demgegenüber die Gründe der Melier, von einer erbarmungslosen »Kolonialmacht« in die Knie gezwungen, ihr eigenes Verständnis der Richtigkeit des Gefühls zu konstruieren und zu vermitteln, obwohl bereits ihr Protest Beweis ihrer Überzeugung war, dass sie in der Tat *richtig fühlten*?

2 Rhetorisch heraufbeschworene und körperliche Gefühle

In diesem Kapitel reisen wir quer durch die antike Welt bis ins frühe Christentum. Wie betrachten Ereignisse im klassischen Athen, im Römischen Reich und in Nordafrika. Der Fokus verschiebt sich von Fragen der Definition und der Kategorien des Erlebens hin zur Macht der Rhetorik, wenn es darum geht, affektives Erleben *herzustellen*. Wir werden untersuchen, was rhetorische Kenntnisse für körperliche und soziale Praktiken bedeuten, wie etwa das, was Menschen über menschliche Leidenschaften zu wissen glaubten, sich direkt darauf auswirkte, wie diese Leidenschaften erlebt, geschaffen und wieder beseitigt wurden. Im vorigen Kapitel haben wir gesehen, dass bei Thukydides die Macht der Rhetorik benutzt wurde, um das Wissen um die »menschlichen Dinge« auszudrücken, um affektive Überzeugungen und Praktiken zu intensivieren. In diesem Kapitel möchte ich noch einen Schritt weiter gehen und untersuchen, inwiefern die Rhetorik dies nicht nur hervorrief, sondern die affektive Praktik selbst war.[1] Meine Überlegung ist, dass bestimmte Gefühle nicht spontan ausgelöst werden, sondern eher deshalb, weil sie gerechtfertigt sind, und dass diese Rechtfertigung durch rhetorische Mittel erfolgt. Es geht hier also um die Macht der Worte, Gefühle heraufzubeschwören.

Emotionen – wenn wir diesen Begriff verwenden wollen – können zweckmäßig, situationsbezogen und in vielen Fällen *vernünftig* sein. Deshalb schlage ich vor, diesen Begriff nicht zu verwenden. In manchen Fällen, wie im Folgenden bei Plutarch und Platon, dient die rhetorische Praxis tatsächlich dazu, Gefühle sozusagen aus der Ferne heraufzubeschwören, sodass ein Erlebnis in der Vorstellung betrachtet und erfahren werden kann. Auch hier möchte ich vermeiden, den Eindruck zu erwecken, dass es in diesem Kapitel um etwas wie »Zorn« oder »Ekel« geht. Die Verwendung dieser Begriffe bzw. das, was wir mit ihnen heute verbinden, würde unser Verständnis der rhetorisch heraufbeschworenen Leidenschaften, um die es hier geht, erschweren.

Das Heraufbeschwören von Zorn

Robert A. Kaster veranschaulicht, welche Anstrengungen unternommen werden müssen, wenn man antike »Emotionen« nicht einfach leichtfertig in uns heute verständliche Begriffe übersetzen will. Wenn emotionales Erleben auf seine Wörterbuchbedeutung reduziert und entsprechend übersetzt wird, geht all das verloren, was es einst im jeweiligen Kontext bedeutete. Ein emotionaler Prozess wird in einem Wörterbucheintrag – einem Emotionsbegriff – zwar »erfasst«, er schließt aber auch eine Bewertung und eine Reaktion ein:

> Die Emotion, wenn sie richtig verstanden wird, [...] beinhaltet den gesamten Prozess und all seine konstituierenden Elemente, den kleinen narrativen oder dramatischen Ablauf, von der evaluativen Wahrnehmung am Anfang bis zu den verschiedenen möglichen Reaktionen am Ende. Das Fehlen irgendeines Elements des Ablaufs würde das Erleben fundamental verändern: Ohne eine Reaktion (auch wenn diese sofort verworfen oder unterdrückt wird) gibt es nur leidenschaftslose Beurteilung von Phänomenen; ohne eine Beurteilung (auch wenn diese nicht bewusst wahrgenommen wird) gibt es einen bloßen Krampf des Geistes und des Körpers, der überhaupt keinen *Gegenstand* hat.[2]

Genau aus dem Grund, dass ein Großteil dieses Prozesses unbewusst oder mit sofortigen, natürlich *wirkenden* Reaktionen erfolgt, lehne ich die Anspielung auf eine Aufführung bzw. auf Schauspielerei ab. Mit Kasters Gesamtaussage und mit dem Gedanken an ein kulturelles »Drehbuch« stimme ich jedoch völlig überein. Es handelt sich natürlich nicht um tatsächliche Drehbücher. Menschen erlernen diese Verhaltensweisen, ohne unbedingt zu wissen, dass sie Teil von etwas sind, das nur von außen betrachtet wie ein Schauspiel aussieht. Schauspieler hingegen lernen ein Drehbuch mit der Absicht, es so zu »lesen«, *als ob* es natürlich wäre. Der Prozess und das Schauspiel sind aber immer bereits bekannt. Somit ist ein emotionales Schauspiel eher eine Improvisation: Das Lesen von Drehbüchern, die allen bekannt, aber unsichtbar sind; das Praktizieren von Kultur, als sei es Natur; ein dynamisches Set interagierender kognitiver Prozesse, die unbewusst *scheinen.*[3]

Diese Erkenntnis hat das Potenzial, eines der ältesten Mysterien der klassischen Epoche zu erklären, das die Frage betrifft, wie Thukydides Reden einsetzt. Im ersten Buch des *Peloponnesischen Krieges* erklärt er: »Den genauen Wortlaut im Gedächtnis zu behalten war schwierig, sowohl für mich, was ich selber anhörte, als auch für meine Zeugen, die mir von anderswo solche berichteten.« Dies wird als eine Art wissenschaftliche Ehrlichkeit gepriesen: ein Eingeständnis, das zugleich seine Absicht zeigt, genau und objektiv zu arbeiten. Thukydides bietet, was die Tücken des Gedächtnisses anbelangt, jedoch eine Lösung, indem er auf kulturelle und rhetorische »Drehbücher« hinweist: »Wie aber meiner Meinung nach jeder Einzelne über den jeweils vorliegenden Fall am ehesten sprechen musste, so sind die Reden wiedergegeben unter möglichst engem Anschluss an den Gesamtsinn des wirklich Gesagten.«[4] Aufgrund der Umstände der Begegnungen, mit ihren Machtdynamiken und der kulturell gebotenen Wut, Angst, Willfährigkeit und Dominanz, mussten bestimmte Vorgänge in Bezug auf Rhetorik, Ablauf und Erleben auf eine bestimmte Art erfolgen, entsprechend den ungeschriebenen Drehbüchern, die dennoch alle Parteien lesen konnten, wenn sie sich dessen auch nicht bewusst waren. Der affektive Inhalt von Reden war mit dem tatsächlich Gefühlten verwoben und hierfür gleichzeitig prägend und repräsentativ. Wenn Reden Emotionsbegriffe enthalten, dann auch entsprechende emotive Beurteilungen und Reaktionen. Die wechselseitigen konkurrierenden Reden bei Thukydides zeigen auch, wie solche Drehbücher durch Diskussionen verändert werden.[5]

Die Reden, auf die ich hier eingehen möchte (*Der Peloponnesische Krieg* 3.37–49), sind beispielhaft für Dinge, die gesagt werden *mussten.* Es geht darin um die Reaktion Athens auf den Aufstand von Mytilene 428 v. Chr.[6] Die Stadt Mytilene auf Lesbos war mit Athen verbündet, versuchte aber dann, ganz Lesbos gegen die athenische Macht zu vereinen. Athens Antwort: Man wollte mit Mytilene brechen, wie es der berechtigten Wut einer verratenen

Partei entsprach, und die Männer töten und die Frauen und Kinder in die Sklaverei verkaufen. Interessanterweise hat Thukydides hier keine Reden, die im Rahmen der Debatte in der Volksversammlung gehalten wurden, aufgezeichnet, sondern wir erfahren nur, dass es diese Debatte gab und dass »im Zorn« beschlossen wurde, die Bevölkerung von Mytilene zu töten bzw. zu versklaven. Dieser »Zorn« – ὀργή (*orge*) – wurde einerseits dadurch bestärkt, dass Mytilene sich auflehnte, obwohl es nicht wie andere »Verbündete« unter dem Joch Athens stand, und andererseits dadurch, dass der Aufstand, der von der peloponnesischen Flotte unterstützt werden sollte, gut vorbereitet schien. Die Kalkuliertheit des Aufstands machte diesen erst recht zum Verrat.[7]

Sowohl diese Passage als auch die folgenden Reden sind gut erforscht. Es lohnt sich aber dennoch, darüber nachzudenken, wie eine Versammlung »im Zorn« handeln kann. Es ist vorstellbar, dass eine Debatte in jedem Individuum Zorn entfacht, sodass eine Entscheidung diesen gemeinsamen Zorn reflektiert. Der Kontext scheint hier jedoch zu suggerieren, dass der Zorn aufgrund der Provokation *notwendig* war. Es geht hier nicht um eine Provokation eines Individuums durch ein anderes Individuum, sondern um die Handlungen einer Stadt gegenüber einer anderen, mächtigeren Stadt. Der Zorn dieser Stadt – Athen –, die von ihren Bürgern in der Volksversammlung repräsentiert wurde, war berechtigt. Am nächsten Tag jedoch änderten die Athener Thukydides zufolge ihre Meinung (μετάνοιά – *metanoia*) und entschieden, dass ihr Beschluss ὠμός (*omos*) war.[8] Das Wort wird im übertragenen Sinn oft mit »grausam« übersetzt. Es könnte jedoch ebenso gut mit »unzivilisiert« übersetzt werden, da der Widerruf mit dem Geist der Demokratie, der Projektion athenischer Werte zu tun zu haben scheint. Genau dies wird von Kleon kritisiert, der fordert, Athen solle zu seiner ursprünglichen Entscheidung zurückkehren.

Kleon erinnert die Volksversammlung daran, dass das athenische Reich, obwohl Athen eine Demokratie ist, von Macht, Unterwerfung und Despotismus abhängt. Es muss mit der Faust regiert werden, nicht mit den Mitteln der Demokratie. Deshalb, so Kleon, kann es Athen nur schaden, wenn es wartet, bis sein Zorn nachgelassen hat, bevor es gegen einen Feind vorgeht.[9] Zorn ist keine leidenschaftliche Begleiterscheinung einer Debatte, die am nächsten Tag, wenn sich der Zorn gelegt hat, widerrufen werden kann. Zorn ist das ganze Wesen der Entscheidung darüber, zu bestrafen, und Bestrafungen, die im Eifer des Zorns erfolgen, sind durch diesen Zorn gerechtfertigt. Solche Bestrafungen zu überdenken und dann zu entscheiden, dass die Bestrafung ohne den Zorn vielleicht nicht so hart ausgefallen wäre, heißt, nicht zu verstehen, was es bedeutet, Unrecht erlitten zu haben. Zorn ist laut Kleon wesentlich für das Ausüben von Gerechtigkeit. Er fordert die Athener auf, sich daran zu erinnern, wie sie sich fühlten, als sie durch Mytilene Leid erfuhren (πάσχειν – *paschein*), und den daraus resultierenden Zorn in das Herbeiführen von Gerechtigkeit zu lenken. Er bittet sie, nicht weich zu werden, nicht vor dem Leid ihres Feindes zusammenzuzucken (μαλακισθέντες – *malakisthentes*) oder ihm gegenüber Mitleid zu zeigen.[10]

Über all das, was Kleon seinen Aufzeichnungen zufolge gesagt *habe*, zeigt Thukydides in der anschließenden Rede Diodots, dass er es *nicht hätte sagen sollen*. Einige Historiker haben darauf hingewiesen, dass Kleon so redet, als sei er bei Gericht und als versuche er, dieses davon zu überzeugen, Gerechtigkeit walten zu lassen, wobei er Zorn als Mittel dieser Gerechtigkeit einsetzt.[11] Wie Harris zeigt, war es in Gerichtsverfahren ein übliches rhetorisches Mittel zur Rationalisierung von Bestrafungen, Zorn heraufzubeschwören. Kleons Rede ist die Art von Rede, wie sie bei Gericht gehalten *worden wäre*. Ungerechtigkeit sorgt für Zorn, und dieser Zorn wird durch die erneute Darstellung vor Gericht aufgefrischt. Somit wird Gerechtigkeit an Zorn gemessen.[12] Kleon ist aber nicht bei Gericht, sondern in der athenischen Volksversammlung, weshalb sein Versuch, Zorn heraufzubeschwören, deplatziert ist. Dementsprechend wurde er gelegentlich verspottet, und Aristophanes (ca. 446 – ca. 384 v. Chr.) lässt ihn in seinen Komödien, insbesondere in *Die Ritter* und *Die Wespen*, Zorn entfachen.[13] Da Kleon behauptet, dass er seine eigenen Argumente aus den ursprünglichen Reden, die Thukydides nicht wiedergibt, wiederholt, müssen wir annehmen, dass Kleon zunächst damit Erfolg gehabt hatte, den Zorn Athens heraufzubeschwören, indem er den Aufstand Mytilenes so behandelte, als würde die Stadt *vor Gericht stehen*. Es kommt also nicht aufgrund von Mitleid zu der Meinungsänderung, wie es Kleon anprangert, sondern auf der Basis einer Verfahrensfrage. Letztendlich handelt es sich ausdrücklich um eine Veränderung des *Geistes*, nicht des *Herzens*. Kleon redet und handelt auf eine Weise, die in der Volksversammlung nicht angemessen ist. Zorn ist eine Anomalie an einem Ort der Vernunft. Der Zorn war *falsch.*

Dementsprechend antwortet Diodot hierauf in seiner Rede auf eine Weise, auf die mit jemandem geredet *würde*, der die Institutionen der Demokratie missbraucht hat.[14] Es geht nicht darum, gegen den Zorn oder für das Mitleid zu argumentieren, sondern darum, klarzustellen, dass die Volksversammlung kein Ort ist, solche Leidenschaften heraufzubeschwören. Diodot nennt zwei Dinge, die für die Entscheidungsfindung in der Volksversammlung schädlich sind: Eile und ὀργή (*orge*).[15] Dieses Wort wird in der Rede Diodots meistens mit »Leidenschaft« übersetzt – in Kleons Rede mit »Zorn« – und kommt hier in Zusammenhang mit »einem undisziplinierten und flachen Geist« vor. »Geist« ist hier die Übersetzung von γνώμη (*gnome*) und könnte ebenso gut »Meinung« oder »Entscheidung« bedeuten, was in diesem Kontext mehr Sinn ergibt.[16] Diodot verurteilt geradeheraus die Meinung Kleons, weil sie durch Zorn gefärbt ist. Diese Kritik wird dann zu einer Warnung an Athen ausgeweitet, wo Kleons Rede aufgrund des gemeinsamen Zorns auf Mytilene Anklang finden könnte.[17] Oft wird das Wort für »Wut« (ὀργή – *orge*) an dieser Stelle im Sinne von »Stimmung« oder sogar »Zorn« übersetzt. Meiner Meinung nach wird die Diskussion durch eine derartige Veränderung der Begrifflichkeiten in eine fundamental falsche Richtung gelenkt. Kleon beschwört Zorn herauf, Diodot verscheucht sie. Es handelt sich hier nicht um eine Gerichtsverhandlung, bei der Zorn von Relevanz wäre. In der Volksversammlung ist die Frage nach richtig und falsch, nach Gerechtigkeit, sowohl gegenstandslos als auch fehl am Platz. Die einzige Frage ist, was das Beste für die Stadt ist. Da ist kein Platz für Zorn. Der Versuch, diese durch Rhetorik herbeizuführen, beeinträchtigt die Fähigkeit der Stadt, Entscheidungen zu treffen.

Diodot gewann die Abstimmung laut Thukydides mit knapper Mehrheit. Aufgrund dieses Sieges kam es nur zu einer milden Bestrafung; es wurden lediglich gut tausend Mytilener getötet.[18] Aus dem Verlauf der Debatten sowie aus den Handzeichen muss aber auch ein affektives Ergebnis abgeleitet werden. Da Diodot sowohl Zorn als auch Mitleid ablehnte und stattdessen nur die weise Beratung im besten Interesse der Stadt vorschlug, muss angenommen werden, dass seine erfolgreiche Rhetorik auch den Zorn der Athener verringerte oder sogar beseitigte. An dieser Stelle sei an Kasters Diktum in Bezug auf emotionale Drehbücher erinnert: »Das Fehlen irgendeines Elements des Drehbuchs würde das Erleben fundamental verändern.« Diodot verändert das Erleben der athenischen Debatte auf zweifache Weise fundamental: Erstens betrachtet er die »Emotionsbegriffe« auf abstrakte Weise und diskutiert ihren Wert für die Debatte; zweitens verwehrt er der Volksversammlung jede Möglichkeit, auf das Heraufbeschwören des Zorns tatsächlich mit Zorn zu reagieren. Laut Kaster gibt es ohne eine Reaktion nur leidenschaftslose Beurteilung. Dies ist letztendlich auch die wesentliche Aussage der Rede Diodots – ein Aspekt der Debatte zu Mytilene, der selten berücksichtigt wird: Wenn rhetorischen Mitteln die Macht zugesprochen wird, Zorn heraufzubeschwören, dann hat Rhetorik vermutlich auch die Macht, Zorn, und jede andere Leidenschaft, zu vertreiben. Wie die Stadt sich *gefühlt* hat, wobei die Stadt als eigenständige fühlende Einheit zu verstehen ist, hing von der Art ihrer Debatten ab. Die Kontrolle der Leidenschaften war ein rationales Instrument der bürgerlichen Institutionen.

Temperament und Humoralpathologie

Bemerkenswert an der Mytilene-Debatte ist, wie sie die Leidenschaften entkörperlicht, indem sie sie mit den Abläufen in der Volksversammlung und mit der Rhetorik verknüpft. Für jede Geschichte der Gefühle, Empfindungen oder Emotionen sind Epistemologien zentral, bezüglich der Rolle des Körpers bei affektivem Verhalten. Das Erleben von Emotionen hat die meist männlichen Akteure der Philosophie und Medizin stets dazu veranlasst, darüber zu theoretisieren, was Emotionen oder Leidenschaften sind, wie sie funktionieren, wie sie sich auf den Körper auswirken und wie sie physiologisch kontrolliert oder behandelt werden können. Insbesondere die Leidenschaften wurden jahrhundertelang pathologisch betrachtet. Die Trennlinie zwischen Krankheit und Leiden ist eine moderne Erfindung. In diesem Buch beziehe ich mich auf verschiedene solcher Theorien, manchmal implizit. Es ist jedoch nicht meine Absicht, einfach einen gedanklichen Hintergrund bereitzustellen. Vielmehr ist die Ideengeschichte, was das *Wesen* von Emotionen, Leidenschaften und Zuneigung anbelangt, wichtig, wenn wir erkennen wollen, wie diese Phänomene erlebt wurden. Unser Wissen über eine Sache hat Einfluss darauf, was wir bezüglich dieser Sache tun, wie wir über sie reflektieren, wenn sie uns passiert, und wie andere über uns und wir über sie reflektieren, wenn sie uns bzw. ihnen passiert. Durch das, was wir *wissen*, bilden sich Institutionen, Strategien und Praktiken heraus und verfestigen sich. Und das macht Wissenssysteme so wichtig.

Deshalb ist es enorm wichtig, sich mitten hinein zu begeben in die Geschichte des Wissens und sich der Perspektive des zeitgenössischen Wissenden anzunähern.[19] Die Ansätze, die Medizin- oder Wissenschaftshistoriker verfolgen, wenn sie teleologisch die Entwicklung der Dinge darstellen und nach der Herausbildung von Ideen suchen, die sich als erfolgreich und *richtig* herausgestellt haben, müssen wir gleich zu Beginn über Bord werfen. Anders als die Vertreter des Historizismus interessiert es uns nicht, ob das Wissen damals *korrekt* war, sondern nur, inwiefern dieses Wissen seinerzeit als korrekt *galt* und über reines Glauben hinausging. Wissenssysteme sind essenziell für die Konstruktion historischer Kontexte, da sie dabei helfen, Praktiken, die mit Gefühlen zusammenhängen, zu verstehen.

Es gibt vielleicht nur wenige Wissenssysteme, die mehr Zugkraft und mehr Einfluss hatten, als das der Humoralpathologie. Diese sollte nicht als Emotionstheorie verstanden werden, was ein grober Anachronismus wäre. Vielmehr handelt es sich um eine Theorie, die alles Menschliche in Bezug auf Charakter und Disposition, Gesundheit und Krankheit sowie Gefühle und Lebenstüchtigkeit umfasst. Die Humoralpathologie bringt die Körpersäfte oder Körperflüssigkeiten mit den natürlichen Elementen der Umwelt in Verbindung und verortet so den Menschen in der Welt und die Welt im Menschen. Sie erklärt alle Arten von Störungen und legt jeweils Heilmittel fest.

Hippokrates (460–370 v. Chr.) und Galen von Pergamon (130–210 n. Chr.) beschäftigten sich beide mit der Humoralpathologie und verliehen ihr dadurch Bedeutung.[20] Die Körpersäfte (griech.: χυμός – *chymos*; lat.: *humores*) sind: Blut, Schleim, gelbe Galle (Zorn) und schwarze Galle (Melancholie). Das Temperament einer Person (lat.: *temperare* – »mischen«) ergibt sich aus dem jeweiligen Gleichgewicht der Körpersäfte. Blut ist feucht und warm wie der Frühling und wird dem Element Luft zugeordnet. Wenn das Blut die vorherrschende Flüssigkeit im Körper ist, führt dies zu einem heiteren Temperament. Gelbe Galle ist warm und trocken wie der Sommer, wird dem Element Feuer zugeordnet und sorgt für ein cholerisches Temperament. Schwarze Galle ist trocken und kalt wie der Herbst, wird dem Element Erde zugeordnet und sorgt für ein melancholisches Temperament. Schleim schließlich ist kalt und feucht wie der Winter, wird dem Element Wasser zugeordnet und sorgt für ein phlegmatisches Temperament.

Die Sprache der Humoralpathologie enthält auf lexikalischer Ebene viele sogenannte falsche Freunde. Um die Bedeutung von Krankheit und Heilung im antiken Rom zu verstehen, müssen wir das, was wir heute unter Temperament oder Humor, unter melancholisch, phlegmatisch, sanguinisch oder cholerisch verstehen, außer Acht lassen. Ohne Zweifel sind diese Kategorien heute gebräuchlich. Sie werden dazu verwendet, auszudrücken, welche emotionale Disposition jemand hat oder wie sich Emotionen in bestimmten Situationen äußern. »Humor« selbst wird vielleicht am häufigsten verwendet, etwa wenn man sagt, dass jemand einen guten oder schlechten »Sinn für Humor« hat. Auch unter Temperament stellen wir uns eine immaterielle Eigenschaft vor. Dennoch haben all diese Eigenschaften einen konkreten materiellen und substanziellen Ursprung im Körper. Mehr als 2000 Jahre lang hat die Humoralpathologie das affektive Wesen von Individuen sowie von »Rassen« definiert und war außerdem der wesentliche Faktor bei der Definition von Krankheiten. Wenn das Temperament aus dem Gleichgewicht geraten war oder sich von Natur aus nicht im Gleichgewicht befand, wurde durch eine medizinische Behandlung versucht, dieses Gleichgewicht wiederherzustellen. Um dies zu verstehen, ist es essenziell, unser heutiges Verständnis des Wortes »Temperament« als Begriff der Psychologie abzulegen. Eine Disposition – auch wenn sie sich in Form von etwas, das wie Stimmungen oder Leidenschaften aussieht, manifestieren kann – ist aus der Sicht der Humoralpathologie etwas rein Körperliches. Wie bereits erwähnt, sagte zur Zeit Hippokrates' und später Galens die Diagnose »melancholisch« etwas über die Temperatur und Feuchtigkeit des Bluts aus (Melancholiker sind kalt und trocken).[21] Der heutige englische Begriff *temperamental* (»launisch«) hat seinen Ursprung in etwas Körperlichem, Elementarem, Physischem. Das Temperament war Teil der physischen Welt.

Hippokrates bringt explizit Klima und Temperament miteinander in Verbindung: Die Skythen beispielsweise hätten eine feuchte Konstitution (ὑγρότητα – *hygroteta*, wörtlich »Feuchtigkeit«), weshalb sie ihre »Schultern, Arme, Handgelenke, Brust, Hüftgelenke und Lenden« kauterisierten, um ihre Feuchtigkeit durch Hitze auszutrocknen.[22] Auf diese Weise wollten sie ihre Körper für Jagd und Krieg optimieren. Die Männer hatten, so Hippokrates, »weiche und kalte« Bäuche, die in Kombination mit dem ständigen Reiten ihre Libido beeinträchtigten. Die Frauen waren »träge und fett«, und die Funktion ihrer Gebärmutter wurde durch die feuchte Konstitution beeinträchtigt. Die Konstitution europäischer »Rassen« hingegen verändert sich laut Hippokrates entsprechend den Jahreszeiten und der sich – damit einhergehend – verändernden Konsistenz des Spermas. Somit sind sie aufgrund der Erregtheit ihres Geistes einerseits »wild« und ungesellig und andererseits leidenschaftlich. Das »wechselhafte Klima« bedeutet »große Anstrengungen für Körper und Geist«, woraus »Mut« hervorgeht. Die jahreszeitlichen Veränderungen machen die Europäer kriegerischer, da körperliche Veränderungen, die durch schwankende Temperaturen verursacht werden, für ein wildes (ὀργὴν ἀγριοῦσθαί – *orgen agriousthai*) und unempfindliches (ἀγνώμονος – *agnomonos*) Gemüt sorgen.[23]

Da Krankheit vom Temperament abhing, wurde zur Heilung oft vom Aderlass Gebrauch gemacht, um so das Gleichgewicht wiederherzustellen. Galen schlug dementsprechend Folgendes vor: »Diejenigen, die ihren üblichen Aktivitäten nachgehen und die eine Schwere oder Anspannung empfinden, entweder in einem der lebenswichtigen Organe oder im gesamten Körper, benötigen eine Entleerung [von Blut].«[24] An diesem affektiven Erleben von »Schwere« oder »Anspannung« bin ich besonders interessiert, da hier wie an vielen anderen Stellen das Anzeichen einer Krankheit oder Störung nicht von ihrem affektiven Erleben unterschieden werden kann. In der lateinischen Übersetzung heißt es hier *gravatur tenditurve* (gewissermaßen »niedergedrückt oder angespannt sein«), im griechischen Original: βαρυνομένοις ἤ τεινομένοις – *barynomenois* (wörtlich: »niedergedrückt oder deprimiert sein«) *e teinomenois* (»oder überbeansprucht«).[25] Eine Blutüberfüllung ist zwar ein physisches, humorales Problem, das Anzeichen dafür ist jedoch eine Empfindung, ein Gefühl. Ein Patient mit einem »bleiernen Teint« sowie einem

»Schweregefühl im Körper [...] mit einer Trägheit des Geistes und des Bewusstseins«[26] leidet ebenfalls an Empfindungen, an einem affektiven Erleben, an Gefühlen, die ihren Ursprung im Körper haben. Der Aderlass als physisches Heilmittel für ein physisches Problem verändert unweigerlich auch das affektive Erleben: Man *fühlt* sich besser.

Laut medizinischer Expertise ergibt sich aus der absoluten Dominanz solcher Theorien, dass die Erwartung einer erfolgreichen Behandlung mit einem Verständnis des Problems übereinstimmen muss. Wie man sich fühlt, hängt einerseits damit zusammen, was man *weiß*, und andererseits damit, was man diesbezüglich *tut*. Der Aderlass war nicht nur ein medizinisches Heilmittel, sondern auch eine affektive Praktik: eine Methode zur Veränderung der Sinne, der Gefühle, des mentalen Zustands. Deshalb sollten wir den Aderlass als *funktionierende* medizinische Praktik ernst nehmen. Eine solche Bewertung widerspricht natürlich der Medizingeschichte sowie der aktuellen medizinischen Praxis – in der heutigen medizinischen Ausbildung hat der Aderlass keine Relevanz; man sieht in ihm eine vergangene Ignoranz und medizinische Inkompetenz, bestenfalls ein Placebo.

Genau diese Wirksamkeit als Placebo weckt mein Interesse, und ich beanspruche den Aderlass als Untersuchungsgegenstand für die Emotionsgeschichte. Umgangssprachlich wird unter Placebo eine *Wirkung* von etwas verstanden, das keine intrinsischen medizinischen Eigenschaften hat. Ein Placebo wird verwendet, um die Wirkung neuer Medikamente zu kontrollieren, bevor sie auf den Markt kommen. Die pharmazeutische Industrie versucht fortwährend, Placebos zu übertreffen.[27] Was wird üblicherweise unter dem Placeboeffekt verstanden? Eine Art Selbsttäuschung? Ein Zeichen, dass es eigentlich gar kein Problem gab? Ein mysteriöses psychologisches Phänomen, für das es keine Erklärung gibt? Ich denke, es ist eine Mischung aus all dem. Jedoch gibt es eine faszinierende neue Forschungsrichtung, die den Placeboeffekt ernst nimmt und herauszufinden versucht, wie und warum er wirkt und von welchen Faktoren seine Wirkung abhängt.

Zur Freude der Emotionshistoriker wird die Aufgabe der pharmazeutischen Unternehmen zunehmend schwieriger. Besonders in den USA scheint der Placeboeffekt aufgrund verschiedener Faktoren in Bezug auf Erfolgserwartungen groß im Kommen zu sein. Sowohl die Atmosphäre der Räumlichkeiten, in denen klinische Studien stattfinden, als auch die flächendeckende Werbung, die eine erstaunliche Heilung verspricht, haben die Erwartungen erhöht, sodass Placebos tatsächlich wirksamer wurden. Es gibt sogar Forderungen nach einer Neugestaltung der Kontrollstudien: Es soll eine Kontrolle *ohne* Medikamente angewendet werden, da die vermeintliche Placebokontrolle so leistungsstark und damit unzuverlässig geworden ist. Dies ist teils auf eine genetische Variabilität der Neurotransmitterbahnen, teils auf eine Veränderung der endogenen Systeme des Körpers aufgrund von Wechselwirkungen zwischen Placebo und Medikamenten zurückzuführen.[28] Seine Existenz als Teil der Welt und der Kultur hat die Reaktion des Körpers auf Placebos also nachweislich verändert. Während die Placeboforschung sich mit den Implikationen dieser Entwicklung für die pharmazeutische Zukunft beschäftigt, bleibt der Geschichtswissenschaft, über die endlosen Möglichkeiten für Spekulationen bezüglich der Wechselwirkungen zwischen Placebos und Medikamenten in der Vergangenheit und über den Grad des Placeboeffekts in vergangenen Kulturen nachzudenken. Alle möglichen Faktoren können sich als wirksame Analgetika herausstellen – von Gebeten in einem Zeitalter der Frömmigkeit bis hin zu seltsamen Gebräuen.

Es ist bekannt, dass ein bestärkendes Umfeld bei Schmerz eine gewisse Erleichterung verschafft. »Den Schmerz wegreiben« funktioniert in vielen Fällen tatsächlich.[29] Die elektrischen und chemischen Signale, die von einer schmerzenden Stelle zum Gehirn gesendet werden, sowie die stufenweise elektrische und chemische Reaktion des Gehirns können durch andere Signale, die Kontrolle oder Sicherheit kommunizieren und Angst oder Furcht mindern, modifiziert werden, beispielsweise durch Reiben. Jemand, der von einem Problem berichtet, erwartet eine gewisse Reaktion – sei es Zuspruch, eine Tablette, ein Stärkungsmittel oder eine Berührung. Die Macht dieses Aspekts des Placeboeffekts liegt darin, dass Erwartungen entsprochen wird. Solange die leidende Person an die Wirkung glaubt, spielt die Wahl des Linderungsmittels keine Rolle.

Der menschliche Körper verfügt über ein eigenes mächtiges schmerzstillendes System, und in weiten Teilen in der Medizingeschichte hat man, unabsichtlich, nach Methoden gesucht, dieses System effizienter zu machen. Während Ärzte seit Jahrhunderten – und seit der jüngeren Vergangenheit auch pharmazeutische Unternehmen – dazu neigen, die intrinsischen Eigenschaften eines Medikaments oder einer Praktik zu betrachten, um zu verstehen, warum ein bestimmter chemischer Stoff oder Vorgang Schmerz stillt, hat die jüngere Placeboforschung gezeigt, dass die Wirksamkeit eines Medikaments oft in seiner Fähigkeit liegt, das zu verstärken, was der menschliche Körper selbst tut. Beispielsweise wird eine solche Wirkungsweise für Paracetamol angenommen. Es vermindert die Fähigkeit des Körpers, ein endogenes Cannabinoid – ein körpereigenes Schmerzmittel – zu verarbeiten, und regt ihn so an, als Reaktion darauf, ein Vielfaches mehr davon zu produzieren. Alles, was das zentrale Nervensystem des Menschen aktiviert, um Schmerz zu stillen, ist ein wirksames Placebo.

Mit anderen Worten: Die physiologischen Auswirkungen von Erfolgserwartungen können wissenschaftlich erklärt werden. Das, was wir *tun* – gemäß dem, was wir *wissen* – funktioniert deshalb oft, weil wir wissen, dass es funktionieren wird. Dass die pharmazeutische Wirkung vollkommen endogen – also Teil der internen physiologischen Funktionsweise des menschlichen Organismus – ist, ist irrelevant. Es ist gut möglich, dass sich diejenigen, die sich niedergedrückt oder angespannt fühlten, zu einer Zeit, als Aderlass als bewährte Methode galt, durch eben diese Anwendung besser fühlten. Die Tatsache, dass der Placeboeffekt nicht an eine intrinsische Eigenschaft der betreffenden Methode oder des betreffenden Medikaments geknüpft werden kann, schmälert nicht seinen Wert für die historisch-medizinische Analyse. Im Gegenteil: Der Placeboeffekt gibt Aufschluss über das Funktionieren des Körpers und seine biochemischen Verflechtungen mit sozialen und kulturellen Praktiken. Somit stellt er ein emotions- bzw. neurogeschichtliches Thema par excellence dar.

Die Verwendung von Schröpfgläsern oder Blutegeln ist eine alte, weltweit verbreitete Praktik und war bis weit in das 19. Jahrhundert hinein ein zentraler Bestandteil der westlichen Medizin. Für gewöhnlich dient das Schröpfen als eine Behandlungsmethode gegen Schmerzen. Der Zweck besteht darin, Blut an die Hautoberfläche zu befördern, indem ein Schröpfglas aufgesetzt und dann mithilfe von Hitze ein Unterdruck erzeugt wird, um die Haut (und somit das Blut) nach oben in das Glas zu bringen. Beim nassen Schröpfen geht dieser Prozess mit einem Blutenlassen einher: Das überschüssige Blut

Römisches Schröpfglas, 251–450 n. Chr.

wird an der Stelle, an der das Glas aufgesetzt wird, ausgeschieden. Das Glas wird dort aufgesetzt, wo das Problem wahrgenommen wird – etwa an Rücken, Brust oder Knie. Plinius der Ältere (23–79 n. Chr.) erwähnt in seiner *Naturalis historia* die Verwendung von Blutegeln, was eine ähnliche Wirkung habe wie die Verwendung von Schröpfgläsern, nämlich die, »überflüssiges Blut aus dem Körper auszuscheiden«. Einmal angewendet, müsse das Schröpfen meist jährlich wiederholt werden. Er schreibt, dass die Methode auch gegen Gichtschmerzen helfe.[30]

Bei Plinius gibt es für jede Art von Schmerz ein Heilmittel. Die beabsichtigte Wirkung war hierbei immer eine physische. Bei Phlegmone – einer schmerzhaften Entzündung unter der Haut, die durch Blutstau verursacht wird – verordnet er zerstoßene Radieschen.[31] Bei Kopfschmerzen soll die Wurzel der Steppenraute (*Peganum harmala*) in Kombination mit Polenta oberflächlich aufgetragen werden. Bei stärkeren Kopfschmerzen kann sie mit Gerstenmehl und Essig gemischt werden.[32] Mit gemahlenem Gamander

(*Teucrium polium*) und Regenwasser gemischt soll sie gegen das Gift der Aspisviper helfen.[33] Pfefferkraut (*Lepidium latifoliuim*) am Arm aufzutragen oder mit der Wurzel der wilden Malve (vielleicht *Malva silvestris*) in das Zahnfleisch zu stechen, soll als Mittel gegen Zahnschmerzen dienen.[34] Die Strauch-Melde (*Atriplex halimus*) soll bei Verstauchungen am Fuß oder gegen Erkrankungen der Blase helfen.[35]

Insgesamt werden bei Plinius Dutzende Mittel gegen Schmerzen und Leiden erwähnt, die sowohl medizinischem Wissen als auch der Volksheilkunde entnommen sind. Es geht nicht so sehr darum, dass manche der verordneten Präparate einen geeigneten medizinischen Wirkstoff enthalten haben könnten. Auch wenn beispielsweise die Steppenraute tatsächlich eine intrinsische analgetische Wirkung haben mag, gehe ich davon aus, dass sie in Kombination mit dem Gerstenmehl oder dem Regenwasser noch wirksamer gewesen wäre. Die Wirkung von Placebos auf die Gefühle sollte nicht unterschätzt werden. Schmerzzustände sind affektive Zustände – *Gefühls*zustände – par excellence, und die entsprechenden Heilmittel hingen von dem Wissen darüber ab, was wirkt. Javier Moscoso spricht diesbezüglich von einer »moralischen Ökonomie der Hoffnung«. Ergänzend möchte ich auf die Historizität des biokulturellen Körper-Geist-Systems hinweisen.[36]

Ein blutiges Festmahl für die Augen

Plutarch (46–120 n. Chr.) war ein römischer Bürger griechischer Herkunft. Er war ein berühmter Platoniker im Römischen Reich und wurde später Priester des Apollon in Delphi. Die *Kaiserviten* (Biografien der römischen Kaiser), die *Parallelbiografien* (Biografien angesehener Griechen und Römer) sowie die *Moralia* sind seine bekanntesten Werke. Die *Moralia* enthalten unter anderem drei Essays, die dem Titel nach von Tieren handeln, aber Plutarch macht darin geschickt die menschliche Moral zum Thema. Weil es um den Umgang mit Blut und Eingeweiden geht, bin ich insbesondere an *De esu carnium* (»Über das Fleischessen«) interessiert.[37]

Plutarch drückt eine Art Entsetzen bezüglich des Zustands der Seele des Mannes aus, der als Erster ein Tier schlachtete und dann mit seinen Lippen das tote Fleisch berührte. Er scheint hier implizit die Historizität des Ekels zu beschreiben. Für Plutarch liegt es auf der Hand, dass es entsetzlich ist, ein Tier zu töten und zu essen. Es dennoch zustande zu bringen, erfordert ein hohes Maß an Verrohung oder Härte. Den ersten Menschen, der dies getan hat, kann sich Plutarch dementsprechend nur mit dem nötigen Mangel an Abscheu und somit mit einer anderen Art von Seele vorstellen. Nach dieser Argumentation ist die Art, wie die Seele Leidenschaften erlebt, nicht unveränderlich. Obwohl Plutarch entsetzt ist über den Konsum von Fleisch, vertritt er dennoch die Position, dass es sich hierbei um eine unerschütterliche Gewohnheit handelt und dass, wenn Tiere getötet und gegessen werden, der Akt des Schlachtens als affektive Praktik gestaltet werden muss, da andernfalls das Töten von einer brutalen Seele zeugen würde. Deshalb sollen Tiere aufgrund von Hunger, nicht aufgrund von »Mutwillen« gegessen und mit »Bedauern und Mitleid«, nicht durch »Qual und Misshandlung« getötet werden. Der »Mutwille« steckt in dem griechischen Begriff τρυφῶντες (*tryphontes*) und bezieht sich auf einen einigermaßen luxuriösen und feinen Lebensstil: Dekadenz. Plutarch setzt somit die Dekadenz, die normalerweise mit einer gewissen Kultiviertheit des Gefühls assoziiert wird, mit einer absichtlichen Herzlosigkeit gleich. Die Wendung οἰκτείροντες καὶ ἀλγοῦντες (*oikteirontes kai algountes*) wird im Englischen gern mit *sorrow and pity* (»Bedauern und Mitleid«) übersetzt, wohl vor allem deshalb, weil diese Formulierung idiomatisch ist. Das erste Wort bezeichnet zwar eine Art von Mitleid, laut David Konstan bezieht sich *oiktos* jedoch häufiger auf »den Ausdruck hörbarer Trauer oder Klage als auf Mitleid«, was impliziert, dass Tiere unter Wehgeschrei und Tränen getötet werden sollen.[38] Das zweite Wort kommt von *algos* – körperlicher Schmerz – und impliziert, dass der Prozess des Tötens dem Tötenden Schmerz und Qual bereiten soll.

Dies scheint für den Ausdruck von Schmerz in der Antike generell zu gelten: Die Unterscheidung zwischen physischem und emotionalem Schmerz, wie wir sie treffen, gab es nicht.[39] Während die aktuelle Schmerzforschung damit beschäftigt ist, beide Arten wieder zusammenzubringen, gab es in der griechischen und römischen Welt keinen physischen Schmerz ohne emotionales *Leiden* und kein emotionales Leiden, das nicht auch im Körper als *Schmerz* wahrgenommen wurde. Plutarch, der beklagt, dass Tiere getötet und gegessen werden, schlägt dementsprechend vor, dass die Menschen diesen Schmerz teilen sollen, der durch ihren Fleischkonsum entsteht.

Auch wenn Plutarch seinen Ekel wahrzunehmen scheint (allerdings verwendet er keines der Wörter, die typischerweise mit »Ekel« übersetzt werden), scheint er dennoch seltsamerweise Freude daran zu haben, das Abscheuliche oder Erschreckende (τερατῶδες – *teratodes*) wiederzugeben.[40] So folgt auf seine Ermahnung, Tiere nur unter Wehgeschrei und Schmerzen zu töten und zu essen, eine Reihe von »Rezepten« für einen besseren Geschmack des Fleischs; er listet sie – wenn auch entsetzt – auf:

> Einige stoßen glühend heiße Spieße durch die Körper von Schweinen, sodass durch den Farbton des abgelöschten Eisens das Blut so beschämt ist, dass es das Fleisch beim Drehen süß und weich macht; andere springen und stampfen auf die Euter von Sauen, die kurz vor der Entbindung stehen, sodass sie genau zu den Wehen in eine Masse (Oh, sühnender Jupiter!) aus Blut, Milch und den zerquetschten Jungen treten, und essen somit die entzündetsten Teile des Tiers; wieder andere nähen die Augen von Kranichen und Schwänen zu, um sie in Dunkelheit zu mästen und dann ihr Fleisch mit abscheulichen Gemischen und eingelegtem Gemüse zu übergießen.

Wir können hierin ein Beispiel der Dynamik sehen, die *disgust* (»Ekel«) – so wie wir das Wort auffassen – zwangsläufig auslöst: Das, was abstoßen soll, übt zugleich eine unausweichliche Anziehungskraft aus. Ebenso wenig, wie es irgendetwas Festgelegtes bezüglich der Objekte des Ekels gibt, gibt es vorhersagbare Reaktionen auf etwas Ekelhaftes. Ekel muss erzeugt werden, damit man ihn mit etwas Ekelhaftem assoziiert. Plutarch scheint das Ekelhafte zu konstruieren, indem er den Verzehr von Fleisch auf eine Weise beschreibt, die diesen in einem neuen Licht erscheinen lässt. Er zwingt uns, genau hinzusehen und das, was wir konsumieren, nicht als Filet oder Braten wahrzunehmen, sondern als totes Fleisch, als Produkt des Schlachtens. Plutarch bestaunt den ersten Mann, der mit seinem Mund »das Schlachten berührte« und der »Menschen Gänge grauenhafter Körper und Geister servierte«. Er wundert sich, wie »er den Anblick des Bluts von geschlachteten, gehäuteten und verstümmelten Körpern aushalten konnte; wie er ihren Geruch ertragen konnte; und wie die Abscheulichkeit seinen Geschmack nicht beleidigen konnte, während er die Wunden anderer kaute und die Säfte dieser tödlichen Wunden zu sich nahm«. Wir haben hier einen radikalen Neuentwurf eines Festmahls – mit stinkenden, toten Tieren anstelle von Speisen. Es wird eine allseits bekannte Szene in den Vordergrund gestellt und dazu aufgefordert, diese in einem neuen, entsetzlichen Licht zu betrachten. Um entsetzt und angeekelt sein zu können und sich abzuwenden, muss man zunächst nah herantreten, mit allen Sinnen die Szene von Tod und Schändung wahrnehmen, die eigenen vergangenen Erlebnisse reflektieren, als man solche Dinge tat, ohne nachzudenken und ohne den Rahmen, in dem die Szene jetzt dargestellt wird, bewusst zu betrachten – *erst dann* kann man sich angeekelt abwenden.

Dennoch glaube ich nach wie vor nicht, dass Plutarch von *disgust* spricht – oder von dem, von dem wir annehmen, dass es die griechische Entsprechung für *disgust* ist, σικχός (*sikchos*) oder ἀηδής (*aedes*). Verstehen wir Plutarch richtig, wenn wir den Text als eine Darstellung von *disgust* bei einem grausamen Festmahl lesen? Das kommt darauf an, ob das Wort für das Erleben notwendig ist oder ob uns das Wort vielmehr nach einem Erleben suchen lässt, das uns vertraut ist, obwohl es sich ebenso gut um etwas völlig anderes handeln könnte. Richard Firth-Godbehere weist darauf hin, dass die heutige Neurowissenschaft tendenziell davon ausgeht, dass *disgust* sowohl etwas Allgemeines als auch etwas Automatisches ist, sowie davon, dass es sich eigentlich nicht um eine Emotion, sondern um einen Affektzustand (wie etwa Hunger) handelt. Er weist außerdem auf die Abstufungen bezüglich der Bedeutungen des Worts in verschiedenen Sprachen hin. Die Behauptung, dass x allgemeingültig ist, ist nur schwer aufrechtzuerhalten, wenn nicht einmal eine allgemein anerkannte Definition von x existiert. Außerdem wirkt sich diese Uneinigkeit auf das Erleben von x aus, da das Erleben mit der jeweiligen Wortwahl verbunden ist. Wenn x = das englische *disgust*, dann ist x = ein bestimmter, Übelkeit verursachender Impuls, sich abzuwenden, so Firth-Godbehere. Wenn aber x = *Ekel*, die übliche deutsche Entsprechung von *disgust*, dann gibt es »keinen Würgreflex«, da dieser Begriff eine eher neutrale Abneigung beschreibt (Anm. des Übers.: Wir nutzen hier mangels einer besseren Alternative dennoch den Begriff »Ekel«). Firth-Godbehere weist darauf hin, dass es »sein kann, dass ein Gefühl der Abscheu ein Merkmal ist, das sich entwickelt hat und das von allen empfunden wird, und dass es in allen Kulturen Wörter gibt, die sich auf ein solches Merkmal beziehen«, es sei jedoch »nicht der Fall, dass dieses immer im Sinne des modernen englischen Begriffs *disgust* verstanden werden kann«.[41]

Auch wenn es irgendein automatisches Empfinden von Abscheu gibt, sind die Objekte, die diese Reaktion hervorrufen, keineswegs festgelegt. Das, was Menschen als *disgusting* (»ekelhaft«) empfinden, variiert von Kultur zu Kultur und im Verlauf der Geschichte enorm. Aus der Perspektive der Emotionsgeschichte und in Übereinstimmung mit Erkenntnissen in Bezug auf andere Emotionen in der Vergangenheit kann gesagt werden, dass dieses Erleben, welches Erleben von Abscheu es im konkreten Fall auch ist, unmittelbar und grundlegend mit der Bedeutung der jeweiligen Sache, die dieses Erleben hervorrief, verflochten ist. Zu behaupten, dass dieses »Merkmal«, wie es sich entwickelt hat, allen zueigen ist, sagt sehr wenig über das Merkmal selbst oder darüber aus, wie es ist, es zu erleben.

Ich habe diese Tendenz zur Verallgemeinerung in der Vergangenheit bereits kritisiert und auf den Fehler des Neurohistorikers Daniel Lord Smail hingewiesen, *disgust* als allgemeingültig zu bezeichnen und gleichzeitig kulturelle Veränderungen zu dokumentieren:

> Ausgehend von einer vorhandenen Vorstellung von *disgust*, üblicherweise im Englischen, werden Physiologie und Gesten, wie man sie mit dieser Vorstellung verbindet, auf Menschen anderer Kulturen übertragen; wenn diese Menschen ähnliche physiologische Zeichen und Ausdrücke verwenden, wird dann gesagt, sie seien *disgusted*, und zwar auch dann, wenn ihre eigene Vorstellung erst einmal genau untersucht werden müsste und Kontext oder Erleben keinerlei Ähnlichkeiten aufweisen mit »normativen« Vorstellungen von *disgust* im anglofonen Kontext. Einzuräumen, dass soziale Emotionen »sich in verschiedenen Kulturen der Vergangenheit unterschiedlich auswirkten«, macht die Aussage, *disgust* sei unabhängig vom Kontext, von den Gesten und Erfahrungen dennoch »allgemeingültig«, bedeutungslos, ja ist sogar eine Verschleie-

> rung. *Same disgust, different object* – diese scherzhafte Aussage Smails bürdet einem physiologischen Prozess, der in manchen Kulturen nicht durch das Etikett seiner emotionalen Erfahrung definiert werden muss, a priori eine bevorzugte konzeptionelle Definition auf. Physiologie allein hat keinerlei Bedeutung.[42]

Ich habe bereits darauf hingewiesen, dass ein anderes Objekt einen anderen Ekel hervorruft, mit einer anderen Bezeichnung, anderen Konsequenzen und einer anderen Art der Interaktion mit der Welt. Die antiken Beispiele für »Ekel«, die mich besonders faszinieren, scheinen dem *disgust* unseres heutigen Englisch nicht zu entsprechen. Vielleicht ist es sogar besser, dass Plutarchs Darstellung des Fleischverzehrs keine griechischen Begriffe enthält, die tatsächlich »Ekel« bedeuten, da man sonst leichter in Versuchen geraten würde, sie einfach als »Ekel« zu übersetzen und nicht weiter darüber nachzudenken.

Die Herausforderung besteht darin, das affektive Erleben in der Quelle zu rekonstruieren, ohne eine heutige Perspektive einzunehmen. Die Abscheu, die Plutarch beim Betrachten des Prozesses des Tötens und des Essens von Fleisch empfindet, liegt in der pythagoreischen Kosmologie begründet. Was macht den Fleischkonsum so ungeheuerlich? Als ich Plutarchs Darstellung des Fleischkonsums zum ersten Mal las, nahm ich an, dass es bei dem Appell um eine allgemeine Abneigung gegen Blut geht. Dies stellte sich jedoch als oberflächliche Lesart heraus. Im Kontext des pythagoreischen Glaubens an die Seelenwanderung besteht das Risiko, durch das Töten und Essen von Tieren etwas zu konsumieren, das einmal zu einem Menschen gehörte, vielleicht sogar zu einen Freund oder Verwandten. Plutarch stellt die Frage, warum man dies riskieren sollte. Wird auch nur die Möglichkeit der Seelenwanderung in Betracht gezogen, ist das Risiko gewiss zu hoch. Die Ungeheuerlichkeit des Festmahls besteht in der Vorstellung, dass all diese toten Körper menschlich sind oder dass sie zumindest die transmigrierten Seelen von denen enthalten, die einst Menschen waren. Die Szene gerät zu etwas Entsetzlichem. Plutarch will, dass wir genau hinsehen, sie eingehend untersuchen, damit wir sie vielleicht mit seinen Augen sehen, als etwas nämlich, das nur einen Schritt vom Kannibalismus entfernt ist.

Plutarchs wesentliche Aussage ist, dass das Töten und Essen von Tieren, wie qualvoll die Prozedur auch sein mag, für die meisten Menschen *überhaupt nicht* abstoßend ist. Menschen, die Fleisch essen, sind aufgrund der Gewohnheit gegenüber allen ungehörigen Aspekten dieses Prozesses abgestumpft. Laut Plutarch ist es schwierig, mit den Mägen der Menschen zu diskutieren, da diese keine Ohren haben. Grundsätzlich, so Plutarch, hängt der Konsum von Fleisch von der Gewöhnung an das Töten – einem gewissen Blut*durst* (μιαιφονίας – *miaiphonias*) – ab. Während er solche Dinge implizit verurteilt, hat er sich gleichzeitig damit abgefunden, dass der Bequemlichkeit kaum zu widerstehen ist. Bäuche tragen keine Schuld. Was er beschreibt, ist eine Form von Verlangen, nicht von Abscheu. Um die Möglichkeit der Abscheu aufzeigen zu können, muss er einen Kontext für eine neue Vorstellung von *Horror* bieten. Damit dies gelingt, müssen wir diesen auch sehen wollen.

In der englischen Übersetzung ist es leicht, in Plutarchs Text eine Abneigung gegenüber *Grausamkeit* zu lesen. Tatsächlich beinhalten die meisten Übersetzungen den Ausruf Plutarchs *Oh horrible cruelty!* (»Oh, schreckliche Grausamkeit!«). Dieser Ausruf ergibt jedoch weder vor dem Hintergrund einer Sorge um die Tiere selbst noch vor dem einer Sorge um das Verhalten der Menschen auf abstrakter Ebene Sinn. Nach meiner Lesart bedeutet die Zeile ὠμότητος δεινὸν (*omotetos deinon*) nicht »schreckliche Grausamkeit«, sondern eher so etwas wie »furchtbare Rohheit«, wodurch eine gewisse wilde Neigung sinnbildlich mit ungekochtem Fleisch in Verbindung gebracht wird. Es ist ein Wortspiel. Da die Abscheu gegenüber der Grausamkeit an Tieren seit dem 19. Jahrhundert vermehrt zu einer öffentlichen Angelegenheit wurde, kann Übersetzern des 19. und 20. Jahrhunderts kaum vorgeworfen werden, dass sie diese offensichtliche wörtliche Bedeutung übersehen haben. Plutarch schreckt hier jedoch sowohl vor totem Fleisch als auch vor den reichen Menschen zurück, deren Tische von Vornehmheit zeugen, deren Seelen aber *roh* sind. Manche dieser Menschen sind Stoiker, und die Ernährungslehre der Stoiker scheint ihren allgemeinen Prinzipien der Kontrolle zu widersprechen. Die übrigen sind Epikureer, deren Philosophie Plutarch entschieden ablehnte.

Seine Verwunderung über den Mann, der als Erster mit seinen Lippen Blut berührte, hat ähnliche Gründe. In den meisten Übersetzungen fragt

Plutarch sinngemäß: »Warum beleidigte die Verschmutzung nicht seinen Geschmack?« »Verschmutzung« ist im Original jedoch μολυσμὸς (*molysmos*) – Schändung – und bezieht sich sowohl auf das, was dem *Esser* widerfährt, als auch auf das, was dem Körper des *Gegessenen* widerfahren ist. Seine Tirade gegen den Fleischkonsum, die so sehr darauf basiert, die Sinne der Leserschaft mit rhetorischen Mitteln mit schreiendem Tod und stinkendem Blut zu konfrontieren, ist somit ein Instrument der Philosophie und Politik und gleichzeitig Ausdruck der festen Überzeugung von der Unsterblichkeit der Seele. Vor diesem Hintergrund wirkt der Text letztendlich eher verlockend als abstoßend. Wenn der Text überzeugen soll, müssen aus der Sicht Plutarchs das Fleisch sowie diejenigen, die es essen, genau untersucht werden. Wenn in der Übersetzung der Begriff *disgust* bzw. »Ekel« gewählt wird, liegt dies daran, dass es schwierig ist, die geistige affektive Disposition zu verstehen, die Plutarch vermitteln will. Das griechische Wort für »Ekel« ist deshalb nicht vorhanden, weil Ekel nicht die Reaktion ist, die Plutarch anstrebt. Wenn wir dennoch der Versuchung nachgeben, den Text unter dem Aspekt des Ekels zu lesen, werden wir diesen zwar finden – aber den Text nicht verstehen.

Das Problem, dass man den Ekel, wenn man ihn sucht, auch findet, selbst dann, wenn er gar nicht gemeint ist, geht auch an den besten Untersuchungen zum Ekel in der Geschichte nicht spurlos vorbei. In *The Ancient Emotion of Disgust*, herausgegeben von Donald Lateiner und Dimos Spatharas, wird beispielsweise gezielt und auf angemessene Weise versucht, antike, Ekel betreffende Vorstellungen im jeweiligen historischen und lexikalischen Kontext zu erklären. Zeitgenössische Definitionen von Ekel seien für historische Untersuchungen nur bedingt geeignet und außerdem selbst zeitgebundene Produkte. Dennoch versucht diese Arbeit, Ekel zu identifizieren und aufzuzeigen, wie das antike Erleben von Ekel mit unserem heutigen *disgust* zusammenhängt oder sich davon unterscheidet. Trotz aller Sorgfalt und Vorsicht hinsichtlich der Historizität ist die Teleologie einer solchen Untersuchung letztendlich bezwingend. Die Linse, durch die Ekel in der Vergangenheit betrachtet wird, ist schlussendlich eine neue. Eine Untersuchung innerhalb des Bezugssystems einer zeitgenössischen Kategorie zu verorten, birgt immer die Gefahr des Anachronismus.[43]

Betrachten wir beispielsweise folgende Beobachtung: »Affektive Reaktionen auf abscheuliche Kreaturen oder Substanzen drücken sich im Gesicht aus. Üblicherweise wendet man das Gesicht von einer Ekel erregenden Quelle ab.«[44] Hier, wie auch in der gesamten Darstellung, wird die durch nichts zu erschütternde Behauptung aufgestellt, dass manche Dinge einfach intrinsisch »abscheulich« sind, und dass die Reaktion auf solche Dinge sozusagen integriert ist, was sich in einem zeitlosen Gesichtsausdruck offenbart. Die Herausgeber fügen diesbezüglich eine Anmerkung an: »Schaulustige Autofahrer bei Autounfällen und anderen Unglücken sind die Ausnahme, die die Regel bestätigen. Vielleicht wird aber auch ihre Neugier dadurch erleichtert, dass sie durch ihre Autos abgeschirmt sind und nur ein flüchtiger Blick möglich ist. Siehe Sokrates' Leontios [...].«[45] Hier haben wir einen beeindruckenden subtextuellen Taschenspielertrick und einen erstaunlichen Sprung von zeitgenössischen Schaulustigen zu einer Figur in Platons *Politeia*. Um zu zeigen, wie falsch dies ist, und in Anbetracht dessen, was ich über Plutarch geschrieben habe, werde ich beiden Teilen dieser Verbindung gleichzeitig nachgehen.

Die Behauptung, dass Autofahrer, die auf die Bremse treten, um sich einen Unfall anzusehen, eine Ausnahme der Regeln in Bezug auf Ekel seien, was die Existenz dieser Regeln beweise, ist haltlos. Die beiläufige Begründung – dass sie gewissermaßen von ihrem Auto geschützt würden – funktioniert einfach nicht. Susan Sontag vertritt in *Das Leiden anderer betrachten* eine völlig andere Ansicht bezüglich dieser Frage. Ihrer Einschätzung nach sind die verstümmelten Körper anderer *profan*. Wir sehen sie uns gerade deshalb an, weil wir es nicht tun sollten. Die gewaltigen Kräfte von Anziehung und Verboten werden durch Tabus verschmolzen. Diese Verbote definieren die Schuld, die damit einhergeht, dem Verlangen nachzugeben, das, was Ekel erregen sollte, *sehen* zu wollen. Laut Sontag bremsen Fahrer deshalb bei Unfällen, weil sie das authentische Verlangen haben, »etwas Grausames zu sehen«. Der Tatsache, sich in einem Auto zu befinden, kommt dabei nichts Besonderes zu. Wenn ich in Montreal zu Fuß unterwegs war, habe ich oft gesehen, wie sich große Menschenmengen versammelten, um eine übel zugerichtete Radfahrerin oder einen verunglückten Fußgänger zu begaffen. Die Formulierung »ich kann gar nicht hinsehen« wird oft vom Akt des Hinsehens begleitet, gerade als stünden Körper und Geist im Gegensatz zueinander.

Francisco de Goya: *Man kann gar nicht hinsehen*; Blatt 26 der Folge *Los Desastres de la Guerra*, ca. 1810–20, Radierung und Kaltnadelradierung.

Auf Blatt 26 der *Desastres de la Guerra* (1810–20) von Francisco de Goya sieht man rechts die Enden von Gewehrläufen mit Bajonetten. Dargestellt ist der Moment, in dem die Kugeln eines Exekutionskommandos die Männer, Frauen und Kinder treffen. Goya betitelte das Bild mit den Worten *No se puede mirar* (*Man kann gar nicht hinsehen*), obwohl er offensichtlich *hingesehen hatte*, sich an die Szene erinnerte und, indem er sie zu Papier brachte, das Bild gerade deshalb *erschuf*, damit es angesehen werden konnte. Nicht hinsehen zu können, ist ein dynamischer Teil des Akts des Hinsehens. Darüber hinaus gibt es hierbei – wie sehr wir es auch in der Öffentlichkeit zu leugnen versuchen – einen Aspekt des Vergnügens, den ich in *Pain: A Very Short Introduction* wie folgt darlege:

> Der Ekel gegenüber der Ästhetik des Schmerzes sowie die Angst, die dadurch ausgelöst wird, dass wir uns in die leidende Person hineinverset-

> zen, sollten uns dazu veranlassen, den Ort des Geschehens zu verlassen. Ekel und Angst jedoch, soweit sie visuell inspiriert sind, wollen betrachtet werden. Wie könnten wir sonst wissen, was uns anekelt oder ängstigt? Folglich sind wir angewurzelt, neugierig, aber wir genießen auch den Schmerz anderer.[46]

Eine komplexe Mischung aus Freude und Leiden – das Erhabene vielleicht – mag uns zu Hilfsbereitschaft veranlassen, oder einfach dazu, froh zu sein, dass es nicht uns selbst getroffen hat. Nach Sontags Einschätzung rührt unsere Gleichgültigkeit gegenüber den meisten Bildern, die Ekel hervorrufen *sollten*, daher, dass wir durch das Fernsehen und andere Medien Bildern von Krieg, Schmerz und Verletzungen enorm stark ausgesetzt sind. Unsere Augen sind trüb, wenn wir zerfleischte Körper sehen, deren Anblick bei uns eigentlich Abscheu und/oder Anteilnahme hervorrufen sollte. Die Behauptung, dass die Gleichgültigkeit zunehme, ist nicht neu. In Kapitel 5 werde ich näher darauf eingehen. Auf jeden Fall wird deutlich, dass *disgust* komplex ist. Er lässt sich weder auf die Objekte, die ihn auslösen, noch auf seinen physischen Ausdruck reduzieren. Er passt nicht in ein zeitloses Schema von Abscheu oder Übelkeit.

Betrachten wir die Leichen, die Leontios sieht, die Szene, die Lateiner und Spatharas als Analogie zu einem Autounfall nennen. Betrachten wir mit Sokrates diesen grauenhaften Augenschmaus sowie die Schwierigkeiten, antikes Verlangen zu verstehen. In Platons *Politeia* lautet die relevante Stelle folgendermaßen:

> Leontios, der Sohn des Aglaion, kam einmal von Peiraieus herauf, außen entlang der nördlichen Mauer; da sah er, dass beim Scharfrichter Leichen lagen, und empfand zugleich das Verlangen, sie anzuschauen, zugleich aber wandte er sich voll Unwillen ab; eine Weile kämpfte er mit sich und verhüllte seinen Blick; als aber sein Verlangen siegte, tat er die Augen weit auf, lief zu den Leichen hin und rief: »Da, ihr verfluchten Augen, genießt den schönen Anblick!«[47]

Die Stelle ist Teil einer Erörterung darüber, dass die Seele aus drei Teilen besteht: einem rationalen, einem muthaften und einem begehrenden. Sokrates verwendet dieses Beispiel, um zu zeigen, wie der Zorn (ὀργή – *orge*) sich mit der Vernunft gegen das Begehren verbündet. Dies passiere, »wenn Begierden einen Menschen gegen seine vernünftige Überlegung bedrängen, wie er sich dann selber schilt und über dieses Drängen, das er in sich verspürt, in Zorn gerät, und dass, wie wenn zwei Parteien miteinander streiten, sein Zorn sich dann mit der Vernunft verbündet«. Die Stelle über Leontios kann somit folgendermaßen gelesen werden: Die Vernunft sagt ihm, er solle die Leichen nicht ansehen, sich abwenden; das Begehren sagt ihm, er solle die Leichen ansehen; und das Muthafte scheltet zornig das gesamte Selbst, weil es dem Begehren nachgibt. Wenn diese Annahme zutrifft – und ich sehe hierin keine große Streitfrage –, scheint der Begriff Ekel unpassend, deplatziert und schwierig mit der vorangegangen Darstellung der Seelenteile in Einklang zu bringen. Schließlich ist die *Vernunft* der Teil Leontios', der dafür sorgt, dass er zurückweichen will und der mit seinem Begehren, hinzusehen, im Konflikt steht. Es heißt bei Platon, Leontios sei »gleichzeitig begierig [ἐπιθυμοῖ – *epithumoi*], zu sehen, und unfähig, zu ertragen [δυσχεραίνοι – *dyscherainoi*], weshalb er sich abwendet«. Das Wort, das oft mit »Ekel« übersetzt wird, ist *dyscherainoi*, womit wohl eine Art Leiden bezeichnet wird. Hier gebe ich es jedoch als »unfähig, zu ertragen« wieder. In Sokrates' Darstellung ist der Teil Leontios', der die Szene nicht ertragen kann und sich abwendet, *vernünftig*, nicht Teil seines *thumos* oder Geistes. So etwas wie »Emotion« kommt erst dann auf, als sein Geist als Reaktion auf sein Begehren, die Leichen zu sehen, wütend wird. Er kämpft zwar mit sich selbst, aber der Konflikt findet zwischen Vernunft und Begehren statt.

Dies sagt uns, dass es ein kulturelles Drehbuch ist, das Leontios das Begehren verbietet, die Toten begaffen zu wollen: Denn dies ist unvernünftig. Das Begehren ist aber zu stark und setzt sich durch. Dieses kulturelle Drehbuch findet seinen Ausdruck in Form von Zorn. In dieser Szene spielt also *disgust*, geschweige denn ein *paradox of disgust*, wie Lateiner und Spatharas es formulieren, überhaupt keine Rolle. Während wir heute unzählige Beispiele für ein solches Paradox kennen – wenn wir etwa auf unsere eigene Weise die Spannung zwischen einer emotionalen Anziehung und einem gleichzeitigen emotionalen Abgestoßensein fühlen –, ist es irreführend, das, was Leontios passiert, auf Ekel zu reduzieren.

Nachdem wir also nun den Ekel aus der Diskussion gestrichen haben, bleibt noch die Frage, warum es überhaupt *unvernünftig* ist, Leichen anzusehen, und warum irgendjemand das *Begehren* haben sollte, dies zu tun.[48] Dazu wurde viel geschrieben. Philologen scheinen eine Art Sport darin zu sehen, bei Leontios interessante Pathologien und Perversionen aufzuspüren.[49] In diesem konkreten Fall scheint das aber etwas zu ehrgeizig. Carolyn Korsmeyer weist darauf hin, dass

> Leontios nicht als jemand mit einer ungewöhnlichen Disposition dargestellt wird. Er ist einfach nur ein Mann, der nach Hause läuft. Das Unbehagen der geteilten Seele, die widerstreitende Begehren in sich trägt, ist ein Phänomen, von dem Platon annimmt, dass wir es unmittelbar verstehen [...]. Allein der entsetzliche Anblick ist es, der [Leontios] zu den Leichen zieht [...]. Das Ansehen der Leichen dient keinem höheren Zweck. Leontios wird von etwas angezogen, das schlicht scheußlich ist.[50]

Dies erscheint mir zutreffend. Wir wollen Leichen ansehen. Es ist nicht schwerer zu begreifen als das Gaffen bei einem Autounfall oder das Besuchen öffentlicher Hinrichtungen, wie es im mittelalterlichen und frühneuzeitlichen Europa üblich war. Damals wie heute mag es einen Konflikt gegeben haben, was unseren Wunsch betrifft, das Grausige zu sehen. Während *wir* aber über die Komplexität unseres Erlebens des Ekels nachdenken, wollte Platon, dass wir darüber nachdenken, dass die Seele geteilt ist, sowie darüber, wie Vernunft, Geist und Begehren miteinander verknüpft sind. Die Emotionsgeschichte ist sinnlos, wenn wir uns anmaßen, das Erleben, wie es von Platon (durch die Figur des Sokrates) beschrieben wird, zu ignorieren, und stattdessen unsere heutige neurobiologische Lesart des Ekels wählen. Es ist von Bedeutung, dass Leontios' Seele hin- und hergerissen ist. Es ist von Bedeutung, dass sein affektives Erleben von ihm selbst sowie von den anwesenden Gesprächspartnern in Platons Dialog als Wut auf sein eigenes Begehren verstanden wird und dass das Erleben in Form einer Selbstermahnung stattfindet. In Platons Werk, Aristoteles' Ethik und in der platonischen und stoischen Schule geht es zentral um den Kampf, das eigene Begehren zu beherrschen. Wir müssen Leontios' Erleben wörtlich nehmen und so lesen, wie es bei Platon steht.

Um diese Diskussion abzuschließen, sollten wir zu dem zurückkehren, was auf rhetorischer Ebene passiert. Leontios existiert für uns nur in einer Anekdote in Zusammenhang mit Sokrates, als Teil eines Gesprächs, das von einer vierten Partei aufgezeichnet wurde (wenn wir in Sokrates die dritte und in Platon die vierte Partei sehen). Das Faszinierende an einer solchen Textpassage ist, dass sie die Szene für uns visualisiert und leicht zugänglich macht. Es wird nicht einfach nur beschrieben, wie Leontios fühlt, sondern uns wird auch gesagt, wie wir uns fühlen sollten. Sie zeigt uns, wie wir mit unserer Reaktion auf den Anblick von Leichen umgehen. Die Erzählung über Leichen – statt über etwas Alltäglicheres wie Hunger – wird dadurch gerechtfertigt, dass wir offenbar nicht vermeiden können, diese Leichen ebenfalls zu *sehen*. Ihre bloße Erwähnung sowie die Beschreibung, wo sie sich befanden und wer anwesend war (der Henker), bedeutet, dass auch wir sie *gesehen* haben. Sie werden durch die Macht der Rhetorik vor das geistige Auge gerufen, jedoch im Kontext einer Diskussion über Kontrolle. Die Vernunft ist die Meisterin dieses rhetorischen Heraufbeschwörens eines Begehrens, sodass dieses befriedigt wird, ohne dass der rationale Seelenteil dabei eine Entwürdigung erfährt. Wir können die Leichen gefahrlos betrachten, ohne wütend zu werden. Es ist ein wundervolles Paradox, nicht des Ekels, sondern der Macht eines Bildes oder Anblicks. Vor unserem geistigen Auge betrachten wir gefahrlos und leidenschaftslos Leontios, wie er seinerseits die Leichen betrachtet und wie er auf sich selbst wütend wird. Und während wir dies tun, fühlen wir überhaupt nichts. In diesem Sinne wird der Dialog – Kern der *Politeia* – selbst zum rhetorischen Mittel der Kontrolle, zur Plattform der Vernunft als Meisterin der Seele. Indem Affekt bis zur Unkenntlichkeit reduziert wird, wird der Dialog zur affektiven Praktik par excellence.

Sinne, Sünde und die ewige Furcht

Augustinus (354–430 n. Chr.) wusste, wie es in einem aussieht, der Leichen betrachtet – zerfetzte noch dazu. Aus seinem Werk *Bekenntnisse können wir schlussfolgern, dass er selbst dies tat und dass es ihm Vergnügen* (*voluptas*) bereitete. Der gefeierte Kirchenvater, Theologe und Philosoph hatte großen

Einfluss auf das Christentum. Von seinem Bistum Hippo Regius (heute Annaba in Algerien) aus, schrieb er viel. Seine Bedeutung für die Emotionsgeschichte ist enorm, denn indem er Ciceros (106–43 v. Chr.) Aussagen abwandelte, legte er ein Arbeitsmodell für die konzeptionelle Bandbreite des Gefühlslebens im Mittelalter vor.[51]

Für Augustinus sind Vergnügen und Neugier »Funktionen körperlicher Empfindungen« (*agatur per sensus*).[52] Was als Verlangen nach Wissen oder Verstehen erscheint, ist eigentlich ein Verlangen, die physische Welt mittels der Sinne, insbesondere der Augen (sowie durch die Metapher des Sehens in Bezug auf die anderen Sinne) zu begreifen.[53] Neugier (*curiositas*) begehrt (*libido*) Erleben und Verstehen. Dies erklärt die

> Lust […], einen zerfleischten Leichnam (*laniato cadavere*) mit all seinem Grauen (*quod exhorreas*) zu betrachten […] Und doch, wenn irgendwo einer liegt, laufen sie hin, um sich zu entsetzen, zu erbleichen. Sie fürchten sogar, davon zu träumen, – grad als hätte im Wachen einer sie gezwungen hinzusehen oder eine noch so leise Kunde von was Schönem sie dazu bewogen […]. Es ist diese krankhafte Neugier (*morbo cupiditatis*), für die man im Theater all die Sensationen zeigt.[54]

Augustinus scheint von morbiden Spektakeln angetan gewesen zu sein; er widmete sich ihnen täglich neugierig. Insbesondere gesteht er, dass er von der Jagd eines Hundes auf einen Hasen im Feld entzückt war. Gleiches gilt für den Anblick einer Eidechse, die Fliegen fängt, oder einer Spinne, die ihre Beute in ihrem Netz verspeist. Sein Leben, so räumt er ein, war »[v]on solchen Erfahrungen voll«, und seine »einzige Hoffnung« (*spes*) war Gottes »großes, großes Erbarmen« (*misericordia*). Nach solchen Anblicken verlangte und suchte er, wenn er nicht unterbrochen wurde und sich der Reflexion zuwandte.[55] Was bedeuten also Augustinus' Philosophie und Theologie für das Gefühlsleben? Führte jedes Gefühl zur Sünde, zum Fleisch, weg von Gott?

Augustinus' affektive Sprache wird üblicherweise unter Nutzung von »Emotionsbegriffen« übersetzt. Dadurch geht jedoch ihre Klarheit verloren, wie eine Neubewertung des neunten Teils von Buch 14 seines Werks *De civitate Dei* (*Vom Gottesstaat*) zeigt. Augustinus kritisiert hier Cicero, da die von diesem beschriebene Bewegung (vielleicht Erregung) (*motus*) und das Gefühl (*affectus*) von der Liebe zum Guten (*amore boni*) und der heiligen Güte (*sancta caritate*) abgeleitet sind. Diese als Laster zu bezeichnen, bedeutet, die Kategorien zu verwechseln. Sie als Krankheiten oder lasterhafte Leidenschaften zu bezeichnen, wie Cicero es tut, lässt die Tatsache außer Acht, dass die Gefühle, wenn sie angemessen ausgedrückt wurden, der richtigen Vernunft folgten. Keine körperlichen Gefühle oder Schmerzen zu empfinden, hätte einen hohen Preis: die Entsetzlichkeit der Seele (*inmanitas in animo*) und die Taubheit oder Gefühllosigkeit des Körpers (*stupor in corpore*).[56] Der Körper und seine Gefühle gehören unvermeidlich zum Menschsein. So wie Cicero mit Krankheit eine unklare Übersetzung von *pathos* wählt, übersetzt Augustinus das griechische ἀπάθεια (*apatheia*) hier als *inpassibilitas* und behauptet, dass diese nur in Bezug auf die Seele, nicht aber in Bezug auf den Körper etwas »Gutes und höchst wünschenswert« sei, insbesondere dann, wenn es bedeuten würde, dass man von »solchen Gemütsregungen frei ist (*affectionibus vivatur*), die der Vernunft widerstreiten und den Geist verwirren«.[57] Hier handelt es sich wohl kaum um ein alltägliches Gefühl der »Apathie«, sondern eher um eine existenzielle und essenzielle Gelassenheit. Offensichtlich war angesichts des gegenwärtigen Zustands der Menschheit – in der Welt von Fleisch und Sünde – eine solche Apathie auf der Ebene der Seele unmöglich und nicht wünschenswert«.[58]

Wenn (einige) körperliche Gefühle und auch ihr Ausdruck tatsächlich tugendhaft sind, welche davon wären dann relevant und inwiefern wären sie tugendhaft? Nur solche Störungen der Seele (*perturbationes animi*) und Gefühle (*affectus*), die »recht« (*rectus*) sind, sind Teil des Lebens der Rechtschaffenen (*vita iustorum*). Diese sind die »Bürger des heiligen Gottesstaates«, so lange sie »nach Gott leben«, und sie werden auf die richtige Weise »Furcht und Verlangen, Schmerz und Freude« empfinden (*metuunt cupiuntque, dolent gaudentque*).[59] Augustinus zitiert wörtlich aus Vergils *Aeneis* (6.733), von dem wiederum behauptet wird, dass er die vier grundsätzlichen *perturbationes* Ciceros zusammenfasst: *voluptas* (Vergnügen), *cupiditas* (Verlangen), *aegritudo* (Sorge) und *metus* (Furcht).[60] Obwohl Augustinus Verlangen und Furcht ansonsten verurteilt, interpretiert er die Begriffe hier im Sinne eines gottgefälligen Lebens neu.[61]

Augustinus führt Christen zwar Beispiele aus der Bibel für das Erleben jeder dieser vier Kategorien von Gefühl vor Augen, er reserviert jedoch bestimmte Bedeutungen für Verbindungen von Furcht und Verlangen, aufgrund derer paradoxerweise bestimmte Gefühle von ihrem Gegenteil abgeleitet zu sein scheinen. Dies ergibt nur im Kontext eines Glaubens an Gott und an die Erbsünde Sinn. Augustinus behauptet, dass die Furcht (*timor*) des Apostels Paulus, dass die Korinther dem Teufel erliegen könnten, »eine Furcht einzig und allein aus Liebe« (*Hunc enim timorem habet caritas, immo non habet nisi caritas*) sei. Dies sei »keusche Furcht« (*timor vero*), die »ewiglich bleibt«. Diese Furcht führe nicht dazu, dass man vor einem möglichen Bösen davonlaufe, sondern halte an einem Gut [fest], das nicht verloren gehen kann«. Wenn die Sünde im Geist präsent ist, wird sie gefürchtet und kann vermieden werden. Diese Art der Furcht, so Augustinus, ist *securus*, also: furchtlos! Sie ist ein Akt des Willens (*voluntas*) und gewissermaßen *erwünscht*. Das Verlangen nach Dingen der Sünde führe dazu, die Sünde abzulehnen und sich vor ihr zu schützen. Diese Dinge werden begehrt, ohne Bedenken (*sollicitudo*) der Gefahr, dass wir der Sünde erliegen könnten, sondern eher mit einer Ruhe (*tranquillitas*), die ihren Ursprung in der Liebe hat. Somit wird die Verbindung von Furcht und Verlangen als eine Bewusstheit bezüglich der Unausweichlichkeit der Sünde erklärt und definiert. Die Furcht vor dieser Unausweichlichkeit und das Verlangen, die Sünde dennoch zu vermeiden, existieren in dem Kontext, dass all dies von der Liebe zu Gott und von der Liebe Gottes herrührt. Daher die Formulierung: »[D]ie keusche Furcht des Herren bleibt ewiglich« (*Timor Domini castus permanens in saeculum saeculi*). Die Belohnung besteht in einer endlosen gesegneten Freude (*perpetuorum feliciumque gaudiorum*) im Jenseits.[62]

Augustinus verbindet das genannte Diktum mit einem weiteren – »Die Geduld der Armen wird in Ewigkeit nicht verloren gehen« (*Patientia pauperum non peribit in aeternum*) – und erklärt ein zweites Begriffspaar: Schmerz und Freude. Wir sehen heute in der *patience* (»Geduld«) eine Tugend, ihre Ursprünge jedoch liegen in dem Wort *pati* – »leiden« –, ebenso wie die des Wortes *passio*. *Patience* impliziert das Ertragen von Schmerz, Sorge oder Trauer (daher der Begriff »Patient« in der Medizin). Die Geduld in einer Welt des Bösen wird mit unendlicher Freude belohnt, weshalb der Schmerz selbst tugendhaft ist. Da er von Gott gegeben wird, ist er ein Zeichen von dessen Liebe – eine Ansicht, die bis in das 20. Jahrhundert hinein in der Theologie Gültigkeit hatte – und dient somit als Anlass zur – oder vielmehr als Quelle der – Freude.[63]

Letztendlich wollte Augustinus die Leidenschaften und Gefühle denjenigen entreißen, die sie beiläufig intellektualisierten oder entkörperlichten und in rein rhetorische Kategorien steckten, die keine Bedeutung mehr hatten für das Erleben der Sünder und Gläubigen. Indem er eine Theorie der Leidenschaften mit der gelebten Realität dieser Leidenschaften verband, vereinigte Augustinus Rhetorik und körperliches Erleben. Menschen sind rohe, körperliche, fleischige Wesen. Es ist unvermeidbar, dass sie fühlen. Indem er diese Gefühle mit Mitteln der Rhetorik zu Gott lenkte, prägte Augustinus nicht nur die Sprache des Erlebens, sondern zugleich das Wesen und die Bedeutung des Erlebens selbst.[64]

In dieser Hinsicht passt diese Analyse in eine Reihe mit dem rhetorischen Heraufbeschwören bei Thukydides, mit der Macht, durch die Nennung einer Medizin oder medizinischen Praktik die Gesundheit zu verbessern, sowie mit der Rhetorik, die Plutarch einsetzt, um das Bild von zerfetztem Fleisch entstehen zu lassen. Worte werden, wenn sie erst einmal in der Welt sind, zur Gestalt. Diese Gestalt hängt selbst ab von rhetorischem und diskursivem Wissen darüber, was sie ist oder war und woraus sie besteht oder bestand, sowohl hinsichtlich ihres Gewebes als auch hinsichtlich ihres immateriellen Wesens. Insgesamt stellen diese Episoden eine Geschichte der Gefühle dar, die Körper, Seele, Geist, Worte und Welt in einem einzigen Drehbuch bündelt. Würden wir irgendeines dieser Elemente herausgreifen und einzeln behandeln, würden wir in eine falsche Richtung gehen.

3 Bewegungen und Machenschaften

Liebe ist ... Wahrscheinlich gab es nie eine Auslassung, die mehr Ergänzungsmöglichkeiten bot. In Liebesdingen hat es sich eingebürgert zu sagen »es ist kompliziert«, aber selbst im Sumpf der Verwicklungen im 21. Jahrhundert ist unsere eigene Definition von Liebe eher eng. Es geht um eine bestimmte Art der romantischen Liebe zwischen (üblicherweise) zwei Personen, die sich selbst als Individuen verstehen und zwischen denen es eine »Anziehung« gibt sowie ein gegenseitiges Wollen. Diese Liebe jedoch, ein sexuelles, romantisches Gefühl, das man miteinander teilt und das auch mit dem bewussten Praktizieren der Liebe einhergeht, ist bemerkenswert modern. Die Freiheit, zu lieben und nach dem Objekt seiner Liebe zu streben, taugt nicht als zeitlose Definition der Praktiken der Liebe.

Auch heute gibt es andere Arten von Liebe, zum Beispiel die Liebe der Eltern zu ihren Kindern. In Zeiten vor der romantischen Liebe gab es die Liebe in vielen verschiedenen Formen – von der göttlichen über die adelnde bis hin zur ehelichen.[1] Zwar geht es in diesem Kapitel nicht ausschließlich um verschiedene Arten von Liebe, wir konzentrieren uns aber auf die körperlichen, spirituellen und sozialen Faktoren, die in Mittelalter und Früher Neuzeit verschiedene Arten von Liebe ermöglichten. Das Kapitel beginnt mit der Feuchtigkeit der Seele im Deutschland des 12. Jahrhunderts, verhandelt die Politiken der Liebe im Florenz der Renaissance, stellt kartesische Maschinen vor und endet mit den empfindlichen sozialen Konventionen der »Zuneigung« in den Pariser Salons des 17. Jahrhunderts. Ich kann definitiv nicht sagen, was Liebe ist. Aber in abgeschwächter Form kann ich sagen: »Liebe war ...«.

Eine Vision göttlicher Liebe

Augustinus sowie später Thomas von Aquin (1225–1274) lieferten in ihren Werken eine Definition des mittelalterlichen Verständnisses von Leidenschaften und Affekten, insbesondere aus theologischer Perspektive.[2] Die Praktiken des Gefühlslebens waren zur Zeit Thomas von Aquins zugleich alles andere als einheitlich. Indem ich von der üblichen kanonischen Betrachtung mittelalterlicher »Emotionen« abweiche, will ich dementsprechend die außergewöhnliche Bandbreite und Differenziertheit affektiven Erlebens veranschaulichen, auch da, wo aufgrund einer strengen Kontrolle häretischer Praktiken angenommen werden könnte, dass affektive Ausdrucksweisen stark eingeschränkt waren. Ich widme mich der unendlich faszinierenden Figur der zisterziensischen Nonne Hildegard von Bingen (1098–1179).[3]

Hildegard ist berühmt für ihre visionäre Trilogie, ihre Arbeiten über Medizin und über Sprache und insbesondere für ihre musikalischen Werke.[4] Außerdem ist eine große Sammlung ihrer Briefe erhalten. Diese erlaubt uns, mithilfe ihrer Aufzeichnungen zur Bedeutung ihrer göttlichen Visionen ihre Alltagswelt zu rekonstruieren.[5] Hildegard war bekanntlich in dem Sinne keine Gelehrte, als ihrem Werk keine klassische Bildung oder Kompositionsmodelle zugrunde lagen, sondern vielmehr eigene Visionen. Deshalb wird sie gern als einzigartig unter den mittelalterlichen Propheten beschrieben. Als Wanderpredigerin – eine Tätigkeit, wie sie gewöhnlich Männern vorbehalten war – erlangte Hildegard in ihren Sechzigern und Siebzigern eine für eine Frau äußerst ungewöhnliche Berühmtheit. Bis zum Beginn ihrer Predigtreisen hatte sie in Klöstern gelebt, zunächst im Konvent Disibodenberg, ungefähr 56 Kilometer südwestlich von Mainz, und später im von ihr selbst gegründeten Kloster Rupertsberg in Bingen, etwa 29 Kilometer westlich von Mainz.[6]

Aus der nicht-kanonischen Natur von Hildegards Werk ergibt sich eine charakteristische affektive Kosmologie, in der die Sinne, die Seele, der Heilige Geist und der Körper untrennbar miteinander verbunden sind. Ich möchte mich hier nicht so sehr auf die affektiven Aspekte der Tugenden in Hildegards Werk konzentrieren, als vielmehr darauf, inwiefern das Wesen des *Seins* hier affektiv gedeutet wird. Hildegards Verständnis der Welt und des über sie Hinausgehenden basiert zwar auf Vernunft, ist aber dennoch explizit ein inneres. Sie sieht ihre Visionen und das »lebendige Licht« Gottes – allerdings nicht mit ihren Augen. Sie sieht sie wie etwas Inneres, durch die Empfänglichkeit der Feuchtigkeit und – das ist besonders wichtig – die *Grünkraft* ihres Körpers und ihrer Seele. Das, was sie aufzeichnet, sagt sie, sei nur das, was sie auf diese Weise »gesehen« habe. Bei unserer kurzen, episodischen Betrachtung Hildegards konzentrieren wir uns somit darauf, welche körperlichen und seelischen Eigenschaften notwendig sind, um den Weg zu Gott *fühlen* zu können; wir können sie ableiten aus den Ratschlägen, die sie anderen zum Zustand ihrer Seelen gegeben hat. Viele dieser Ratschläge beruhen auf dem bereits erwähnten und zentralen Konzept der *Grünkraft* sowie auf den affektiven Praktiken, die ein solches Fühlen und »Sehen« ermöglichen. Und alles hängt wiederum von der göttlichen Natur des Menschen ab, der durch die göttliche Liebe gezeugt wurde. Die göttliche Liebe ist in Hildegards Vision ein personifiziertes Wesen – das ist wichtig für unsere Analyse.

Das Korpus Hildegards ist sehr umfangreich, und ich kann ihrem Lebenswerk hier kaum gerecht werden. Ich konzentriere mich deshalb auf drei Briefe, die sich mit ihren affektiven Praktiken sowie dem Konzept der *caritas* beschäftigen, das grundlegend ist für ihr Verständnis des spirituellen/affektiven Lebens. Die Briefe decken den gesamten Zeitraum des öffentlichen Wirkens Hildegards ab, von einer ängstlichen Epistel an Bernhard von Clairvaux von 1146 bis zu einem erklärenden Sendschreiben von 1175.

Im Zentrum der affektiven Praktiken Hildegards standen Lesen, Meditation und Schreiben. Mark Atherton beschreibt das zisterziensische Studieren und Beten folgendermaßen:

> Unter Meditation wurde hier die Praktik des Vorlesens und des Nachdenkens über die Bedeutung eines Texts verstanden, und zwar mit der gesamten Person – nicht nur mit Gedächtnis, Willen und Aufmerksamkeit, sondern mit Körper, Verstand und Geist. Dies bedeutete, dass die Meditierenden den Text auswendig lernen mussten und so seine Theorie praktisch umsetzten. Im Gegensatz dazu war das Lesen als sorgfältigeres und geführteres Studieren eines Texts definiert, wobei Hilfsmittel und Kommentare genutzt wurden. Die Meditation konnte dem Lesen voraus-

> gehen, das Lesen jedoch führte zu Fortschritten in Gedächtnis und Meditation, wodurch der Geist sozusagen zu Höhen der Hingabe und des Verständnisses aufsteigen konnte.[7]

Es ist sehr wahrscheinlich, dass Hildegard das Lesen und Meditieren so sah. (Zwar verfügte sie formal gesehen nicht über Bildung und nannte sich dementsprechend ungebildet, aber sie war durchaus sehr belesen.) Zweifellos praktizierte sie das Schreiben, durch das ihre Hingabe eine Steigerung erfuhr.[8] Bevor ich damit beginne, einige der sinnlichen und affektiven Elemente ihrer Visionen zu untersuchen, soll erwähnt sein, dass Hildegards Visionen (oder die irgendeiner anderen Person) auf keinen Fall geleugnet werden sollten. Was sie »sah«, war insofern *echt*, als ihre speziellen Praktiken der Hingabe sowie ihr spezieller Kontext der neurologischen Formation zu diesen Visionen führten. Sie entsprangen ihrem neuroplastischen Gehirn und waren wesentlich für Hildegards Wahrnehmung ihrer selbst und der Welt und können nicht als Metaphern, Wahnvorstellungen, Erfindungen oder Betrug abgetan werden. Es steht mir nicht zu, zu sagen, dass Hildegard nicht *wirklich* das Göttliche gesehen hat. Als Historiker kann ich nur sagen, dass Hildegard wusste, dass sie es wirklich gesehen hat. Diese Aussage geht über die Grenzen des Glaubens hinaus, von dem gesagt werden könnte, dass er Dinge betrifft, die nicht gegenwärtig sind und nicht bewiesen werden können. Da Hildegard, aus ihrer Perspektive, das Göttliche tatsächlich erfahren hat, hatte sie ein gewisses Wissen über Gott.

Von dem Moment an, als Hildegards Stimme außerhalb ihres eigenen Klosters laut wurde, rückte die Art ihrer Visionen in den Vordergrund. In ihrem ersten Brief an Bernhard von Clairvaux, dessen Grundton unterwürfig ist, bittet sie um Erlaubnis, über ihre Visionen zu sprechen, und zeigt sich besorgt darüber, dass dies als Ketzerei erachtet werden könnte. In Bezug darauf, *wie* sie sieht, ist sie jedoch deutlich: »Ich bin gar sehr beunruhigt wegen dieser Schau, die sich mir im Geist als ein Mysterium erschloss. Nie schaute ich sie mit den äußeren, fleischlichen Augen.«[9] Und weiter: »Ich begreife nämlich im Text den inneren Sinn (*interiorem intelligentiam*) der Auslegung der Psalter, des Evangeliums und der anderen Bücher, der mir durch diese Schau gezeigt wird. Wie eine verzehrende Flamme rührt sie mir an Herz und

Seele (*que tangit pectus meum et animam sicut flamma comburens*) und lehrt mich diese Tiefen der Auslegung.«[10] Es ist nicht so, dass Hildegard diese Bücher nicht selbst gelesen hätte, da das Lesen und *Hören* sicher ein zentraler Teil ihrer täglichen Praxis war. Es geht ihr aber darum, und dies macht auch die wesentliche Bedeutung Hildegards aus, dass ihre exegetischen Einsichten und ihr Verständnis nicht auf formeller Bildung beruhten. Sie entstammen vielmehr vollständig ihrer Seele – durch das, was sie »sieht«. Außerdem ist ihre Behauptung von Bedeutung, dass sie ihre Visionen nicht in einem Tranceзustand erfuhr. Sie sah die Welt mit ihren Augen und gleichzeitig die Dinge jenseits der Welt mit ihrer Seele.[11]

Gegen Ende ihres Lebens, 1175, erläuterte Hildegard das Erleben ihrer Visionen gegenüber dem Mönch Wibert näher: »Mein Geist jedoch steigt, je nachdem, wie Gott es will, in dieser Schau bis zur Höhe des Firmaments empor und erhebt sich in die verschiedenen Luftregionen. Und sie erstreckt sich auf verschiedenartige Menschen, mögen sie auch weit entfernt von mir in fernen Gegenden und Orten sein.« Sie sehe »gemäß der Veränderlichkeit der Wolken«. Sie höre weder mit »leiblichen Ohren«, noch nehme sie »in der Phantasie [ihres] Herzens« oder »durch die Vermittlung [ihrer] fünf Sinne« wahr, »sondern nur in [ihrer] Seele«. In vielen ihrer Visionen sehe sie ein helles, feuriges Licht, das manchmal lebendig sei. Dieses Licht sehe sie seit ihrer Kindheit in ihrer Seele. Es sei »viel strahlender als eine Wolke, die die Sonne trägt«. Die Bedeutung dieses Lichts zieht sich durch ihre religiöse Praxis. Dieser »Schatten des lebendigen Lichts« spiegelt Hildegard die »Schriften, Worte, Tugenden und manche Werke der Menschen« zurück. Die Worte, die sie sieht und hört, sind »nicht wie Worte, die aus Menschenmund ertönen, sondern wie eine blitzende Flamme«; ihr Geist »verkostet« sogar diese Worte und Visionen.[12] Ihr Lesen, Meditieren und Schreiben verwandelt im »Kontext der Möglichkeiten« der Zeit unvollständiges visionäres Erleben in bedeutungsvolles Wissen.[13]

Hildegard ist ein Musterbeispiel der biokulturellen Neuroplastizität. Ihre Sinne funktionierten anders als meine. Mir fehlt ihr Verständnis ihrer Seele und ihres Körpers, das aber für ihr Erleben der Welt essenziell war. Nach ihrem Verständnis lagen die Ursprünge der Welt in ihrer lebendigen Gegenwart. Deshalb wurde das, was sie über die Welt und die Menschen darin

Hildegard bei einer Vision; Kopie einer heute verlorenen Handschrift von etwa 1175 von Hildegard von Bingens Werk *Liber Scivias* aus den 1150er-Jahren; 19. Jahrhundert; Frontispiz.

wusste, durch das bestimmt, was sie sah. Die Menschen waren die Verkörperung der göttlichen Liebe, und ihre Lebenskraft gründete in einer physischen, spirituellen und affektiven Eigenschaft: *viriditas* (»Grünkraft«).[14] Man könnte sich in einer Geschichte der Gefühle umfassend mit dieser *viriditas* auseinandersetzen, aber ich konzentriere mich hier auf den zuvor genannten Wert: die Liebe.

Der Mensch verkörpert die Elemente der Gnade Gottes in Form von Weisheit, Grünheit und Feuchtigkeit, die alle gepflegt werden müssen, damit sie nicht verderben oder, so wörtlich, vertrocknen. Sie sind das Produkt der göttlichen Liebe, des Hauptmaterials, das Gott für die Schöpfung verwendete. In einem Brief an den Abt Adam, etwa aus dem Jahr 1166, beschreibt Hildegard ihre Vision der Liebe.[15] Sie

> sah […] etwas wie (*vidi quasi*) ein ganz hübsches Mädchen. Es strahlte von so großem Glanz des herrlichen Antlitzes, dass ich es nicht vollständig betrachten konnte. Und es trug einen Mantel weißer als Schnee und klarer als die Sterne. Auch war es mit Schuhwerk wie von reinstem Gold angetan. Es hielt aber Sonne und Mond in der rechten Hand und umfasste sie liebevoll. Auf seiner Brust war auch noch eine Elfenbeintafel, auf der eine saphirfarbene Menschengestalt erschien. Und die ganze Schöpfung nannte dieses Mädchen Herrin. Doch auch es selbst sprach zu der Gestalt, die auf seiner Brust erschien: »Bei dir liegt der Ursprung am Tage deiner Kraft im Glanz der Heiligen; aus dem Schoß habe ich dich vor dem Morgenstern gezeugt.«[16]

Eine Stimme sagt Hildegard dann, dass dies die göttliche Liebe (*caritas*) sei. Ich folge hier der Übersetzung von Baird und Ehrman, die darauf hinweisen, dass Hildegard in ihrem Brief mit zwei verschiedenen Arten von Liebe jongliert, *caritas* und *amor*. Erstere ist die Personifikation Gottes und der Quelle der Schöpfung, die zweite ist von anderer Art. Wie Barbara Rosenwein betont, gibt es je nach Kontext und Intention verschiedene Möglichkeiten, *caritas* zu übersetzen. In diesem Fall geht es um *caritas* im kosmischen Sinn. Die folgende Erklärung ist komplex. Gott, der die Welt erschaffen wollte, beugte sich in »zärtlichster Liebe« (*suavissimo amor*) hinunter und traf mit »glühendem Eifer« (*magno ardore*) für alles Vorkehrungen. Mit Eifer kann auch eine Art von Liebe gemeint sein. Jedoch umfasst das Handeln Gottes hier auch einen Aspekt von Wärme und Licht – die beiden Qualitäten, die Hildegard am häufigsten mit Gott in Verbindung bringt. Interessant ist hierbei, dass sich Gott hinunterbeugt und mit *amor*, nicht mit *caritas* handelt. Dies lässt eine Unterscheidung erkennen, der Hildegard sicherlich Bedeutung zumaß. *Amor* definiert die Art der Handlung Gottes, *caritas* definiert ihr Wesen. Weiter schreibt sie, dass »die ganze Schöpfung gleichsam in einem Augenblick von [*caritas*] hervorgebracht wurde«.[17] Alle Geschöpfe wurden also durch *caritas* erschaffen.

Nach dem Sündenfall wurde die Personifizierung der göttlichen Liebe um die heilige Demut ergänzt: »Die Liebe hat nämlich den Menschen geschaffen, die Demut ihn erlöst.« Die darauffolgende Passage erklärt die menschlichen Tugenden. Die beiden Haupttugenden, die »alle übrigen Tugenden hervor[bringen]«, sind Hoffnung und Glaube. Ihnen werden die göttliche Liebe und die Demut folgendermaßen zugeordnet: »Die Hoffnung aber ist gleichsam das Auge der Liebe (*caritas*), die Liebe zum Himmlischen (*amor*) ihr Herz und die Enthaltsamkeit ihr Band. Der Glaube jedoch ist wie das Auge der Demut, der Gehorsam wie ihr Herz und die Verachtung des Bösen ihr Band.« Somit wird deutlich, dass *amor* eine Eigenschaft innerhalb der *caritas* ist und dass sie verbunden sind durch Enthaltsamkeit und Hoffnung. All dies wird dem Abt gegenüber zu dem Zweck erläutert, ihn auf die Verpflichtungen seines Amts hinzuweisen. Dennoch: Diese Beschreibung ist für ein Verständnis von Hildegards Weltsicht absolut fundamental. Ihr spirituelles Sensorium zeigt ihr das Licht der göttlichen Liebe, das ewige Quelle und Bewahrer der Tugenden ist. In diesem Brief bietet Hildegard einerseits eine Kosmogonie und andererseits Vorschriften in Bezug auf Pflichten, affektive Praxis und Moral. Sie versichert dem irrenden Abt, dass die göttliche Liebe und Demut in der menschlichen Seele mit »Gold und Edelsteinen« verziert seien. Sie müssten ungeachtet der Last und Müdigkeit behütet, geschätzt und gepflegt werden.

Liebe und Macht bei Hofe

Die Kompetenz bzw. die Fähigkeit, die Gefühle und affektiven Eigenschaften anderer zu verstehen, entspricht nur der Kompetenz der anderen, zu täuschen. Die Kompetenz, zu täuschen, hängt davon ab, dass es für Ausdrucksweisen, Praktiken und Performanzen eine Art fertiges Drehbuch gibt, das leicht zu verstehen ist. In der Geschichte der menschlichen Dinge wurden wichtige Details in Bezug auf Gefühle, Emotionen oder Stimmungen genauso oft falsch gelesen wie richtig. Wut, Angst oder Hass wahrzunehmen und sich dementsprechend zu verhalten, endet dann böse, wenn sich herausstellt, dass die Wahrnehmung falsch war. Ebenso kann eine Fehlinterpretation von Liebe, Glück und Freundlichkeit in einem Desaster enden. Die Archive sind voll von solchen Desastern. Vieles in der Geschichte beruht darauf, dass Gefühle von anderen falsch gedeutet wurden.

Während Hildegard ihre Macht aus der Fähigkeit zu göttlicher Wahrheit ableitete, galt die Fähigkeit, zu täuschen, seit Langem als hilfreich im Rahmen einer Steuerung von Machtdynamiken. Niccolò Machiavelli (1469–1527) zum Beispiel brachte deutlich zum Ausdruck, dass zwar bestimmte affektive Eigenschaften nicht für den Machterhalt nötig sind, wohl aber die Fähigkeit, solche Eigenschaften vorzutäuschen.[18] Ihm zufolge war es für einen Herrscher notwendig, sowohl zu Grausamkeit fähig zu sein als auch zu Menschlichkeit. Um die Unterstützung der Bevölkerung nicht zu verlieren, müsse ein Herrscher den Anschein erwecken, völlig fromm/barmherzig (*pietà*), absolut vertrauenswürdig (*fede*), absolut ehrlich (*integrità*), vollkommen human (*umanità*) und vollkommen religiös (*religione*) zu sein.[19] Jemand mit diesen Eigenschaften würde durch sie in Schwierigkeiten geraten, wohingegen jemand, der diese Eigenschaften nur vortäusche, einerseits von ihnen profitieren, aber andererseits auch genau das Gegenteil tun könne, wenn dies politisch nützlich sei. Der Herrscher müsse also gegenüber der Bevölkerung eine Maske tragen. Je überzeugender diese Maske sei, desto mächtiger sei er, wenn er sie fallen ließe, um das Gegenteil zu tun. Machiavelli macht absolut deutlich, dass ein Herrscher manchmal harsch, doppelzüngig, unehrlich, grausam und unchristlich sein muss – in seinen Taten und somit wahrscheinlich auch im Herzen.

Diese affektive Flexibilität erfordert ein Verständnis dafür, wie die Umstände das Handeln bestimmen. Machiavelli war nicht der Meinung, dass alle Herrscher die Fähigkeit besitzen, sich den Zeiten anzupassen, dass also die Vorsichtigen impulsiv werden, wenn es die Umstände erfordern, und umgekehrt. Ein erfolgreicher Herrscher verfüge jedoch über einen affektiven Pragmatismus und könne je nach Situation das eine oder das andere sein. Nach Machiavelli umfasst die Tugend (*virtù*) die Fähigkeit, sowohl nachsichtig als auch herzlos zu sein sowie effektiv zu manipulieren und zu kontrollieren. Die affektiven Fähigkeiten des Herrschers sollten flexibel sein. Er sollte die verfügbaren »Drehbücher« kennen und zu seinem eigenen Vorteil einsetzen können, ohne jemals etwas *authentisch* fühlen zu müssen. Authentisches Fühlen kommt bei Machiavelli nicht vor. Es wurde vollständig durch die Macht ersetzt, die mit dem Schein der Authentizität einhergeht. Da nichts so sicher zum Untergang führe, wie gehasst zu werden – von der Armee oder vom Volk –, beschreibt Machiavelli einen Herrscher, der versucht, ebendies zu vermeiden. Keine der Methoden, Hass zu vermeiden, scheint sich auf tatsächliche persönliche Eigenschaften eines Herrschers zu beziehen. Es geht lediglich darum, wie er sich selbst durch sein Handeln präsentiert. Es wird hier eine affektive Dynamik impliziert: Ein Herrscher, der das Geld und die Frauen seiner Untertanen in Ruhe lässt, tut dies aus *strategischen* Gründen, wird jedoch als *liberal* oder gnädig angesehen. Es gibt keine Inhalte, nur zynische Form.

Die Macht des Herrschers hängt einerseits von der Unfähigkeit anderer ab, sein Auftreten zu hinterfragen, und andererseits von der affektiven Authentizität der Massen. Wenn es in Machiavellis *Der Fürst* irgendein glaubhaftes Gefühl gibt, dann ist es das, das die treuen Anhänger eines erfolgreichen Anführers zum Ausdruck bringen. Hierbei gibt es keine zynische Form, sondern nur praktischen, affektiven Inhalt. Machiavelli zufolge würde ein Anführer, dem es gelingt, Italien gegen die barbarischen Invasionen zu einen, auf Rachsucht, beharrlichen Glauben, Frömmigkeit (*pietà*) und Tränen treffen. Das italienische *pietà* ist eines der Worte, die zeigen, wie sehr wir eine Geschichte der Emotionen brauchen und wie schwierig ein solches Unterfangen zugleich ist:

Die englischen Worte *piety* (»Frömmigkeit«) und *pity* (»Mitleid«) sowie die Bezeichnung *Pietà* – die künstlerische Darstellung der Maria, die den

Leichnam Jesu hält und beklagt – haben in dem italienischen Begriff ihren Ursprung. Auf den ersten Blick scheint es schwierig, diese drei Dinge, die im Italienischen in einem Wort verschmelzen, in Einklang zu bringen. Was zuallererst auffallen sollte, ist die Unabtrennbarkeit spiritueller Eigenschaften und solcher, die wir wohl »emotionale« Eigenschaften nennen würden. Maria, die Jesus in ihren Armen hält, symbolisiert Frömmigkeit und Mitleid, die beide bildlich durch Tränen dargestellt werden. Im Englischen entsprach Mitleid (*pity*) einst Mitgefühl (*sympathy* und *compassion*) und Menschlichkeit (*humanity*), wenn es sich auch nicht um direkte Synonyme handelte. *Pity* wurde aber nicht als völlig anderes Phänomen betrachtet, und sein Objekt war nicht verachtenswert. Es handelte sich eher um eine Art genussvollen Schmerz, den derjenige erlitt, der Mitleid empfand. Einen genussvollen Schmerz zu erleiden, entspricht der Bedeutung von *passion* (»Leidenschaft«) als Leiden. In ihrer neutralen Bedeutung bezieht *passion* sich auf etwas, das *durchlebt wird*, weniger unbedingt auf etwas Unangenehmes oder Schädliches. Die von Machiavelli empfohlene Beziehung zwischen Herrscher und Bevölkerung, wobei dem Herrscher mit *pietà* begegnet werden soll, kann nicht wirklich durch einen aktuellen englischen Emotionsbegriff abgebildet werden. (David Wootton übergeht in seiner Übersetzung tatsächlich einfach die Frömmigkeit und weitet stattdessen redundant die darauffolgenden Tränen zu »emotionalen Tränen« aus.)[20] Manchmal wird *pietà* als *sympathy* (»Mitleid«) übersetzt. Dies suggeriert jedoch eine Art Gleichheit zwischen Herrscher und Beherrschten, auf die es im Original keine Hinweise gibt. Die Frommen haben ein Verständnis für das Leiden und den Wert des Objekts ihrer Zuneigung, aber, und dies scheint essenziell, sie können sich selbst nicht als gleichwertig mit diesem Objekt sehen. Ich bleibe also bei der Übersetzung von *pietà* als *piety* (»Frömmigkeit«), mit der Konnotation von spiritueller Treue – Liebe, wenn man so will –, durch die die ansonsten weltliche Beziehung zwischen Herrscher und Beherrschten ergänzt wird. Bei der vorigen Erwähnung dieses Begriffs habe ich eine doppelte Übersetzung gewählt – *pious/mercifull* (»fromm/barmherzig«) –, da er, wenn er einen Herrscher beschreibt, eine zweifache Bedeutung hat, einzigartig für seine Position. Es ist nicht nur nützlich für ihn, fromm zu wirken (in einem religiösen Sinn), sondern auch barmherzig, was bedeutet, dass er sich für das Leben entscheidet, wenn er zwischen Leben und Tod wählen kann. Der Begriff *pity* (»Mitleid«) könnte hierfür ebenso verwendet werden. Jedoch erkennen wir, wie gezeigt, nicht mehr unbedingt die darin enthaltene Machtdynamik, da – anders als bei *piety* (»Frömmigkeit«) – nicht die Starken, sondern nur die Schwachen bemitleidet werden. *Pity* – ähnlich wie *mercy* (»Erbarmen«) oder *clemency* (»Gnade«) – ist ein Aspekt von Stärke und Macht. Die Handlungen, die damit in Verbindung gebracht werden, implizieren die Möglichkeit des Gegenteils: Grausamkeit, Gleichgültigkeit, Rücksichtslosigkeit. Ein Herrscher, der Mitleid hat, übt somit symbolische Macht aus, indem er indirekt auf seine Möglichkeit verweist, ebensogut mitleidlos zu sein. Bei Machiavelli und anderswo wird deutlich, dass es sich hierbei nicht um affektive Eigenschaften der individuellen menschlichen Natur handelt, sondern dass eine Abhängigkeit von Umständen, Erziehung und Entscheidungen besteht.

Die liebende Hingabe einer geeinten, loyalen Bevölkerung war wohl eher eine Projektion in die Zukunft. In Machiavellis umfassender Auswahl aus der gesamten italienischen und römischen Geschichte gibt es keine konkreten Beispiele einer so affektiv dankbaren und treuen Bevölkerung. Dennoch glaubte er, dass sie grundsätzlich möglich ist: *Der Fürst* ist im Wesentlichen ein Handbuch dafür, solche Treue herbeizuführen bzw. ihr Gegenteil zu vermeiden.

Während Machiavelli die affektive Verstellung eines Herrschers nur theoretisch in Betracht zog, beschäftigte sich Baldassare Castiglione (1478–1529), der fast zeitgleich lebte, intensiv mit den affektiven Dynamiken höfischen Lebens um solch einen Herrscher. Bei Castiglione finden sich umfassende Vorschriften in Hinblick auf Darstellung und Repräsentation in der höfischen Welt, es gibt hierbei jedoch auch einen eindeutigen Zusammenhang mit dem Erleben von Gefühlen. Dies wird bereits im ersten Buch von *Il Cortegiano* (1528, *Das Buch vom Hofmann*) deutlich.[21] Die Atmosphäre um die Herzogin Elisabetta Gonzaga (1471–1526) war vor allem von größter Zufriedenheit (*somma contentezza*) geprägt. Die Machtdynamik, die mit der gesellschaftlichen Situation am Hof verbunden war, führte jedoch zu einer seltsamen Sprache. Die männlichen Höflinge um die Herzogin waren ihr durch eine Kette (*una catena*) in Liebe verbunden – ein Hinweis einerseits auf genuin amouröse Beziehungen und andererseits auf eine Beschränkung hinsichtlich der Form dieser »Liebe«. Die Liebe war Castiglione zufolge »herzlich« (*amore cordiale*) und mit einer »Eintracht des Willens« (*concordia di volontà*) kombiniert.[22] Die Herzlichkeit, wenn diese auch positiv war, drängt die Liebe an die Oberfläche der Gesellschaftlichkeit, wo gute Beziehungen als Teil der sozialen Interaktion, Performanz und des Lesens der »Drehbücher« erlebt wurden. Die Tatsache, dass die Liebe durch den »Willen« und die Etikette, die es gegenüber einer so großen Dame zu wahren galt, definiert wurde, legt eine streng kontrollierte Atmosphäre nahe, mit liberaler Zurschaustellung im Korsett einer allgemeinen Zurückhaltung.

Die Liebe findet ihre Umsetzung also entsprechend den rhetorischen Spielereien der anwesenden Höflinge, wie Castiglione sie darstellt. Einer von ihnen spricht über die Liebe als eine Leidenschaft, die sich aus einer »Fähigkeit, [Frauen] dazu zu bewegen«, *ihn* zu lieben, ergebe, wofür »beharrliches Bemühen« nötig sei. Aufgrund des Ausdrucks der Liebe, die er in den Gesichtern anderer Männer sieht, hält er sich jedoch zurück: »die beständigen Klagen gewisser Liebhaber, die, blass, traurig und schweigsam, ihr Unglück immer in ihren Augen zu tragen scheinen; und wann immer sie sprechen, wird jedes Wort von dreifachen Seufzern begleitet, und sie reden von nichts anderem als Tränen, Qualen, Verzweiflung und Todessehnsucht.« Unter solchen Umständen, wenn Liebe weniger eine für sich allein stehende Emotion ist, als der Vorbote einer Flut an negativen, leidenschaftlichen Gefühlen, »scheut [dieser Höfling] keine Mühen, sie [in seinem] eigenen Interesse auszulöschen«.[23]

Andererseits ist sich derselbe Höfling bewusst, dass es andere Liebhaber gibt, die »überaus glücklich« (*troppo più che felici*) wirken, wenn sie verliebt sind, sodass sogar Streit (*guerre*), Wut (*ire*) und Verachtung (*sdegni*) einen Teil der Lieblichkeit der Leidenschaft ausmachen. Unfähig, zu verstehen, wie Wut (*sdegno*) auf eine liebliche, und nicht auf eine angstvolle Art erlebt werden kann, bittet er die Anwesenden, die Art von Wut und die Ursachen, die dieses glückliche Gefühl herbeiführen, genau zu beschreiben, sodass er sich vielleicht »bezüglich der Liebe etwas weiter vorwagen kann«: »in der Hoffnung, dass auch ich diese Lieblichkeit finden mag, wo so viele Bitterkeit finden«. Die Suche nach Liebe wird zu einer intellektuellen Übung, geleitet durch die Ursachen der Wut, die lieblich empfangen wird. Die Tatsache, dass die Höflinge sich offenherzig über die Gründe und Ausprägungen der »Wut der Liebe« (*sdegni d'amore*) unterhalten, legt nahe, dass die spezifisch höfischen Dynamiken von Liebesbeziehungen allgemein bekannt waren.[24]

Wenn Liebe ein Feuer im Herzen war, dann ließ das Geliebtwerden (wie auch Schönheit, Sitten, Wissen, Reden und Gesten) die Seele entflammen. Dies war gleichbedeutend mit Vergnügen (*piacere*) und erklärt vielleicht ein Stück weit, warum einige Beziehungen, obwohl sie durch Verachtung gekennzeichnet waren, Vergnügen bereiteten.[25] Obwohl die Liebe nicht von der Würdigung von Schönheit abhing, war letztendlich ein Mann, der die körperlichen Eigenschaften weiblicher Schönheit zutiefst zu schätzen wusste, mehr entflammt als ein Mann, dem es an dieser Wahrnehmung mangelte. Somit hing die Art der Liebe sowohl vom *male gaze* als auch vom Grad der Schönheit des weiblichen Körpers ab. Die schönste weibliche Form in Verbindung mit der feinsten künstlerischen Würdigung dieser Form wäre demnach die perfekte Kombination. Unter solchen Umständen könnte eine männliche Liebe zweifelsfrei haufenweise weiblichen Zorn wegstecken.

Ich *bewege mich*, also bin ich

Was bedeutet das Wort »Emotion« wörtlich? Das lateinische Präfix »e-« bedeutet »weg« oder »heraus«. Der Stamm »motion« hat seinen Ursprung im Lateinischen *motio*, »Bewegung«. »Emotion« bedeutet also im Grunde etwas wie »Bewegung nach außen«. Die »Bedeutung« ist in der Formulierung, von einem Erlebnis »bewegt« zu sein, erhalten geblieben. Eine Zeremonie, ein Film oder eine Beerdigung können alle als »bewegend« beschrieben werden. Aber was bewegt sich eigentlich? Die Antwort: Es beginnt in der Seele, aber endet nicht dort.

Aus der Antike wurde hinsichtlich menschlicher Gefühle übernommen, dass das menschliche Erleben im Wesentlichen davon abhängt, was ein Mensch *tut*. Dies wiederum hängt davon ab, was der Mensch *ist*. Aristoteles verband in seiner Theorie der Leidenschaften und Tugenden alles mit Taten und Gewohnheiten, die die Seele konditionierten. Aber die Seele selbst sowie ihre Natur legen den Menschen darauf fest, Leidenschaften zu erleiden, tugendhaft und lasterhaft zu sein, nach dem Guten zu streben und zu scheitern. Ein Großteil der Klassischen Philosophie sowie ein Großteil der intellektuellen Überlegungen in den Jahrhunderten, die auf die Antike folgten, basieren auf dem Zusammenspiel der verschiedenen Teile der menschlichen Seele. Hierbei galten das Primat der rationalen Seele sowie der Imperativ, dass dieser Teil der Seele den begehrenden und sensiblen Teil beherrschen solle. Unterhalb dieser beiden Ebenen rangierte die nährende Seele, die den Menschen, Tieren und Pflanzen gemeinsam ist. Obwohl über die Jahrhunderte genauestens über die menschliche Natur diskutiert wurde, blieben doch die wesentlichen Konzepte Aristoteles' und Platons unberührt: Die Theorien zu Leidenschaften blieben somit automatisch dadurch begrenzt, dass die Bandbreite dessen, was ein Mensch tun konnte, auch damit zusammenhing, was der Mensch ist.

An dieser Stelle möchte ich René Descartes (1596–1650) ins Spiel bringen. Es ist unmöglich, die Bedeutung seines Werks hinsichtlich der Leidenschaften zu verstehen, ohne sich zuerst zu vergegenwärtigen, wie er den Menschen auf den Kopf gestellt hat. Descartes definierte den Menschen ausschließlich über seine rationale Seele. Allein diese unterscheide den mechanischen Apparat des Menschen von jeder anderen Lebensform. Um die Tiefe dieses revolutionären Gedankens zu begreifen, betrachten wir Descartes Vorstellungen von Schmerz. Descartes selbst verwendet das Beispiel eines Mannes, dessen Fuß sich gefährlich nah an einem Feuer befindet:

> Befindet sich z. B. […] das Feuer A in der Nähe des Fußes B, dann haben die kleinen, bekanntlich schnell bewegten Teilchen dieses Feuers aus sich heraus die Kraft, die betroffene Stelle der Haut dieses Fußes in Bewegung zu versetzen. Indem sie dadurch an der kleinen (Mark-)Faser c c ziehen, die – wie man sieht – dort befestigt ist, öffnen sie im gleichen Augenblick den Eingang der Pore d e, an der diese kleine Faser endet, ebenso wie man in dem Augenblick, in dem man an dem Ende eines Seilzugs zieht, die Glocke zum Klingen bringt, die an dem anderen Ende hängt. Nachdem so der Eingang der Pore oder des kleinen Ganges d e geöffnet ist, treten die Spiritus animales der Hirnkammer F dort ein und werden auf diesem Wege teils in die Muskeln getragen, die dazu dienen, diesen Fuß vom Feuer wegzuziehen, teils in diejenigen, die dazu dienen, die Augen und

> den Kopf zu drehen, um es anzuschauen, und teils in diejenigen, die dazu dienen, die Hände vorzustrecken und den ganzen Körper zu seinem Schutz wegzubewegen.[26]

Die Handlung, den Fuß vom Feuer wegzuziehen, hängt also von nichts anderem ab als von einer Art Rollenverteilung innerhalb einer körperlichen Mechanik. Auch Genuss und Schmerz sind demzufolge Produkte dieses Systems beweglicher Teile. Wärme und Verbrennen unterscheiden sich nur in ihrer Gradzahl, die jeweilige körperliche Reaktion erfolgt automatisch. Dies greift jedoch bereits vor, da es in dieser Beschreibung der Mechanik weder Genuss noch Schmerz gibt, sondern nur Bewegungen des Körpers. Der Körper eines Tiers würde nahezu genauso reagieren und automatisch den Fuß zurückziehen, so als würde er von einem Seil gezogen. Eine affektive Reaktion auf eine körperliche Bewegung erfordert eine zusätzliche Substanz. Lebensgeister allein genügen nicht.

Descartes erklärt all dies im *Discours de la méthode* (1637, *Abhandlung über die Methode*). Einerseits argumentiert er zugunsten des menschlichen Exzeptionalismus, der den Menschen als einziges denkfähiges (und somit empfindungsfähiges) Wesen sieht, andererseits stellt er auf hervorstechende Weise eine Verbindung zwischen Menschen, Tieren und anorganischer Materie her. Er behauptet, er habe »genau dieselben [Funktionen], die in uns ablaufen können, ohne daß wir an sie denken […], genau dieselben Funktionen, von denen man sagen kann, daß uns in ihnen die vernunftlosen Tiere gleichen«, gefunden. Darauf folgt eine Demonstration der Bedeutung des damaligen medizinischen Wissens über die Bewegung des Bluts bei Menschen und Tieren. Descartes schlägt vor, dass Leser, die nicht mit der Anatomie vertraut sind, »das Herz eines großen durch Lungen atmenden Tieres vor ihren Augen aufschneiden […] lassen, denn das Herz all dieser Tiere ist dem menschlichen Herzen ganz ähnlich«. Unter der Annahme, dass die Leser mit dem erwähnten Herz zur Lektüre zurückgekehrt sind, fährt er damit fort, zu erklären, dass die Bewegung des Herzens, sein kontinuierliches Schlagen, das Ergebnis von nichts anderem sei als der »Einrichtung der Organe«.[27] Nur so und nicht anders könne es schlagen. Descartes vergleicht es mit einer Uhr, deren Bewegungen durch das Gewicht, die Position und die Konfiguration seiner Gegengewichte sowie von Rädern erzeugt werden. Von William Harveys Entdeckung des Blutkreislaufs im Jahr 1628 ausgehend vergleicht er diese Bewegung sowie die Beschaffenheit der Nerven und Muskeln, die durch »Lebensgeister« bewegt werden, mit einer Maschine, einem Automaten. Der brennende Fuß verlässt nicht aufgrund von Schmerz das Feuer, sondern aufgrund einer automatischen Folge von Bewegungen, die durch die beweglichen Teilchen des Feuers selbst in Bewegung gesetzt werden:

> Dies wird dem keineswegs sonderbar vorkommen, der weiß, wie viele verschiedene *Automaten* oder bewegungsfähige Maschinen menschliche Geschicklichkeit zustandebringen, und dies unter Verwendung nur sehr weniger Einzelteile verglichen mit der großen Anzahl von Knochen, Muskeln, Nerven, Arterien, Venen und all den anderen Bestandteilen, die sich im Leibe jedes Tieres finden. Er wird diesen Leib für eine Maschine ansehen, die aus den Händen Gottes kommt und daher unvergleichlich besser konstruiert ist und weit wunderbarere Getriebe in sich birgt als jede Maschine, die der Mensch erfinden kann.[28]

Worum geht es hier? Herz eines Tieres, Uhr, Blutkreislauf, Automat? Die Natur ist nichts weiter als Mechanik, Tiere sind Maschinen, Körper sind Mechanismen. Ein Mensch ohne eine Seele wäre eine bloße Maschine. All seine Bewegungen könnten einfach durch die Funktion und Disposition seiner Teile erklärt werden, die vom Feuer des Herzens und der Bewegung der »Lebensgeister« erhitzt werden.

Zwar ist der Körper etwas Mechanisches, aber der Mensch insgesamt kann dennoch nicht als bloße Maschine betrachtet werden: Descartes schreibt ihm eine rationale Seele zu, die ihn von anderen Tieren sowie von Automaten unterscheidet. Im Wesentlichen bleiben die Funktionen eines Menschen dennoch mechanisch. Descartes versichert, dass Menschen mehr sind als Maschinen, indem er das *cogito* hervorhebt, das üblicherweise als »ich denke« übersetzt wird. Diese denkende Existenz, die nicht körperlich ist, ist für Descartes Beweis für eine gottgegebene, rationale Seele. Gott ist die erste Ursache. Descartes' Definition der Seele, ihrer Funktion und Natur wird in der folgenden Passage auf den Punkt gebracht:

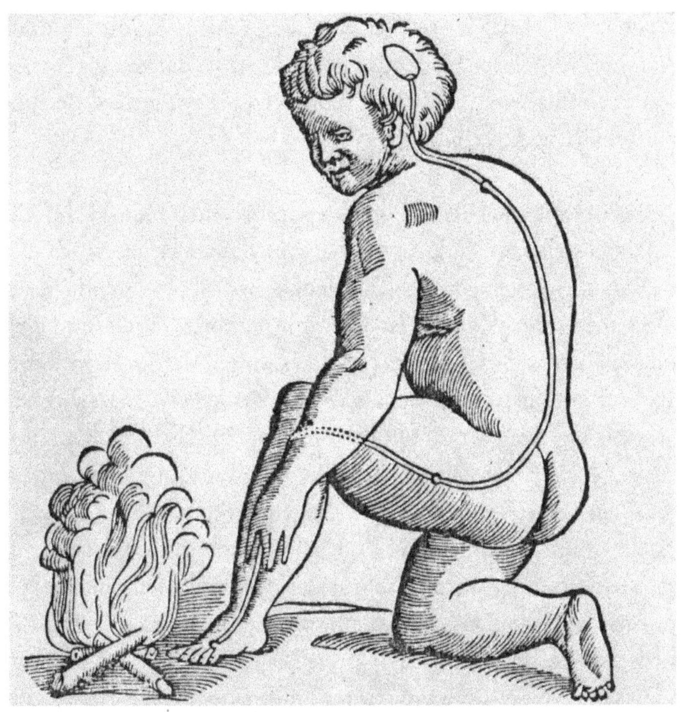

Die Schmerzleitung in einem Holzschnitt aus einer lateinischen Übersetzung von René Descartes' *L'homme [...] et un traité de la formation du foetus* (1664).

Alsbald aber fiel mir auf, daß, während ich auf diese Weise zu denken versuchte, alles sei falsch, doch notwendig ich, der es dachte, etwas sei. Und indem ich erkannte, daß diese Wahrheit: »ich denke, also bin ich« so fest und sicher ist, daß die ausgefallensten Unterstellungen der Skeptiker sie nicht zu erschüttern vermöchten, so entschied ich, daß ich sie ohne Bedenken als ersten Grundsatz der Philosophie, die ich suchte, ansetzen könne. Sodann untersuchte ich aufmerksam, was ich denn bin, und beobachtete, daß ich mir einbilden könnte, ich hätte keinen Körper und es gäbe keine Welt noch einen Ort, an dem ich mich befinde, daß ich mir aber darum nicht einbilden könnte, daß ich selbst nicht wäre [...] Daraus

> erkannte ich, […] daß dieses Ich, d. h. die Seele, durch die ich das bin, was ich bin, völlig verschieden ist vom Körper, ja daß sie sogar leichter zu erkennen ist als er, und daß sie, selbst wenn er nicht wäre, doch nicht aufhörte, alles das zu sein, was sie ist.[29]

Bevor wir dem weiter nachgehen, sollten wir uns einen Moment mit der Aussage »Ich denke, also bin ich«, *cogito ergo sum*, beschäftigen. Durch die einfache Übersetzung von *cogito* als »ich denke« wird ein wesentlicher Aspekt dieser Aussage verdeckt. *Cogito* ist eine Kontraktion von *con-* und *agito*, wobei *agito* bedeutet: »ich setze etwas in Bewegung«. »Ich setze in Bewegung« wäre eine wortgetreuere Übersetzung als »ich denke«. Descartes' Verständnis der *Bewegung* der Seele wird hierdurch präziser beschrieben. Das, was Descartes als *res cogitans* bezeichnet, wird üblicherweise mit »denkende Sache« übersetzt – ein Verweis auf den menschlichen Exzeptionalismus. »Sich bewegende Sache« wäre allerdings eine wörtlichere und für uns hilfreichere Übersetzung. Die Bewegung war zentral für das, was den Menschen hervorhebt. Nicht nur menschliche Leidenschaften, sondern auch das menschliche Denken wurde mit der buchstäblichen Bewegung der Seele in Verbindung gebracht. Diese Form der Bewegung stand in direktem Gegensatz zu allen anderen Formen der Bewegung, die auf mechanische Abläufe reduziert werden können.

Deshalb konnte Descartes die Dreiteilung der Seele verwerfen, die Platon und Aristoteles sowie Generationen der europäischen Theologie in Europa vertreten hatten. Um mechanische Funktionen zu erklären, war es nicht nötig, »eine vegetative oder sensitive Seele oder ein anderes Bewegungs- oder Lebensprinzip anzunehmen als ihr Blut und ihre Spiritus, die durch die Hitze ihres Feuers bewegt werden, das dauernd in ihrem Herzen brennt und das keine ander Natur besitzt als alle Feuer, die sich in unbeseelten Körpern befinden«.[30] Hierbei handelte es sich schlicht um simple *Bewegung*.

Zu unserem Glück hat Descartes die Bewegung der menschlichen Seele ausführlich beschrieben. In *De homine* (*Abhandlung über den Menschen*), posthum 1664 veröffentlicht, beschreibt er die Menschenmaschine und ihre Seele sehr detailliert. Er macht Angaben dazu, wo sich die Seele befindet und wie sie mit dem Körper in Beziehung steht und kommuniziert. Descartes

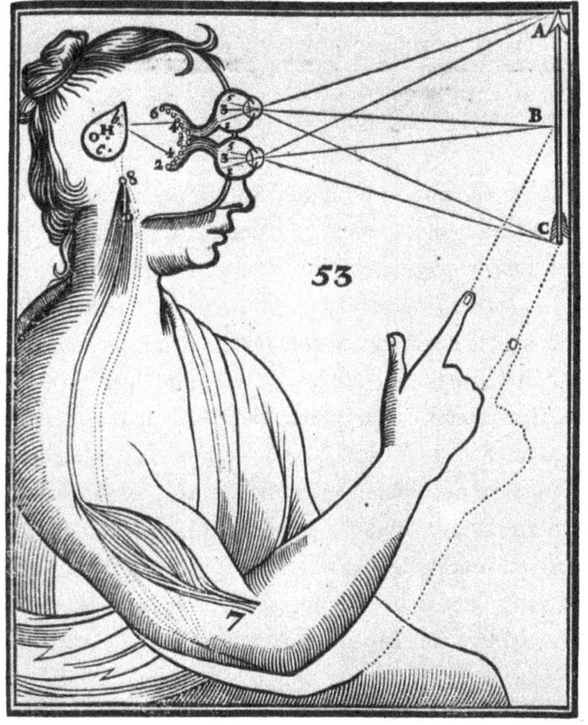

Die Bewegung der Seele in einem Holzschnitt aus einer lateinischen Übersetzung von René Descartes' *L'homme [...] et un traité de la formation du foetus* (1664).

verortet die Seele in der Zirbeldrüse, die wohl so heißt, weil sie wie die Zapfen der Zirbelkiefer aussieht. Die Art, wie sich die Lebensgeister in dieser Drüse bewegen, entspricht den Bewegungen des Körpers in der Welt. Die Bewegung der Lebensgeister stellt dabei entweder die Hauptursache der Bewegung dar, oder sie wird durch einen Störfaktor von außerhalb des Körpers verursacht. Die »kleinen Röhren« in der Oberfläche des Gehirns verbinden die Zirbeldrüse mit den verschiedenen Teilen der Maschine. Wenn die Drüse über eine Seele verfügt, erlangt diese Seele ein Bewusstsein und versteht die Bedeutung dieser Bewegungen. Sie ist auch zum Verstehen in der Lage, ohne dass sich der Körper bewegt. Auf diese Weise erklärt Descartes sowohl menschliche Bewegung als auch menschliches Verstehen (Bewegung der Seele).

Bei einer entsprechenden Abbildung steht folgende Beschreibung:

> Wie hier [...] kann man z. B. vermuten, daß die Ursache, die das Röhrchen 8 eher zum Punkt b als zu einem anderen dreht, lediglich darin besteht, daß die Spiritus, die aus diesem Punkt austreten, mit mehr Kraft zu ihm als zu allen anderen streben und daß gerade das der Seele die Möglichkeit gäbe zu spüren, daß der Arm sich zum Objekt B dreht, sofern sie (die Seele) schon in dieser Maschine wäre, wie ich es im folgenden voraussetzen werde. Denn man muß sich vorstellen, daß alle Punkte der Drüse, zu denen diese Röhre 8 gedreht werden kann, dermaßen allen Stellen entsprechen, zu denen der mit 7 bezeichnete Arm gedreht werden kann, daß nur deswegen der Arm zum Objekt B gedreht wird, weil diese Röhre auf den Punkt b der Drüse gerichtet ist. Wenn die Spiritus ihre Bahn ändern und diese Röhre zu einem anderen Punkt der Drüse hindrehen würden, z. B. nach c, dann würden die kleinen Fasern 8, 7, die ringsum von ihr abgehen und in die Muskeln dieses Armes führen, eben dadurch ihre Lage verändern und einige der Poren des Gehirns, die in Richtung auf D liegen, verengen, andere erweitern: das würde bewirken, daß die Spiritus, die dann auf eine andere Weise von dort in die Muskeln gelangen als augenblicklich, sofort diesen Arm zum Objekt C hindrehen würden. Umgekehrt würde, wenn eine andere Aktion als die jener Spiritus, die durch die Röhre 8 eintreten, diesen selben Arm nach B oder nach C hindrehte, dies verursachen, daß diese Röhre 8 sich zu den Punkten b und c der Drüse dreht; infolgedessen würde sich ebenfalls zur gleichen Zeit die Idee von dieser Bewegung bilden [...]. Und so muß man allgemein denken, daß jede der anderen kleinen Röhren, die sich an der inneren Oberfläche des Gehirns befinden, mit jedem der übrigen Glieder korrespondiert und jeder andere Punkt auf der Oberfläche der Drüse H mit jeder der Seiten, zu denen diese Glieder gewendet werden können, so daß auf diese Weise die Bewegungen dieser Glieder und die Ideen von ihnen – die einen durch die anderen – wechselseitig verursacht werden können.[31]

Die Bewegung der Seele in einem Holzschnitt aus René Descartes' *L'homme [...] et un traité de la formation du foetus* (1664).

So viel zu der Maschine und ihren Bewegungen. Die Mechanik ist vielleicht etwas komplexer als bei einem einfachen Glockenzug, aber im Wesentlichen unterscheiden sie sich nicht. Welchen Unterschied macht die Seele? Eine weitere Abbildung zeigt die sympathischen Bewegungen der Seele, mitsamt der folgenden Beschreibung:

> Das würde der Grund dafür sein, daß eine in dieser Maschine befindliche Seele manchmal verschiedene Objekte mittels derselben Organe spüren könnte, die in gleicher Weise disponiert sind – ohne daß sich auch nur

> das mindeste änderte außer der Lage der Drüse H. Wie hier […] kann z. B. die Seele mittels der beiden Hände, die die beiden Stäbe NL und OL halten, verspüren, was sich am Punkt L befindet, weil die Spiritus, die in die Röhren 7 und 8 eintreten, denen ihre beiden Hände entsprechen, vom Punkt L der Drüse H ausgehen. Wäre aber diese Drüse H ein wenig mehr vornübergeneigt, als sie ist, so daß die Punkte n und o ihrer Oberfläche an den mit i und k bezeichneten Stellen wären und notwendigerweise aus ihnen die Spiritus austräten, die nach 7 und 8 gehen, dann müßte die Seele spüren, was bei N und O ist, mittels derselben Hände und ohne daß sie sich im mindesten geändert hätten.[32]

Das logische Denken und das Funktionieren der Seele gehören unabhängig von der Bewegung des physischen Körpers zur *Bewegung* der Drüse. Alles Verstehen, alle Leidenschaften – alle nach außen gerichteten Bewegungen, inklusive der *Emotionen* – befinden sich in der Seele, die sich unabhängig vom Körper bewegt bzw. bewegen kann. Ohne die Seele kann keines dieser Dinge existieren. Für das Beispiel mit dem brennenden Fuß bedeutet dies, dass *Schmerz* nur einem Wesen mit einer Seele zugeschrieben werden kann, da die körperlichen Bewegungen, die auf Schmerz hinzudeuten scheinen, und sogar der Schrei, der aus dem Mund herauskommt, ohne eine Seele bloße automatische mechanische Reaktionen sind. Zwischen dem Schmerz und den Bewegungen, die mit ihm in Verbindung gebracht werden, sowie zwischen einem angenehmen Gefühl und den entsprechenden Bewegungen besteht nur ein geringer Unterschied. Mit anderen Worten: Was als angenehm oder schädlich wahrgenommen wird, wird von der Seele als Freude bzw. Traurigkeit übersetzt. Genuss und Schmerz erhalten ihre affektiven Eigenschaften ausschließlich durch die Bewegung der Seele. Die Seele gibt ihnen ihre subjektive Bedeutung. Der Körper *repräsentiert* die Seele durch seine Bewegungen, und die Seele *versteht* diese durch die ihren. Ohne eine Seele bedeutet eine Schädlichkeit nur einen Schaden an einer Maschine. Die Leidenschaften, über die nur die Menschen verfügen, sind Beweis für die Göttlichkeit und eine wesentliche Eigenschaft der unsterblichen Seele.

Descartes' Einfluss kann insbesondere in Bezug auf den menschlichen Exzeptionalismus nicht genug betont werden. Während er, was das Wesen der Seele betrifft, kurzerhand mit den theologischen und philosophischen Traditionen brach, bekräftigte er gleichzeitig eine Tradition der menschlichen Dominanz über die Natur und beseitigte alle ethischen Bedenken hinsichtlich dieser Dominanz. Ihm zufolge gab es außer der Verleugnung Gottes keinen so großen Fehler bzw. keinen, »der schwache Geister mehr vom geraden Weg der Tugend abbringt, [wie] die Einbildung, Tierseelen hätten die gleiche Natur wie Menschenseelen und wir hätten folglich nach diesem Leben weder etwas zu fürchten noch etwas zu hoffen, genausowenig wie die Fliegen und die Ameisen«.[33] Die Tugend hing bei ihm von einer absoluten Beherrschung, dem Besitz der Natur ab.

Unter Berufung auf diese Ideen Descartes' soll Malebranche vor den Augen des schockierten Schriftstellers Bernard le Bovier de Fontenelle eine trächtige Hündin getreten und mit einer gewissen Verachtung gesagt haben: »Na und? Wissen Sie nicht, dass sie überhaupt keine Gefühle hat?«[34] Der jansenistische Theologe Antoine Arnauld übernahm bald die Ideen Descartes'. Den Solitaires der Abtei Port-Royal sagte er, dass sie ihre Hunde mit Gleichgültigkeit schlagen könnten, da die Schreie von Tieren »nur das Knarren des ›Uhrwerks‹ der Tiere« seien.[35] Ein Augenzeuge fing den Tenor der Experimente in diesem Kloster ein: Er beschrieb, wie die Solitaires »die armen Tiere an den vier Pfoten auf Bretter [nagelten], um sie lebendig zu sezieren und so den viel diskutierten Blutkreislauf untersuchen zu können«.[36] Solche Taten können als schrecklich grausam oder als Herzlosigkeit angesehen werden, die kulturell entsetzliche Folgen nach sich ziehen können. Dennoch sollten wir ernsthaft in Betracht ziehen, dass diese Taten in gutem Glauben begangen wurden. Es wurde angenommen, dass Descartes Recht hatte, und dementsprechend wurde ohne Bedenken gehandelt. Denn wenn er Recht hatte, gab es schließlich keinen Grund für Bedenken, hingen doch Denken und Fühlen von der Existenz einer Seele und ihrer Fähigkeit zur *Bewegung* ab.

Die Carte de Tendre

In den Salons der frühen Aufklärung in Paris brachte man die Vernunft ebenfalls mit Bewegung in Verbindung. Es ging hier natürlich um die Leidenschaften, die jedoch untrennbar mit den Feinheiten der sozialen Mobilität verbunden war. Der ausgewählte Kreis um Madeleine de Scudéry (1607–1701), der sich im Hôtel de Rambouillet traf, war berühmt für romantische Geschichten, geistreichen Austausch und dafür, dass sich seine Mitglieder für höfliche Praktiken begeisterten. Auch wenn der Salon eigentlich für die Bedeutung von Frauen für das intellektuelle Leben der französischen Elite steht, gilt unser Interesse der Frage, wie man damals die Launen der Liebe auf der Topografie des weiblichen Körpers abbildete. Scudérys Roman *Clélie* (1654–60) beinhaltet eine Karte, die ursprünglich für ein Salonspiel entworfen worden war: Sie zeigt den potenziell gefährlichen Weg zu verschiedenen Arten der Liebe.[37] Jedenfalls wird diese *Carte de Tendre* üblicherweise so interpretiert, wobei »Liebe« allenfalls als grobe Wiedergabe von *tendre* gelten kann. Es gibt gute Gründe, sich diesen fantastischen Ort genauer anzusehen.

Eine bessere Übersetzung für *tendre* wäre »zärtlich« (englisch *tender*). Es gibt jedoch einige Schwierigkeiten in Bezug auf das Verständnis der unterschiedlichen Wege zur Zärtlichkeit (*tenderness*) unter engen Freunden, wie sie in der Karte beschrieben werden. Die Zurückhaltung, mit Blick auf die Karte von einem zärtlichen Gefühl oder einer zärtlichen Emotion zu reden, rührt daher, dass uns ein Verständnis hinsichtlich des Konzepts der Zärtlichkeit fehlt. Deshalb verwenden wir »Liebe« als Analogie. Bis zum frühen 20. Jahrhundert war die *tender emotion* jedoch auch im Englischen bekannt und erfuhr in frühen Arbeiten der vergleichenden Psychologie eine eigene, spezielle Behandlung, worauf ich zu gegebener Zeit eingehen werde. Unter *tender* ist eine Mischung aus Mitgefühl, Liebe und Zuneigung zu verstehen. Diese Emotion kann durch keinen anderen Begriff ausgedrückt werden. Es handelt sich um eine verloren gegangene Emotion, die sorgfältiger Rekonstruktion bedarf.

Die Definition des *Oxford English Dictionary* (1989) erweist sich nicht als besonders hilfreich. Laut dem achten Eintrag zum Adjektiv bzw. Adverb *tender* sind die Gefühle einer »zärtlichen« Person »charakterisiert durch ein

Darstellen oder Ausdrücken von Feinfühligkeit oder Empfänglichkeit für die sanften Emotionen (*gentle emotions*)« und werden als »gütig, liebend, sanft, milde und zuneigungsvoll« definiert. Diese Beschreibung der *tender emotion* wird der Komplexität dieses Gefühls jedoch keinesfalls gerecht. Im Wörterbuch werden nur die »zärtliche Leidenschaft« und die »zärtliche Empfindung« erwähnt, die schlicht mit »sexueller Liebe« gleichgesetzt werden. Die Existenz eines eigenständigen und beobachtbaren Phänomens namens *tender emotion* kommt in heutigen Nachschlagewerken nicht vor. Dies ist umso überraschender, wenn man bedenkt, wie zentral die Bedeutung der *tender emotion* in Theorien sowohl zum Anstand als auch zur Zivilisation bis ins 20. Jahrhundert hinein war.

Wenden wir uns also wieder der *Carte de Tendre* zu. Sie kombiniert die Topografie sozialer Bräuche, das Ideal platonischer Beziehungen und die gefährliche innere Anatomie der Frau: weniger eine Maschine als wilde Landschaft. Dieses Land verläuft von der Anhöhe der neuen Freundschaft, durch eine Flussniederung hindurch zu einem gefährlichen Meer. Die Flussaue ist mit Orten übersät. Diese stellen sowohl den Charakter affektiver Beziehungen dar, wobei sich die neue Freundschaft – was auch immer daraus werden mag – entwickelt, als auch die sozialen Praktiken, die die affektive Dynamik zwischen zwei Freunden kennzeichnen. Es gibt drei Hauptwege, die zu den drei Hauptstädten der Zärtlichkeit führen: Ein Landweg westlich des »Flusses der Zuneigung« führt zu »Zärtlichkeit durch Dankbarkeit«, benannt nach einem von zwei kleineren Flüssen, die in das »Gefährliche Meer« münden. Östlich vom »Fluss der Zuneigung« führt ein anderer Landweg zu »Zärtlichkeit durch Wertschätzung«. Zu »Zärtlichkeit durch Zuneigung« führt der »Fluss der Zuneigung« selbst. Dies ist der direkteste Weg, die offensichtliche Breite und Geschwindigkeit des Flusses mahnen jedoch zur Vorsicht. Wer über das Ziel hinausschießt, landet direkt im »Gefährlichen Meer«. Beiderseits der Landwege gibt es weitere Wege, die ebenfalls jeweils für einen Fehlschlag stehen: Im Westen befindet sich das »Meer der Feindschaft«, im Osten der »See der Gleichgültigkeit«.

Die *Carte de Tendre* erinnert an eine Darstellung des weiblichen reproduktiven Systems. Der »Fluss der Zuneigung« ist die Vagina, die direkt in das »Gefährliche Meer«, den Uterus, fließt. Dahinter liegen die »Unbekannten

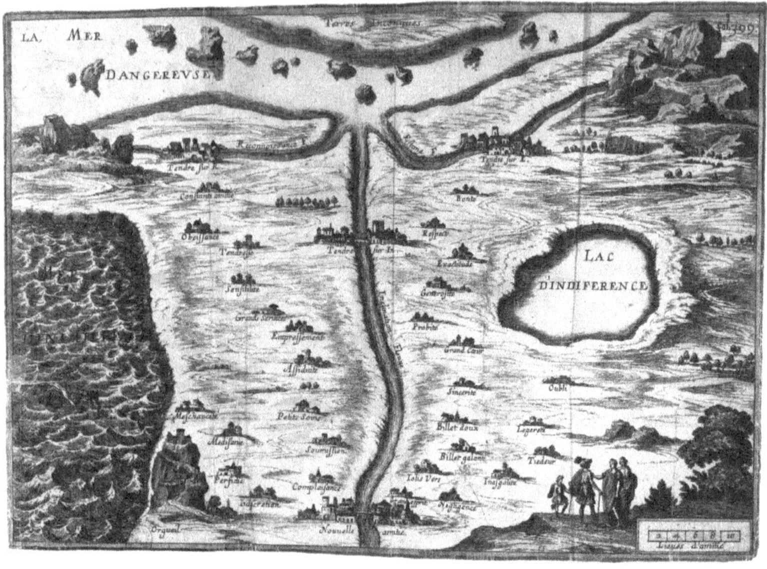

Die *Carte de Tendre* aus dem Roman *Clélie* (1654–60) von Madeleine de Scudéry; Gravur von Francois Chauveau.

Gefilde«. Die beiden kleineren Flüsse ähneln Eileitern, die ebenfalls in das »Gefährliche Meer« münden, deren Hauptorten man sich aber relativ sicher nähern kann. Die Bedeutung der anatomischen Topografie ist eindeutig. Jeder Versuch, »Zärtlichkeit durch Zuneigung« zu erreichen – das heißt jeder Versuch, dem emotionalen Begehren zu folgen, eine Freundschaft allein durch Gefühle zu festigen –, birgt die Gefahr turbulenter und hysterischer Konsequenzen. Wenn Frauen ihrem Begehren folgen und dabei die gesellschaftlichen Konventionen ignorieren, die gerade dazu dienen, dieses Begehren zu beschränken und zu kanalisieren, kann dies reichlich belohnt werden, es kann jedoch auch negative Konsequenzen zur Folge haben. Die *Carte de Tendre* zeigt die Risiken, die darin liegen, der eigenen »Zuneigung« zu folgen, und wiederholte somit eine bestens bekannte Warnung vor der leidenschaftlichen Instabilität des weiblichen Geschlechts, die in der mysteriösen reproduktiven Anatomie der Frau begründet ist.

Die »wandernde Gebärmutter« – Hysterie bedeutet wörtlich »Gebärmutter«– ist mehr als bloßes Gerede oder Alltagschauvinismus. Tatsächlich war sie spätestens seit Galen Bestandteil der medizinischen Lehre. Die medizinische (wie auch die politische und die Bildungs-)Elite ritt bis zum Ende des 19. Jahrhunderts immer wieder auf den weiblichen Mängeln hinsichtlich der Leidenschaften herum, wobei man die Instabilität des »schwächeren Geschlechts« in der Gebärmutter, im Uterus sowie im reproduktiven System im Allgemeinen lokalisierte. Umgangssprachlich lebten diese Ansichten fort, idiomatisch bis heute. Wenn jemand, ob männlich oder weiblich, als »hysterisch« bezeichnet wird, verstehen wir die Bewertung, die damit ausgedrückt wird: Diese Person ist »irrational« und hat emotional die Kontrolle verloren. Jahrhundertelang meinte man damit ein dezidiert »weibisches« Verhalten.[38]

Wenn der Uterus angeblich so leicht durcheinanderzubringen war, ist es kein Wunder, dass die Damen der Pariser Salons sich vor denen vorsahen, die dem Verlangen ihrer Herzen folgten. Schließlich wurde das intellektuelle Leben allgemein als Gefahr für die weibliche Stabilität gesehen, da es sie mit Leidenschaften in Kontakt brachte, die sie nicht fassen oder bewältigen konnten. Umso gefährlicher war es also für ein Mitglied dieses intellektuellen Kreises, einfach seinen sentimentalen Neigungen zu folgen. Das Risiko umfasste vermutlich auch die Zügellosigkeit der Lust und des Sex, die »jenseits der Grenzen der Freundschaft« lag.[39]

Die Landwege der *Carte de Tendre* sind in diesem Kontext zu sehen. Es gibt vereinzelt nur ein paar wenige Dokumente, die derart ergiebige Hinweise bieten – sowohl was ein theoretisches Verständnis der Leidenschaften an sich anbelangt als auch im Sinne einer klaren Zusammenfassung der »moralischen Ökonomie«, die zu dem Zweck entworfen und eingerichtet wurde, Leidenschaften unter Kontrolle zu halten.[40] Die Karte zeigt außerdem, was passiert, wenn die moralische Ökonomie nicht beachtet wird. Sie setzt perfekt die nabelschnurartige Verbindung zwischen Gefühl und Praktik ins Bild, zwischen affektivem Ausdruck und gesellschaftlicher Vorschrift sowie zwischen den Gefühlen von Individuen und den Gefühlsgemeinschaften, die diese Gefühle hegen, definieren, bilden und prägen. Die Heldin des Romans *Clélie* zeichnet die Karte, um die Leidenschaften von Verehrern zu überprüfen, weil, so ein Kritiker, auf diese Weise »unter der gesellschaftlichen Oberfläche die leidenschaftliche Erregung greifbar ist«.[41] Die Wortwahl ist hier von Bedeutung. Leidenschaften berührten und wurden berührt, fühlten und wurden gefühlt – auf eine sinnliche Weise. Ihre Existenz, insbesondere innerhalb einer komplexen gesellschaftlichen Dynamik, erforderte ein strenges System von Konventionen und Beobachtungen. Zwar gerieten die *Précieuses* im Zeitalter der Vernunft gewissermaßen zu unsinnigen Figuren und die Karte »zum Symbol für alles Lächerliche der Unternehmungen der Gruppe der Salondamen«. Die Karte ist aber dennoch ein offener Ausdruck der Verflechtung von affektiven Gefühlen und affektivem Verhalten, von Emotionen und emotionalen Praktiken im damaligen Sprachgebrauch und definiert alle sozialen Verhältnisse.[42] Nicht immer haben wir zu diesem Thema eine Karte, ja es ist sogar eher etwas Außergewöhnliches. Das heißt aber nicht, dass wir uns keine vorstellen können.

Der Weg zur »Zärtlichkeit durch Dankbarkeit« wird durch Dienen definiert. Die Kultivierung platonischer Freundschaft hängt von einer Machtdynamik zwischen Individuen ab, in die seitens der unterlegenen Partei eingewilligt und die nicht von der überlegenen missbraucht wird. Unter den kleinen Orten auf dem Weg von »Neue Freundschaft« finden wir: »Gefälligkeit« (*Complaisance*), »Unterwerfung« (*Soumission*), »Kleine Aufmerksamkeiten« (*Petits Soins*), »Lerneifer« (*Assiduité*), »Bereitwilligkeit« (*Empressement*) und »Zuwendung« (*Grand Services*). Erst danach werden die gefühlsbezogeneren Stützpunkte »Einfühlungsvermögen« (*Sensibilité*) und »Zärtlichkeit« (*Tendresse*) erreicht. Diese wiederum führen zu »Gehorsam« (*Obeissance*) und »Dauerhafter Freundschaft« (*Constante Amitié*), und diese schließlich zur zärtlichen Emotion, die auf der Dynamik von »Dankbarkeit« (*Reconnoissance*) für erhaltende Dienste einerseits und gewährten Gelegenheiten andererseits basiert. Einerseits ist Zärtlichkeit ein Gefühl, das auf andere gerichtet ist, aus einem Gefühl der Überheblichkeit oder wohlwollenden Überlegenheit resultiert und das etwas Positives (zum Beispiel Freude) mit etwas Negativem (zum Beispiel Mitleid) kombiniert, und so die Person, an die sich die Zärtlichkeit richtet, offen gegenüber Gefühlen der Zärtlichkeit werden lässt. Das Gefühl der Dankbarkeit betont nicht einfach die erbrachten Dienste oder die getane Arbeit, als vielmehr die Tatsache, dass die Dienste und die Arbeit *für* jemand Überlegenes getan wurden. Die Hierarchie, die bereits zu Beginn der Freundschaft offensichtlich war, wird nun durch Gefühle und den Ausdruck von Dankbarkeit personalisiert. Andererseits ist Zärtlichkeit ein Gefühl, das auf andere gerichtet ist und das aus einem Gefühl der Unterordnung, der Minderwertigkeit gegenüber dem anderen und einer stillen Akzeptanz dieser unterlegenen Position entsteht. In diesem Sinne ist Dankbarkeit eine unterwürfige Anerkennung von zweckmäßig erwiesener Gnade. Die beiden Positionen dieser Dynamik ergänzen sich perfekt.

Der Weg auf der anderen Seite des »Flusses der Zuneigung«, der nach »Zärtlichkeit durch Wertschätzung« führt, ist von formellen Arten des Umwerbens sowie von guten Charaktereigenschaften gesäumt. Auch hier liegt die Betonung auf Praktiken, die durch Konventionen begrenzt waren. Beginnend beim gemeinsamen Ausgangspunkt »Neue Freundschaft« durchquert der Reisende »Geistreich« (*Grand Esprit*), »Poetisch« (*Tolis Vers*), »Galanter Brief« (*Billet Galant*) und »Liebesbrief« (*Billet Doux*), bevor sich der Charakter durch »Aufrichtigkeit« (*Sincerité*), »Hochherzigkeit« (*Grand Cœur*), »Redlichkeit« (*Probité*), »Großmut« (*Generosité*) und »Verlässlichkeit« (*Exactitude*) hervortut. Dies ermöglicht die Formen der affektiven Dynamik, die zu einer zärtlichen Emotion führen, die jeweils dem anderen gegenüber empfunden wird und auf »Ehrfurcht« (*Respect*) und »Güte« (*Bonté*) basiert. Eine Beziehung, die durch Wertschätzung charakterisiert ist, scheint sich von einer auf Dankbarkeit basierenden Beziehung vielleicht durch Gleichheit abzugrenzen. Aber auch hier gibt es eine Fließrichtung des Freundewerdens (das Umwerben vielleicht), die den unterschiedlichen Status zwischen Liebendem/r und Geliebtem/r anzeigt – mangels geeigneterer Begriffe.

Die einzige Variable hinsichtlich der Entwicklung der zärtlichen Emotion scheint die Zeit zu sein, denn ab einem gewissen Punkt scheint das Ziel unausweichlich. Nur zu Beginn der Reise, wenn die Freundschaft noch jung ist, ist es möglich, einen falschen Weg einzuschlagen. Diese Wege beruhen wie die tugendhaften Wege auf Praktiken, die das Vorhandensein von Empfindungen zum Ausdruck bringen, jedoch in einem vollkommen negativen Sinn. Auf der einen Seite führt die Reise zunächst zu »Indiskretion« (*Indiscretion*), worauf »Treulosigkeit« (*Perfidie*), »Üble Nachrede« (*Medisance*), »Niedertracht« (*Meschanceté*) und der unwirtliche Gipfel des »Stolzes« (*Orgueil*) folgen. Von hier aus scheint der Weg direkt in das »Meer der Feindschaft« zu führen. Diese Beziehungsdynamik basiert auf dem Zusammenspiel von Misstrauen und schrankenloser Leidenschaft. Auf der anderen Seite führt das wacklige Fundament der »Neuen Freundschaft« zu »Nachlässigkeit« (*Negligence*), »Wechselhaftigkeit« (*Inesgalité*), »Lauheit« (*Tiedeur*), »Leichtfertigkeit« (*Legereté*) und »Vergessen« (*Oubli*). Von hier aus gelangt man zum »See der Gleichgültigkeit«. Zu ihm führt die Straße, die durch die schrittweise Erosion jeder Art von auf andere gerichtetem affektivem Gefühl oder Verhalten gekennzeichnet ist. Durch die achtlose Vernachlässigung sozialer Konventionen trocknet die Leidenschaft aus.

Bei der *tender emotion*, so wie sie im Paris des 17. Jahrhunderts existierte, handelte es sich nicht um eine, sondern um drei verloren gegangene Emotionen, und jede von ihnen gründete auf einer anderen Plattform sozialer Praxis bzw. auf dem Nachgeben gegenüber dem Verlangen. Wenn wir heute eine dieser Emotionen verspüren, streben wir nur nach diesem reinen Gefühl. Dennoch sollten wir näher darauf eingehen, wie auf der Basis von Gesellschaftlichkeit und Tradition bedeutungsvolle Beziehungen aufgebaut wurden, sowie auf die Bedeutung von Performanzen, die in eine bestimmte affektive Richtung tendierten. Es gibt keinen Unterschied zwischen diesen sozialen Praktiken und den jeweiligen Gefühlen. Die Gefühle können ohne die Praktiken nicht existieren, und die Praktiken können ohne die Gefühle nicht ausgeführt werden. Was die Zärtlichkeit, aber insbesondere auch die Liebe betrifft, definierten solche sozialen Praktiken jahrhundertelang den Umgang mit den Leidenschaften, bis die Liebe zu einer Sache der Wahl wurde. Genau wie die Gefahren der *tendre d'inclination* wurde auch die *amour d'inclination* als individuell gefährlich angesehen, aber auch als Bedrohung für die gesamte soziale Struktur.[43]

Was die Liebe betrifft, waren die Einhaltung und Performanz sozialer Praktiken, die die zärtlichen Emotionen zwischen Freunden und vielleicht Liebenden herstellten, nicht weniger komplex. Die Fachliteratur über die Liebe im frühmodernen Frankreich schenkt dieser Leidenschaft gegenüber einer Politik des Status, der Reziprozität und der Schwierigkeiten im Zusammenhang mit der Ehe eher wenig Aufmerksamkeit. Die Liebe war eindeutig ein heiß umkämpftes Thema, wobei einige das Streben nach ihr um ihrer selbst willen als gefährlich und destabilisierend ansahen. Die Ehe, zumindest was die Elite betraf, sollte ein streng kontrollierter und sorgfältig verhandelter Prozess innerhalb der sozialen Dynamiken sein. Ein frisch verheiratetes Paar repräsentierte den sozialen Status seiner Familien und spiegelte zudem die eigene gesellschaftliche Stellung. Eine affektive Verbundenheit entwickelte sich, wenn überhaupt, erst mit der Zeit. Diese Verbundenheit konnte vielleicht »Liebe« genannt werden, auf wenn wir das damalige Modell von Liebe kaum als unseres erkennen würden. Anstelle eines Verliebens wurde diese Verbindung sorgfältig geknüpft.[44] Keinesfalls waren solche Übereinkommen eine Erfolgsgarantie. Lieblose Ehen konnten zwar eine Gefahr sein für die Rituale des Übereinkommens und die Dynamiken sozialer und politischer Macht, aber die Gefahr der Liebe selbst hielten viele für weit größer. Auch das Streben nach Liebe an sich war keine Garantie für eine erfolgreiche Ehe, aber jede Verbindung, die allein auf Leidenschaft basierte, drohte immerhin die soziale Struktur zu zerstören.

Der Einfluss der *Carte de Tendre* reichte bis in das Preußen des späten 18. Jahrhunderts und das England der Mitte des 19. Jahrhunderts, die *tender emotion* jedoch geriet allmählich in Vergessenheit. In seiner *Kritik der Urteilskraft* (1790) verurteilt Immanuel Kant (1724–1804) »zärtliche Rührungen«, die den Grad einer ausgedrückten Emotion, eines Affekts, erreichen, als völlig unbrauchbare »Empfindelei«.[45] Seit den späten 1850er-Jahren war Alexander Bain (1818–1903) der bekannteste Psychologe Englands. Er machte sich dadurch einen Namen, dass er den Begriff »Emotion« in der englischen Alltagssprache und die »Psychologie« als akademische Disziplin etablierte. In *The Emotions and the Will* (1859) schreibt er detailliert über die *tender emotion*. Strukturell folgt seine Beschreibung der zärtlichen Emotion weitgehend der *Carte de Tendre* aus dem 17. Jahrhundert. Wir wissen nicht, ob Bain die Karte kannte. Ich denke, dass er die französische Literatur der späten Renaissance zu diesem Thema nicht unbedingt gekannt haben muss, denn die Parameter und Eigenschaften der *tender emotion* waren ohnehin wohl in weiten Teilen der Gesellschaft gut bekannt, insbesondere in den kultivierten und gebildeten Kreisen.

Bain zeigte die Entstehung und die Auswirkungen der *tender emotion* aus einer sozialpsychologischen Perspektive. Ihre Besonderheit sah er in zwei ungewöhnlichen Aspekten: Es handelte sich um »eine ausgehende« Emotion, die mit Empfinden, Vergnügen und Schmerz einherging. Dieser Aspekt verortet die Ursprünge der *tender emotion* in »Objekten« außerhalb des Selbst, insbesondere in anderen Menschen. Auch Tiere und sogar leblose Materie konnten sie hervorrufen, was bei Bain jedoch keine große Rolle spielt. Entsprechend seinem allgemeinen Verständnis der Historizität des emotionalen Ausdrucks war er sicher, dass die *tender emotion* nur dann aktiviert werden konnte, wenn eine Person genügend Erfahrung hatte, um die emotionalen Ausdrucksweisen anderer zu interpretieren. Das »rührende Klagen« der Trauer oder des Schmerzes sowie »feuchte Augen« betrachtete er jedoch als Sonderfälle, als etwas Universelles.[46] Etwas später machte Herbert Spencer (1820–1903) die *tender emotion* bei seiner Beschreibung des Mitleids – in Kapitel 5 gehe ich näher darauf ein – zu einem Epiphänomen bzw. Zweig desselben, wobei ihm Mitleid als die Wurzel aller solcher Gefühle galt. Da sie so oft auf Objekte projiziert wurde, die eine derartige emotionale Aufmerksamkeit nicht verlangten, wurde sie als evolutionärer Rückschritt verurteilt. Im Verlauf der Evolution der Emotionen sollte diese Art von Sentimentalität dann keine Rolle mehr spielen.[47] Kurz darauf war die *tender emotion* kein Thema mehr – verlorene Liebesmühen.

4 Das Zeitalter der Unvernunft

Die Zeit zwischen 1600 und 1800 wird gern als das »Zeitalter der Vernunft« bezeichnet. Diese Zeit der Aufklärung – von Descartes bis zur Geburt des Utilitarismus am Ende des 18. Jahrhunderts – ist durch einen Willen charakterisiert, die Natur zu beherrschen oder zu bezwingen: Das Wilde, auch das Wilde im Menschen, wird gezähmt. Die Leidenschaften der Seele werden als außerhalb des Reichs der Vernunft liegend dargestellt, Beurteilungen erfolgen auf der Grundlage maßvollen, distanzierten und kontrollierten *Denkens*. Eine solche Charakterisierung trifft zweifellos nur auf diejenigen ausgewählten Protagonisten der Philosophie, Ökonomie und Politik zu, deren Namen das Zeitalter definieren, nicht auf die Masse der Bevölkerung, deren Leben im Wesentlichen unverändert blieb. Aber auch die Arbeiten dieser Eminenzen, die die Avantgarde des Zeitalters der Vernunft darstellten, zeugen manchmal von einer unbeholfenen Beziehung zu den Leidenschaften, zur Zuneigung sowie zu Gefühl und Verstand als Grundlage für Beurteilungen.[1]

Ein Fokus auf das Rationale birgt die Gefahr, dass die zentrale Bedeutung der Leidenschaften für das Denken der Aufklärung übersehen wird. Descartes' Verständnis der Sinne und Leidenschaften reichte, wie wir bereits gesehen haben, sehr weit. Sein Fokus auf das rationale Denken bringt die Bewegung dennoch gut auf den Punkt. Andere lehnten jedoch entschieden die Isolation der Vernunft ab und bestanden darauf, dass Körper und Seele eins seien und auf der Beziehung zwischen Leidenschaften und Vernunft basierten. Spinoza beispielsweise verstand, wie enorm bedeutend die Leidenschaften waren. Im 18. Jahrhundert konzentrierten sich unter anderen Adam Smith (1723–1790), David Hume (1711–1776) und Edmund Burke (1729–1797) auf die zentrale Bedeutung von Anteilnahme, einem Gefühl emotionaler Identifikation, für das Funktionieren eines modernen moralischen Staates.

Durch eine Welle von Revolutionen erfuhren die Ideen der Aufklärung in Form von Nationalstaaten eine Institutionalisierung. Damit mag die Aufklärung ihren Höhepunkt erreicht haben. Gleichzeitig wären diese Revolutionen ohne einen Ausbruch von Emotionen nicht möglich gewesen.[2] Die Epoche wird mehr oder weniger explizit durch Wut bzw. Terror definiert: eine große Freisetzung von Empfindungen, die von den alten Regimen unterdrückt worden waren. Die Säulen dieser neuen revolutionären Nationen waren affektive Zustände und Praktiken – Freiheit, Gleichheit, Brüderlichkeit, das Streben nach Glück –, getrieben von der Idee des »gesunden Menschenverstands«: kein intellektuelles Verstehen, sondern eines, das einfach *gefühlt* wurde.

Die Episoden in diesem Kapitel sind beispielhaft für die Bedeutung des Gefühls im Zeitalter der Vernunft. Hierbei werde ich zunächst Spinozas *Ethik* und die These beleuchten, Vernunft und Leidenschaft seien nicht miteinander vereinbar: Wer Leidenschaften erlebt, der ist noch nicht zu einem wahren Verständnis der Welt gelangt. Wer dieses Verständnis hingegen wirklich erreicht hat, kennt sowohl das Ziel von Sorge als auch ihr Ende.

Historiker haben den Charakter des Zeitalters der Revolutionen unter verschiedenen Gesichtspunkten erforscht und aufgezeigt, wo Freiheit und Gleichheit an ihre Grenzen stoßen, nicht zuletzt deshalb, weil »Brüderlichkeit« implizit die Hälfte der Bevölkerung ausschloss. Zwar wurde einerseits die Marginalisierung der Frauen kritisiert, andererseits aber gelang es mit großem Erfolg, sie im revolutionären Triumph der rechten Vernunft auf ihren Platz zurückzuverweisen.[3] In Bezug auf die männlichen Protagonisten der Revolution hingegen kann gezeigt werden, dass ihr Erfolg von affektiven Praktiken und Argumenten abhing, diese jedoch oft implizit waren. Wie kam es, dass in dieser Epoche männliche Leidenschaften verschleiert, verborgen und für die revolutionäre Sache eingesetzt wurden, während die Leidenschaften der Frauen als völlig inakzeptabel galten? Wenn wir behaupten, dass Affekt Teil von Kognition ist und Kognition Teil von Emotion, dann hat sogar die trockenste revolutionäre Rhetorik ihren affektiven Inhalt. Aber in wieweit wurde hier je nach Geschlecht unterschieden?

Dieses Kapitel schließt mit einer bemerkenswerten induktiven medizinischen Argumentation und der Annäherung an einen Durchbruch, der im

Scheitern und in einer persönlichen Tragödie endete: Es geht um das Leben Edward Jenners, eines der meistgefeierten Ärzte der Geschichte; er wurde berühmt durch die Entdeckung des Impfstoffs gegen Pocken, dessen Verbreitung ihm zugeschrieben wird. Meine Darstellung des Lebens Jenners ist eine Geschichte von Vermutungen, unkontrolliertem Experimentieren und Affekt, eine Geschichte der Verbindung eines abstrakten Verständnisses von Krankheit und ihrem persönlichen Erleben – eine Geschichte, die im Zuge des Triumphs der Vernunft, der Forschung und des Fortschritts durch Impfen in Vergessenheit geriet.

Das Ende der Sorge

Baruch Spinozas (1632–1677) berühmtestes Werk, seine *Ethik*, wurde 1677 posthum veröffentlicht. Darin wird die Philosophie Descartes' in einem atemberaubenden Sturm von Lehrsätzen und Beweisen hinweggefegt. Insbesondere die Vorstellung, dass Körper und Geist (Seele) zwei getrennte – wenn auch miteinander verbundene – Entitäten seien, wird als bloße Ignoranz verworfen. Spinoza behauptet:

> daß Menschen, die sagen, diese oder jene Tätigkeit des Körpers rühre von einem Geist her, der die Herrschaft über den Körper hat, nicht wissen, was sie sagen, und nichts anderes tun, als mit hochtrabenden Worten einzugestehen, daß sie die wahre Ursache einer solchen Tätigkeit nicht kennen und an ihr auch nicht interessiert sind.[4]

Das Verständnis des *Ich* als verschieden von seinem Körper lehnt Spinoza entschieden ab.

> Weil umgekehrt [...] das erste, was die Essenz des Geistes ausmacht, die Idee eines wirklich existierenden Körpers ist, ist erstes und ausschließliches Merkmal des Strebens unseres Geistes [...], die Existenz unseres Körpers zu bejahen; mithin ist eine Idee, die die Existenz unseres Körpers verneint, unserem Geist entgegengesetzt.[5]

Diejenigen, die wie Descartes »Sitze und Wohnplätze der Seele erdichten, erregen gewöhnlich Gelächter«, schrieb er.[6] Außerdem »können wir keinesfalls bezweifeln, dass die niederen Lebewesen empfinden«, da sie analog zu den Menschen Körper und Geist besitzen.[7] So viel zu Descartes.

Im Zentrum von Spinozas Neubewertung des Menschseins steht eine lange Abhandlung zum Ursprung und Wesen der Affektion (*affectus*). Dieser Begriff wird in den meisten modernen Übersetzungen in hoffnungsloser Unangemessenheit mit *emotions* wiedergegeben.[8] Spinoza spricht jedoch nicht von Emotionen. Vielmehr kamen die *affectus* weder vor Spinoza noch nach ihm vor (obwohl sein Einfluss weitreichend war, insbesondere in der Soziologie).[9] In *The History of Emotions* behaupte ich, dass wir Spinoza nicht gerecht werden, wenn wir ihn als einen Kommentator der Emotionen interpretieren.[10] Hier versuche ich nun, diese These weiter auszuführen, indem ich erläutere, was Spinoza unter Affektion (*affectus*) und Leidenschaften (*passiones*) versteht.

Ich übersetze *affectus* nicht mit *affect*, wie manch andere, sondern mit *affection*, Affektion, da es aufgrund der Tatsache, dass die zeitgenössische Psychologie unter Affekten etwas anderes versteht als Spinoza, sonst zu Verwirrung kommen könnte. Nach Spinozas allgemeiner Definition ist Affektion – eine *animi pathema*, eine Leidenschaft der Seele – »eine verworrene Idee, mit der der Geist von seinem Körper oder irgendeinem seiner Teile eine größere oder geringere Kraft des Existierens als vorher bejaht, und von der, wenn sie gegeben ist, der Geist bestimmt wird, eher an dieses als an jenes zu denken.«[11] Die Formulierung »verworrene Idee« sollte nicht so verstanden werden, dass Spinoza selbst unsicher über die Bedeutung des Begriffs war. Vielmehr macht er deutlich, dass »der Geist nur insofern etwas erleidet, als er inadäquate oder verworrene Ideen hat«.[12] Affektion ist nur als ein Scheitern darin möglich, vollständig rational zu sein. Affektion ist das Gegenteil von Verstehen. Des Weiteren haben Leidenschaften ihren Sitz nicht in der Seele – oder vielmehr: Die Seele ist nicht so beschaffen, dass sie Raum für Leidenschaften hat. Laut Spinoza sind Leidenschaften und Affektion verworrene Ideen in Bezug auf äußere Objekte, die sich auf unsere Körper auswirken.

All das, was wir als »Emotionen« bezeichnen würden, sind Spinozas Konzept zufolge Epiphänomene einer Haupthandlung und zweier Kernaffektionen. Die Haupthandlung ist *cupiditas* – definiert als selbstbewusster Trieb (*appetitum*) – und wird üblicherweise als »Begierde« übersetzt. Spinoza merkt an, dass dieser Trieb »des Menschen Essenz selbst ist, insofern sie bestimmt ist, das zu tun, was der Erhaltung des Menschen dient«. Begierde wird in ähnlicher Weise definiert. Diese »ist des Menschen Essenz selbst, insofern diese begriffen wird als von irgendeiner ihrer gegebenen Affektionen dazu bestimmt, etwas zu tun«.[13] Die zwei Kernaffektionen sind *laetitia* und *tristitia*. Heutige Übersetzer geben diese Begriffe, wenn sie nach Übereinstimmungen mit dem suchen, womit sich die moderne Philosophie beschäftigt, gern mit den Kategorien *pleasure* (»Vergnügen«) und *pain* (»Schmerz«) wieder. Diese Begriffe scheinen die Eigenschaften *affektiver* Kernkategorien jedoch nicht zu erfassen. *Joy* (»Freude«) und *sorrow* (»Sorge«) passen hier besser. Es fällt leichter, zu verstehen, wie alle anderen affektiven Kategorien – darunter Liebe (*amor*), Hass (*odium*), Hoffnung (*spes*) und Angst (*metus*) – entweder von Freude oder von Sorge abgeleitet sind, die entweder auf ein bestimmtes Objekt gerichtet sind oder von dazugehörigen, für einen Kontext spezifischen Ideen begleitet werden. Somit ist Angst (*metus*) »eine unbeständige Trauer, die der Idee einer zukünftigen oder vergangenen Sache entsprungen ist, über deren Ausgang wir in bestimmter Hinsicht im Ungewissen sind«.[14]

Die verworrenen Ideen, die Freude und Sorge verursachen, fallen unter die Kategorie »äußere Körper«. Die Ideen, die jemand bezüglich eines äußeren Körpers hat, dem er begegnet, sagen nichts über die Natur dieses äußeren Körpers aus, sondern nur über den Körper des Betrachters selbst. Dekodiert bedeutet dies: Wenn ich mir selbst mit einem Stock in mein Auge steche, mag ich ein blinkendes Licht sehen. Das Licht hat aber nichts mit dem Stock zu tun, sondern damit, wie das Auge funktioniert. Spinozas Ziel war es, dass vernünftige Menschen zu einer adäquaten Vorstellung von dem Stock gelangen. Zunächst erklärt er jedoch die Natur der Affektion des Körpers durch den Stock sowie die damit verbundene Leidenschaft. Im Verlauf unseres Lebens erlebt jeder individuell verschiedene Begegnungen. Unser Verlangen variiert entsprechend den Leidenschaften, die durch den Kontakt mit Objekten entstehen, die außerhalb von uns selbst liegen, sowie entsprechend dem Grad, zu dem unsere Ideen bezüglich dieser Objekte verworren sind.

Wie bereits angedeutet, ging es Spinoza letztendlich um adäquate Ideen, durch die das Wesen der Dinge, die außerhalb von uns liegen, tatsächlich erkannt würde. Dieser Zustand der Perfektion, des vernünftigen Wissens über die Natur, beinhaltet keinerlei Leidenschaften. Grundsätzlich behauptete Spinoza, dass jede Art von Freude gut und jede Art von Sorge schlecht ist und dass Freude zu Vernunft führt. Es ist jedoch auch möglich, dass wir uns hinsichtlich unseres Verlangens nach dem, das wir gut nennen, täuschen. In solchen Fällen kann Freude zu Sorge führen. Tatsächlich »steht also fest, daß wir etwas weder erstreben noch wollen, weder nach ihm verlangen noch es begehren, weil wir es für gut halten; im Gegenteil, wir halten etwas für gut, weil wir es erstreben, es wollen, nach ihm verlangen und es begehren«.[15] Gut und Böse sind, zusammen mit den Leidenschaften, Beweise unvollkommener oder verworrener Ideen in Bezug auf die Welt.

Laut Spinoza sind Vernunft und Affektion (inklusive aller Leidenschaften) somit nicht nur Gegensätze, sondern schließen sich noch dazu gegenseitig aus. Das Erleben von Leidenschaften ist ein Zeichen mangelnder Vernunft, was bedeutet, dass die Ideen bezüglich der Natur nicht adäquat sind. Es gibt zudem eine weitere Erklärung für die Bedeutung des Begriffs »Natur« und seiner Beziehung zu Gott: Spinoza vereinigt die Kategorien Gott und Natur, weshalb die Formulierung »Gott oder Natur« als typisch für Spinozas Denken gilt. Aufgrund seiner Immanenz ist Gott nicht von der Natur zu unterscheiden – und umgekehrt: Die Natur – die objektive Welt – kann nicht von Gott unterschieden werden.

Letztendlich ist die Beseitigung aller Leidenschaften, der Kernaffektionen Freude und Sorge sowie aller Ideen von Gut und Böse das ideale Ziel der Existenz. Insofern wir Verlangen empfinden oder von Affektion geleitet sind, sind wir Sklaven, auch wenn wir die Idee haben, frei zu sein. Wahre Freiheit existiert nur dann, wenn wir adäquate (wahre) Ideen bezüglich unseres Körpers und der Objekte (und somit von Gott) haben. Diese Ideen bewirken, dass unsere Handlungen auf Vernunft basieren. Insofern sich unser Verlangen mit der Vernunft in Einklang befindet, sind wir frei. Was aber ist das Wesen dieser Freiheit? Ein freier Mensch, der nur durch Vernunft geleitet ist, kennt weder Sorge noch Freude und somit auch weder Gut noch Böse. Ein vernünftiger Mensch ist amoralisch, weil Gott bzw. die Natur amoralisch ist.

Gott kann weder Sorge noch irgendeines der Dinge, die sich daraus ergeben, erschaffen haben – wenngleich er sie verursacht haben mag –, da die Sorge »aufhört, eine Leidenschaft zu sein« (*ipsa desinit esse passio*), sobald die Gründe dafür verstanden worden sind.[16] Verstehen beseitigt die Affektion unserer Körper, die von verworrenen Ideen bezüglich äußerer Objekte verursacht wurde. Verstehen ist kategorisch inkompatibel mit jeglicher Leidenschaft. Freiheit – wahre Freiheit – ist somit ein Zustand der Transzendenz, jenseits von Gefühlen und Moral. Sie geht mit einem Verständnis des Wesens der Dinge einher, die über das Selbst und den Menschen hinausgehen. Da die Natur nur eine einzige Substanz ist (Gott), haben die Menschen – insofern sie sich selbst kennen – bereits Wissen über Gott. Dies bedeutet, dass ein Ende von Sorge und Freude möglich ist.

Vielen mag diese Kurzfassung von Spinozas *Ethik* Schwierigkeiten bereiten. Auch für meinen Verstand bedeutet das eine Herausforderung. Stellen Sie sich die Tragweite dieses Konzepts vor, heruntergebrochen auf seine wesentlichen Elemente, und reflektieren Sie den erschütternden, ja geradezu seismischen Effekt einer solchen Abhandlung im späten 17. Jahrhundert in Europa. Gott wird entmystifiziert und erfassbar. Er ist nicht nur *in* allen Dingen, sondern er *ist* alle Dinge. Viele sahen dies als Verleugnung Gottes selbst. Alle Behauptungen vernünftigen Denkens und Handelns konnten zu dieser Hochzeit der Vernunft als bloße Scharade enttarnt werden. Was die Menschen für Vernunft hielten, war tatsächlich Affektion, wurde jedoch kaum als solche verstanden. Wann immer Spinoza sah, dass Menschen von Verlangen beeinflusst waren, von Nuancen von Freude oder Sorge oder von dem Streben nach dem Guten oder Bösen, erkannte er ein Scheitern im Erlangen der Vernunft. Das zerstörte nicht nur die moralische Ökonomie großer, etablierter Religionen, sondern auch das Fundament politischer Diskurse und Institutionen. All das war Affektion, nicht Vernunft. Nach Spinozas Einschätzung erlangten nur wenige jemals den Zustand von Weisheit, wie er ihn beschrieb.

Paine und das Glück

In dem Jahrhundert nach Spinozas Tod war alles Verstehen in der Politik Gefühl. Nicole Eustace hat auf brillante Weise gezeigt, dass sich in den amerikanischen Kolonien im Herzen des Wandels und Zweifels, was beides die Instabilität und Ungewissheit infolge des jahrelangen Kriegs sowie politischer und religiöser Umbrüche prägte, konkurrierende Ideen darüber kursierten, was und wie gefühlt werden sollte, wie auch konkurrierende Verständnisse des Selbst: das moderne individuelle Selbst einerseits und die frühere soziale Konfiguration des Selbst andererseits.[17] Die Amerikaner mussten herausfinden, so Eustace, wer sie waren sowie was und wie sie fühlen sollten, auch in Bezug auf ihre entstehende Nation und die dort lebenden Menschen, entweder im Namen der Loyalität oder im Geist der Freiheit. Die Regeln, was das Fühlen betrifft, – die emotiven »Drehbücher«, die von den Mächtigen »geschrieben« werden – befanden sich an der emotionalen Grenze im Wandel; die Menschen strebten zur gleichen Zeit in unterschiedliche Richtungen.[18]

Eustace zeichnet ein Bild der Instabilität, in dem nichts auf eine natürliche Affinität oder emotionale Co-Abhängigkeit zwischen dem modernen Selbst und der Gesellschaft hindeutet. Tatsächlich schien es so, als sei vor der Revolution ein kollektiver und vertragsgemäßer Umgang mit Liebe und Wut die Grundlage der amerikanischen Gesellschaft gewesen, eine Politik des Affekts, die für lange Zeit soziale Stabilität garantiert hatte. Der Individualismus – die Rechte von »Männern« sozusagen – riskierte einen Strom grenzenloser Leidenschaft. Thomas Paine (1737–1809) formulierte in *Common Sense* (*Gesunder Menschenverstand*), 1776 anonym veröffentlicht, definitiv ein neues Drehbuch, das das individuelle amerikanische Selbst mit einer modernen Idee einer bürgerlichen Gesellschaft und ihrer Regierungsform verband. Auch wenn Rechte und Vernunft wesentlich für dieses »Drebuch« sind, handelt es sich doch um ein affektives Drehbuch, das explizit eine Form von Gefühl anspricht.

Die Auswirkungen von *Common Sense* können absolut nicht zu hoch bewertet werden. Was die erstaunliche Verbreitung von Paines Pamphlet anbelangt, gehen die Schätzungen auseinander: Ein Biograf kalkuliert, dass es gemessen an der damaligen Bevölkerungsgröße »der größte Bestseller

[ist], den es je gab«. Allein im Jahr 1776 wurden etwa 100 000 Exemplare verkauft, das Pamphlet wurde jedoch in weit größerem Umfang verbreitet. Kaum jemand kam an ihm vorbei. Wichtig ist auch, dass es auch in Großbritannien und Frankreich (in Übersetzung) in großen Mengen verkauft wurde.[19] Der erhebliche Einfluss der Schrift liegt auch darin begründet, dass Paine es darin erstmals wagte, sich öffentlich für eine republikanische Regierungsform auszusprechen.

Betrachten wir zunächst den Tenor von Paines Einleitung. Er sagt uns gleich zu Beginn, dass es in seinem Werk über den »gesunden Menschenverstand« um »Gefühle« geht, die »Bräuchen« entgegenwirken. Die Richtigkeit der Gefühle stelle sich mit der »Zeit« heraus, »die überzeugender ist als die Vernunft«.[20] Hier wird programmatisch behauptet, dass nicht das, was im abstrakten Sinne richtig ist, sondern das Gefühl dafür, was richtig ist, letztendlich überzeugt. Und dieses Gefühl benötigt Zeit. *Common Sense* ist ein Pamphlet, das geschrieben wurde, weil die »Zuneigung« aller »Freunde der Menschheit« an einer solchen Sache wie Amerika interessiert ist, die für Paine eine universelle Sache ist. Sie richtet sich gegen die Tyrannei, über die, so Paine, »jeder Mann besorgt ist, dem die Natur die Macht des Fühlens gegeben hat«.[21] *Common Sense* ist ein affektiver Aufruf an ein fühlendes Publikum in der Sprache des Empfindens. Vernunft und Rechte zielen auf die *Wahrnehmung* der Leserschaft ab, wobei für die Richtigkeit weniger ein Verständnis als eine Intuition erforderlich ist. Das erste Kapitel des Pamphlets beginnt ebenfalls in diesem Stil. Das Wesen der Regierung und der Gesellschaft werden hinsichtlich dessen, wie sie *Glück* gewährleisten – auf positive oder negative Weise –, dargestellt. Paine lässt uns den Blick abwenden und unsere Ohren zuhalten, um uns vor der Blendung durch das koloniale Königtum zu schützen. Er merkt an, dass Regierungen die Aufgabe haben, für »Freiheit und Sicherheit« zu sorgen – in Übereinstimmung mit der Definition von Glück –, was durch »die einfache Stimme der Natur und der Vernunft« bestätigt werde.[22] Die Stimme der Vernunft erhält viel Aufmerksamkeit. Was ist aber »die einfache Stimme der Natur« anderes als ein Affekt, eine Wahrnehmung, ein Bewusstsein, ein Gefühl?

In Paines späterem Werk – passenderweise mit dem Titel *The Age of Reason* (1794, *Zeitalter der Vernunft*) – ist sie der Ursprung des reinen Glaubens an Gott (Paine hatte Spinoza gelesen und scheint stark von ihm beeinflusst worden zu sein). Nicht umsonst beginnt Paine *Zeitalter der Vernunft*, das ein nachhaltiger Angriff auf die etablierte Religion war, mit einem Glaubensbekenntnis. Er schrieb dieses Werk, um zu zerstören, aber auch, um Zerstörung zu begrenzen. Einerseits wies er Freidenkern den Weg, die nationalen Kirchen zu verlassen, andererseits bemühte er sich darum, »Moral [...], Menschlichkeit und [...] Theologie, die wahr ist«, zu wahren. Diese Dinge kommuniziert der »Geist der Menschen« »mit sich selbst«.[23] In seinem Glaubensbekenntnis drückt Paine die Hoffnung auf »Glück jenseits dieses Lebens« aus sowie einen *Glauben* an Gleichheit und einen *Glauben* daran, dass religiöse Pflichten darin bestehen, »gerecht zu handeln, Erbarmen zu haben und danach zu streben, unsere Mitgeschöpfe glücklich zu machen«.[24] Paines gesamte Perspektive, die auf aus der »Natur« abgeleiteten Rechten basiert, bezieht sich auf affektive Praktiken mit affektiven Zielen – in diesem Leben und im nächsten. Wenn die Zerstörung von biblischen Texten sowie von Kirchen als politische Systeme auf irgendeine Weise vernünftig ist, dann ist diese Vernunft letztendlich einerseits durch Glauben – persönlichen Glauben, der geplant und geskriptet wird, um zu überzeugen – und andererseits durch Affekt – das Verlangen nach Glück und die geplanten Mittel, dieses zu erlangen und zu verbreiten – begrenzt. In *Common Sense* heißt es über die »Stimme der Natur«, dass sie die anhaltende Beziehung zwischen Großbritannien und der Kolonie »beweint«.[25] In dieser Natur gibt es Gott. Paine behauptet, dass die Entdeckung Amerikas durch Gott gewährt wurde, gerade rechtzeitig für die Reformation, sodass die Verfolgten einen Zufluchtsort hatten.[26]

Auch wenn wir uns die Augen und Ohren zuhalten, spricht Paine dennoch das menschliche Sensorium an. Der »gesunde Menschenverstand« ist keine Form von Alltagsintelligenz, wie wir ihn heute vielleicht nennen würden; er ist nicht das, was getan wird; er ist kein Brauch – er ist ein gemeinsames *Gefühl*. Wer hat daran Anteil? Zunächst niemand, und dann, unter Anleitung, alle. Die wundervolle Ironie eines Werks wie desjenigen Paines liegt darin, dass durch die Behauptung, zu zeigen, was allgemein gefühlt wird, tatsächlich erst dieses allgemeine Gefühl erzeugt wird. Es handelt sich um eine Wahrnehmung, die nach dem Lesen des »Drehbuchs« allgemein gültig wird. Wenn der begründete Inhalt des Drehbuchs als »richtiges Fühlen« angenommen wird, geschieht dies allein durch die affektive Verpackung des Inhalts auf so effektive Weise. Paine sagte und zeigte den Amerikanern, wie sie fühlen sollten.

Zunächst zeigte er ihnen, dass jede aktuelle Verbundenheit mit der britischen Krone ein Aspekt von »Nationalstolz« sei, nicht von Vernunft. Um zu »Arten und Weisen der reinen Wahrheit« zu gelangen, musste dieser beiseite gelegt werden, da »uns jegliche Voreingenommenheit zugunsten einer verkommenen Regierungsform unfähig machen wird, eine gute zu erkennen«.[27] Der erste Schritt im Lernprozess mit dem Ziel, republikanisch zu fühlen, besteht also darin, den Stolz bezüglich der Monarchie zu kontrollieren oder abzuschalten, da die Monarchie, wie Paine weiter aufzeigt, nicht das »Mittel zum Glück« in der Welt ist, sondern das Mittel zum »Elend der Menschheit«.[28] Somit ist die Ausrichtung des Denkens, was diese Frage betrifft, explizit affektiv. Wenn der Stolz abgeschüttelt ist, wodurch wird er dann ersetzt?

Paine beschreibt den Zustand Amerikas mit »einfachen Fakten, klaren Argumenten und gesundem Menschenverstand«, bittet aber seine Leserschaft, den Stolz des Vorurteils gegenüber Auflehnung abzulegen, womit er nicht nur die Vernunft seiner Leserschaft anspricht, als vielmehr ihre »Vernunft und Gefühle«.[29] Diese Gefühle stellen einen universellen Anspruch auf christliche Brüderlichkeit und den »Triumph der Großzügigkeit der Empfindung« dar. Diejenigen, die sich nicht von Paines Argumenten überzeugen ließen, wurden als »schwache Männer, die nicht sehen *können*; voreingenommene Männer, die nicht sehen *werden*«, bezeichnet.[30] Nach Paines Verständnis des gesunden Menschenverstands sind Sehen, Fühlen und logisches Denken dasselbe. Er bittet seine Leserschaft, »die Leidenschaften und Gefühle der Menschheit zu betrachten«, und fragt, wie Männer – explizit Männer –, die durch die Tyrannei schlecht behandelt werden, diese Macht »danach lieben, ehren und ihr treu dienen« können.[31] Diejenigen, die durch Großbritannien Verluste erlitten hatten und dennoch ihren Frieden mit dieser Macht gemacht hatten, seien »des Namens eines Ehemanns, Vaters, Freundes oder Liebhabers unwürdig und [...] haben das Herz eines Feiglings und den Geist eines Speichelleckers«.[32] Paine behauptet hier explizit, dass der richtige Weg für das richtig fühlende Individuum unausweichlich ist, während der falsche Weg das Gebiet derer ist, die durch Leidenschaften verwirrt sind. Paine »verhandelt« die Situation »anhand der Gefühle und der Zuneigung, die durch die Natur gerechtfertigt werden und ohne die wir unfähig wären, die sozialen Pflichten des Lebens auszuführen oder das Glück in Bezug auf sie zu genießen«, und behauptet doch im nächsten Atemzug, dass die Unterwerfung Amerikas »der Vernunft zuwider« sei.[33] Das Erleben, das hier impliziert wird, ist jedoch eines des Ekels, nicht eines der Vernunft. Die Rationalität verbirgt sich im Hintergrund. Ein Verstoß gegen sie wird durch ein Gefühl des Abgestoßenseins und Zurückweichens hervorgehoben. Amerika konnte Großbritannien nicht eher vergeben als ein Liebhaber »dem Verführer seiner Geliebten«. Die »unauslöschlichen Gefühle«, die durch solche Schrecken hervorgerufen werden, wurden durch den »Allmächtigen« mit »guten und weisen Absichten« »in uns eingepflanzt«:

> Sie sind die Hüter seines Bildes in unseren Herzen. Durch sie unterscheiden wir uns von der Herde der gewöhnlichen Tiere. Der gesellschaftliche Pakt würde sich auflösen und die Gerechtigkeit von der Erde vertilgt werden oder nur noch gelegentlich existieren, wenn wir gegenüber Berührungen der Zuneigung hartherzig wären. Der Räuber und der Mörder würden oft ungestraft davonkommen, würden die Verletzungen, die unsere Gemüter ertragen, uns nicht zur Gerechtigkeit antreiben.[34]

Nicht die *Vernunft* macht den Menschen zu etwas Besonderem und inspiriert sein Streben nach Gerechtigkeit, sondern *Gefühle*, insbesondere *verletzte Gefühle*. Aus all diesen Gründen sollte die neue amerikanische Verfassung »in einer besonnenen, bedachten Weise« gestaltet werden, um »mit dem geringsten nationalen Aufwand die größte Summe individuellen Glücks« zu garantieren (hier zitiert und bekräftigt Paine die Worte des radikalen italienischen Juristen Giacinto Dragonetti).[35] Wir haben hier eine vorbereitende affektive Orientierung in Bezug auf die Nationsbildung. Die neue Politik, die aus dem Groll von Schande und verletzter Zuneigung hervorgegangen war, würde sich nicht durch reine Vernunft, sondern durch kontrollierten Affekt behaupten. War der Tyrann erst vertrieben, dann war auch dies nur gesunder Menschenverstand.

Eine der ruhigsten Handlungen der Vernunft

Paine behauptete, dass »die Natur Männer und Frauen unterscheidet«,[36] nicht im Rang, sondern in der Art. Bei der Erarbeitung einer neuen Politik tauchten Frauen politisch und sozial einfach nicht auf. *The Rights of Man* (*Die Rechte des Menschen*), das Paine 1791 veröffentlichte, handelte folglich von den Rechten von *Männern*, wie sie ihnen von der Natur verliehen wurden. Von Frauen wurde angenommen, dass es ihnen an Vernunft fehlte und sie sich von Leidenschaften leiten ließen; daher wurden sie von den Freiheiten ausgeschlossen, die durch die Französische Revolution von 1789 erlangt worden waren. Aufgrund ihrer Physiologie – mit ihrer wandernden Gebärmutter und nervösen Schwäche – waren sie für Bildung ungeeignet. Ihr Platz innerhalb der Revolution war deshalb der von Ehefrauen und Töchtern, nicht der von menschlichen Wesen – dies impliziert auch *Common Sense*. Als sich der revolutionäre Impuls in Europa setzte, wurde die neue französische Republik, wie auch zuvor die amerikanische, auf den natürlichen Rechten von *Männern* gegründet, die allein Vernunft haben. Nachdem die Jakobiner alle ihre Vorgänger beseitigt hatten, herrschte die Idee Rousseaus, Frauen ausschließlich zum Vergnügen der Männern zu erziehen.[37]

Wer die revolutionären Texte, die diese neuen Regime stützten, erneut liest, wird das affektive Flehen darin nicht übersehen. Die Vernunft, so, wie sie war, war unabänderlich mit dem Bündel von Leidenschaften und Gefühlen verflochten, das mit der Berufungen auf die »Natur« einherging. Der logische Bruch, der Bruch in Bezug auf die Vernunft selbst, ist offensichtlich. In *A Vindication of the Rights of Woman* (1792, *Eine Verteidigung der Rechte der Frau*; Talleyrand gewidmet) mahnte Mary Wollstonecraft, dass die erste Verfassung, »die auf Vernunft basierte«, nichts als Tyrannei, ja dass sie ungerecht und inkonsequent sei, solange nicht bewiesen sei, dass es Frauen tatsächlich an Vernunft fehlte.[38] Da es Frauen aufgrund des ungesunden Zustands ihres Geistes jedoch an Vernunft zu fehlen schien, lag die Herausforderung bei Wollstonecraft – und sie nahm sie an. Zu beweisen, dass Frauen Bildung zuteilwerden konnte und sollte, war in den 1790er-Jahren keine leichte Aufgabe. Wollstonecraft behauptete, dass Frauen nicht als »menschliche Wesen«, sondern eben als »Frauen« behandelt wurden und dass der Begriff sie zu etwas reduzierte, das merklich anders war. Männer wollten »sie zu verführerischen Geliebten machen« und nicht zu »rationalen Ehefrauen«. Dieses Bemühen konnte so weit als normal dargestellt werden, bis Frauen selbst »nurmehr darum bemüht waren, Liebe zu erwecken«.[39] Der armselige Geist der Frauen benötigte Bildung. Die Bindung der Männer an die Vernunft musste ausgebaut werden.

John Opie malte Wollstonecraft ungefähr in dieser Zeit so, wie nur wenige es gutgeheißen hätten: Ihr Gesichtsausdruck wirkt konzentriert, ihr Blick, den sie direkt auf den Betrachter heftet, stählern, gerade so, als wäre sie aufgrund der Ablenkung von der Arbeit, die jeden Moment wieder aufgenommen wird, leicht irritiert. Sie sitzt nach vorn gebeugt, als hätte sie unmittelbar zuvor über die Seiten des Buchs gegrübelt, das vor ihr liegt. Diese Seiten sind aber leer dargestellt, vielleicht aus einem politischen Grund. Dahinter steht Wollstonecrafts Tintenfass mit der Feder. Die unbeschriebene Seite mag bald von ihr gefüllt werden. Somit zeigt das Porträt eine Pause von etwas ansonsten Aktivem und Intellektuellem. Da jede affektive Überheblichkeit bzw. Körperhaltung und jedwede Art von Romantizismus in der Komposition fehlt, können wir hierin eine perfekte gezielte Darstellung der weiblichen Vernunft sehen, für die Wollstonecraft eintrat. Ihre Haltung kann nicht als in irgendeiner Form durch die Aktivität ihres Geistes oder den Tumult ihrer Emotionen überreizt abgetan werden. Sie zeugt von dem Potenzial einer Frau der Vernunft in einer empfindsamen Epoche.

Wollstonecrafts persönliche Umstände erlaubten ihr nicht, ihre Hoffnungen in die Tat umzusetzen bzw. so zu leben, wie Opie sie darstellte. Eine öffentliche Stellungnahme dazu, wie wichtig es ist, im weiblichen Geist die Vernunft hervorzurufen, wofür sie selbst als positives Beispiel diente, verhinderte ihr eigenes Erleben der Leidenschaften. Sie verfing sich selbst in dem Bemühen, Liebe zu erwecken, und erfuhr wiederholt Zurückweisung. Sie hielt sich während des Terrors in Paris auf und unterstütze dort die »falsche« Seite – ihr Leben geriet in Gefahr, denn einige waren nur allzu bereit, politisches Denken mit der Guillotine einzudämmen. In Paris hatte sie sich in den Amerikaner Gilbert Imlay verliebt und war von ihm schwanger geworden. In einer schwierigen Situation behauptete er, sie seien verheiratet, um ihr den Schutz durch die amerikanische Staatsbürgerschaft zu geben, aber dies ent-

John Opie: *Mary Wollstonecraft (Mrs William Godwin)*; ca. 1790/91, Öl auf Leinwand.

sprach nicht den Tatsachen. Sie wurde letztlich zutiefst getäuscht von einem Mann, der sie – ungeachtet ihrer fortschrittlichen politischen Ansichten hinsichtlich der Rechte der Frauen – zur Befriedigung seines eigenen Verlangens benutzte, ohne die Treue und Verbindlichkeit, wie sie sie ihm gegenüber zum Ausdruck brachte. Ihre Hoffnungen wurden durch Imlays Untreue wieder und wieder zerschmettert, und sie versuchte zwei Mal, sich das Leben zu nehmen.

Wollstonecrafts Leben und ihre Schriften sind so bekannt, dass ich nicht sehr ausführlich auf ihre Biografie eingehe. Die außergewöhnlich detaillierten Informationen zu ihrer Person können nach Belieben nachgelesen werden.[40] Stattdessen möchte ich zwei ihrer Briefe an Imlay, ihren entfremdeten Liebhaber, genau unter die Lupe nehmen.

Der erste ist ein Abschiedsbrief vor einem ihrer Selbstmordversuche. Den zweiten schrieb sie, nachdem man sie wiederbelebt hatte. Die Briefe sind von erstaunlichem Wert, nicht nur wegen ihrer Tragik und wegen ihres Pathos, sondern auch als Beispiele des spezifischen affektiven Stils Wollstonecrafts selbst wie auch der Art, wie sie Empfindung oder Emotion mit Vernunft verknüpfte. Sie sind Schnappschüsse einer gestaltgewordenen Aufklärung: mit dem Gefühl als Mittel zu rationalem Denken und Handeln. Gleichzeitig sind die Briefe erfüllt von einer tiefen Traurigkeit, wie sie Wollstonecraft heimsuchte, auch wenn sie dagegen ankämpfte. In einem früheren Brief hatte sie Imlay mitgeteilt, dass »jede Emotion einem überwältigenden Strom des Leids weicht«. Der Strom der Zuneigung ertränkte sie. »Ich bin nicht fähig, den Hang zur Zuneigung, der die Qual meines Lebens ist, mit den Wurzeln herauszureißen«, schrieb sie im Oktober 1795. Aber, warnte sie unheilvoll, »das Leben wird ein Ende haben!«.[41]

Es folgt der Abschiedsbrief. Bevor ich ihn gründlich analysiere, gebe ich ihn hier vollständig wieder:

> Ich schreibe dir jetzt auf meinen Knien und flehe dich an, mein Kind und das Dienstmädchen mit [– –] nach Paris zu schicken und in die Obhut von Madame [– –], Straße [– –], Abschnitt [– –] zu geben. Sollten sie umgezogen sein, kennt [– –] die Adresse.
>
> Gib dem Dienstmädchen all meine Kleidung, ohne Unterschied.
>
> Zahl' der Köchin ihren Lohn aus und sag' nichts über das Geständnis, das ich ihr abgezwungen habe – der genaue Zeitpunkt macht keinen Unterschied. Nichts außer meiner extremen Dummheit konnte mich so lange blind machen. Dennoch dachte ich, als du mir versichertest, dass du keine Zuneigung empfindest, dass wir noch hätten zusammen leben können.
>
> Ich will dein Verhalten nicht kommentieren oder die Welt um irgendetwas bitten. Meine Fehler sollen mit mir ruhen! Bald, sehr bald, werde ich Frieden haben. Wenn du dies erhältst, wird mein brennender Kopf kalt sein.

> Ich würde lieber tausend Tode sterben, als eine Nacht wie die letzte erleben zu müssen. Wie du mich behandelt hast, hat meinen Geist in einen Zustand des Chaos versetzt – dennoch bin ich gleichmütig. Ich gehe, um Trost zu finden, und meine einzige Angst ist es, dass mein armer Körper durch einen Versuch, meine verhasste Existenz zurückzuholen, beleidigt wird. Aber ich werde mich dort in die Themse stürzen, wo es am unwahrscheinlichsten ist, dass ich dem Tod, den ich suche, entrissen werde.
> Gott segne dich! Mögest du nie selbst erfahren, was du mich hast erdulden lassen. Sollte deine Empfindsamkeit jemals erwachen, wird Reue den Weg in dein Herz finden, und inmitten von Geschäft und sinnlichem Vergnügen werde ich, das Opfer deines Abweichens von der Rechtschaffenheit, dir erscheinen.[42]

Beim ersten Lesen sucht man automatisch nach dem affektiven Inhalt, also nach dem überwältigenden emotionalen Aufruhr, der zur Selbstzerstörung führt. Und man findet ihn. Wollstonecrafts Geist ist in einem »Zustand des Chaos«. Ihre Existenz ist »verhasst«. Implizit trennt sie Geist und Körper, aus Angst, dass ihr Körper bei dem Versuch, sich zu ertränken, gerettet werden könnte. Er ist wie ein unschuldiges Behältnis für einen Geist, der bereits hoffnungslos verwirrt ist. Sie versucht, Imlay das Erleben zu beschreiben, wie sie es »erdulden« musste. Dieser Hinweis auf das Leiden legt nahe, dass wir es hier mit jemandem zu tun haben, der seit Langem von chronischer Leidenschaft zerstört wird. Sie beschreibt sich selbst als »Opfer«, als Objekt von Ungerechtigkeit, woraus das Brechen des Geistes und des Herzens resultiert.

Lesen wir den Brief so, dann hätten wir wohl tatsächlich eine Hollywood-Version – aber eben nur die Hälfte einer komplexeren Geschichte. Betrachten wir noch einmal die ersten Sätze: Es geht um praktische Angelegenheiten, aber sie werden flehend bzw. unter Verweis auf eine absolute Niederlage (»auf meinen Knien«) vorgebracht. Wollstonecraft ist in ihrem chaotischen Geist nicht so verloren, dass sie nicht die Versorgung ihrer Tochter geplant hätte. Sie vererbt ihren persönlichen Besitz. Sie kümmert sich um die Köchin (von der sie von Imlays neuer Geliebten erfahren hatte). In all dem liegt eine Verbundenheit mit der Welt, die sie im Begriff ist zu verlassen; ein Pflichtbewusstsein, das vernunftgemäße Wertschätzung des sozialen Vertrags suggeriert, der durch ihr Handeln gebrochen wird. Vielleicht sind solche Vorkehrungen nicht so ungewöhnlich. Wie mit ihnen aber der Brief eröffnet wird, steht im Kontrast zu dem, was danach folgt und wiederum dadurch komplex wird, wie Wollstonecraft ihre Leidenschaften darstellt.

Wollstonecraft nennt es »extreme Dummheit« (*extreme stupidity*), dass sie Imlays neue Verletzungen ihrer Liebe nicht wahrgenommen – nicht *gesehen* – hat. 1795 bedeutete *stupid* (»dumm«) nicht dasselbe wie heute. In der Ausgabe von *Johnson's Dictionary* von 1792 ist diesbezüglich nicht vom Verstand oder Wissensstand einer Person die Rede, *stupid* wird vielmehr definiert als: »stumpf, Mangel an Empfindsamkeit, Mangel an Auffassungsgabe, schwer, träge im Verständnis«.[43] *Stupid*, das sich vom lateinischen *stupere* – »verblüfft oder gelähmt sein« – ableitet, ist eher eine Stumpfheit als ein Fehlen von Intelligenz. Wenn es das Verstehen behinderte, war es dennoch ein Abstumpfen der Empfindsamkeit. Wenn Wollstonecraft sagt, dass sie »blind« war, ist dies eine Metapher für den Verlust eines Sinnes, und sie passt perfekt für ihre »Dummheit«. Sie tadelt sich nicht selbst für eine Begriffsstutzigkeit, sondern drückt Bestürzung aus über die Langzeitauswirkungen ihres Leidens auf ihre Empfindungen.

Wollstonecraft deutet an, dass ihre Fieberhaftigkeit – ein durch Leidenschaft verursachtes Leiden – durch die Themse abgekühlt werden wird. Sie sehnt sich nach Frieden, erklärt gleichzeitig jedoch, bereits »gleichmütig« zu sein – vielleicht aufgrund der Aussicht auf den »Trost«, den sie im Tod finden will. Es ist allerdings nicht leicht, nachzuvollziehen, wie Wollstonecraft – entsprechend der Definition in *Johnson's Dictionary* – »ruhig, gelassen, gefasst« oder »unerschüttert, unberührt, gleichmütig« sein kann, wenn sie sich gleichzeitig in einem »Zustand des Chaos« befindet. Ich denke, dass Wollstonecraft hier auf die Angemessenheit ihres Handelns hinweisen will. Ihr Plan – sich im Fluss zu ertränken – kommt nicht als wahnsinnige oder verzweifelte Tat daher. Es ist kein Hilferuf. Es ist eine Tat, die aufgrund der Umstände unausweichlich ist, eine Folge des Verrats an ihrem Herzen. Auf dem Höhepunkt ihrer Not handelt sie in der ruhigen Gewissheit, das Richtige zu tun.

Der Brief endet mit einem Verweis auf das, was ihren bevorstehenden Tod rechtfertigt: Imlays »Abweichen von der Rechtschaffenheit«. Sie ist gekränkt, weil sie zu dem geworden ist, gegen das sie sich ihr gesamtes Intellektuellenleben gerichtet hatte. Sie ist die Sitzengelassene. Sie wurde betrogen. Sie ist das flehende Herz. Und er der gefühllose Kerl. Trotz all ihrer Betonung des Werts der Vernunft ist es die Empfindsamkeit, an die Wollstonecraft letztendlich appelliert. Sie verlangt nicht, dass Imlay sein Handeln allgemein und vernünftig reflektiert, sondern sie hofft, dass seine »Empfindsamkeit [...] erwachen«, dass er in seinem »Herzen« »Reue« empfinden werde. Sie hofft, ihn in der Kühle seiner Geschäftspraktiken und während der Befriedigung seiner Sinne heimzusuchen, also beim Sex mit seiner neuen Geliebten. Imlay fehle es nicht an einer oberflächlichen Eigenschaft, sondern es sei ein qualitatives Fehlen von Gefühl. Wären dies unsere letzten Worte aus ihrer Feder, dann müssten wir entschlüsseln, was es bedeutet, dass Wollstonecraft einerseits vehement für eine Ausweitung männlicher Vernunft auf Frauen eintritt und andererseits einen Mann auf unheimliche Weise dazu auffordert, zu lernen, wie man fühlt.

Es waren aber nicht ihre letzten Worte. Wollstonecraft wurde aus dem Fluss gezogen und wiederbelebt. Ihr nächster Brief an Imlay lautet wie folgt:

> Ich habe nur zu beklagen, dass ich, als die Bitterkeit des Todes vergangen war, unmenschlich zurück in das Leben und das Elend gebracht wurde. Aber ein fester Entschluss wird nicht durch Enttäuschungen durchkreuzt, und ich werde nicht zulassen, dass das zu einer fieberhaften Unternehmung wird, was eine der ruhigsten Handlungen der Vernunft war. In diesem Sinne habe ich mich nur vor mir selbst zu verantworten. Wenn ich mich über das sorgen würde, was Ansehen genannt wird, wäre ich durch andere Umstände entehrt.
>
> Du sagst, »dass du nicht weißt, wie du uns aus dem Elend befreien sollst, in das wir gestürzt worden sind«. Du bist schon seit Langem befreit. – Aber ich kommentiere dies nicht. – Wenn ich dazu verdammt bin, weiterzuleben, dann bin ich eine lebende Tote.
>
> Es scheint mir, als würdest du mehr Wert auf Taktgefühl legen als auf Prinzip, denn ich kann nicht entdecken, welches Taktgefühl verletzt worden wäre, hättest du eine elende Freundin besucht – falls du überhaupt Freundschaft für mich empfindest. – Da aber deine neue Bindung in deinen Augen das einzig Heilige ist, schweige ich – sei glücklich! Meine

> Klagen sollen dein Vergnügen nie mehr trüben – vielleicht irre ich mich, wenn ich annehme, dass mein Tod dies für mehr als einen Augenblick könnte. – Das nennt man Großherzigkeit. – Zu deinem Glück besitzt du diese Eigenschaft in höchstem Maße.
> Deine beständige Versicherung, dass du alles in deiner Macht Stehende tun wirst, zu meinem Trost beizutragen (und damit nur finanzielle Unterstützung meinst), erscheint mir als schamlose Verletzung des Taktgefühls. – Solch geschmacklosen Trost möchte ich nicht, und ich werde ihn auch nicht annehmen. Ich wollte nie etwas anderes als dein Herz – ohne das hast du mir nichts mehr zu geben. Hätte ich nur die Armut zu fürchten, würde ich nicht vor dem Leben zurückschrecken. – Vergib mir also, wenn ich sage, dass ich jegliche direkten und indirekten Versuche, meine Versorgung zu gewährleisten, als eine Beleidigung betrachte, die ich nicht verdient habe, – und dass diese eher aus Zärtlichkeit gegenüber deinem eigenen Ansehen erfolgen als für mich. Versteh' mich nicht falsch. Ich denke nicht, dass dir Geld wichtig ist (deshalb werde ich nicht annehmen, was dir nichts bedeutet), wenngleich dies für mich noch weniger gilt, weil bestimmte Entbehrungen nicht schmerzhaft für mich sind. Wenn ich tot bin, wirst du aus Respekt dir selbst gegenüber für das Kind sorgen.
> Es fällt mir schwer, zu schreiben – wahrscheinlich sollte ich dir nie wieder schreiben. – Adieu!
> Gott segne dich![44]

Am Anfang des Briefs bezeichnet Wollstonecraft die Rettung ihres Lebens als »unmenschlich«. Um dies zu verstehen, müssen wir ihren festen Entschluss, dass sie sterben wollte, ernst nehmen. In den eher sonderbaren, nachdenklichen Momenten, nachdem der eigene Tod hätte eintreten sollen, könnte man so etwas wie Reue oder noch mehr Anzeichen von Chaos erwarten. Wollstonecraft jedoch besteht darauf, dass ihr Handeln im vollen Umfang ihrer Gefühle *vernünftig* war. Sie spricht nicht nur von einem »festen Entschluss«, der andauert. Wollstonecraft unterbindet auch jegliche Möglichkeit, auf ihre Emotionen reduziert zu werden. Es war keine »fieberhafte Unternehmung« (*frantic attempt*; laut *Johnson's Dictionary* bedeutet *frantick* [sic!] »verrückt; durch heftigen Wahnsinn des Verstandes beraubt; ungeheuerlich und aufgewühlt verrückt« oder »durch gewaltige Leidenschaft verzückt«). Vielmehr war es »eine der ruhigsten Handlungen der Vernunft«. Hier zeigt sich, wie passend das Wort »gleichmütig« (*serene*) aus ihrem vorigen Brief ist. Der Begriff wiederholt die Idee, dass Suizid eine rationale und angemessene Handlung ist, wenn auch mit Worten wie »Fieberhaftigkeit« und »gebrochenes Herz«. Die Schande des Suizidversuchs hat keine Bedeutung: Durch Imlay sei Wollstonecraft ohnehin schon in einer Größenordnung entehrt worden, die alles übersteigt, was sie sich selbst hätte antun können.

Wollstonecrafts Brief impliziert, dass Imlay sie nicht besucht hat, da dies als »taktlos« angesehen worden wäre. Wollstonecraft spielt hier mit der Uneindeutigkeit des Begriffs. Imlay bezog sich eindeutig auf *delicacy* (»Taktgefühl«) im Sinne von »Höflichkeit, Zartheit der Umgangsformen«, Wollstonecraft fordert jedoch – indem sie sich auf ihr »Elend« bezieht – *delicacy* im Sinne von »Zärtlichkeit, Gewissenhaftigkeit, Barmherzigkeit« (die Definitionen Nummer 6 und 8 zu *delicacy* in *Johnson's Dictionary*, 1792). Sie wirft Imlay erneut vor, kein Herz zu haben und soziale Form über zwischenmenschlichen »Inhalt« zu stellen. Sie scheltet ihn und verweist auf seine neue Geliebte; dann erklärt sie: »Ich schweige«, obwohl sie bereits viel gesagt hat. Der Imperativ »Sei glücklich!« (*Be happy!*) darf nicht missverstanden werden. In diesem Kontext wäre es eine spöttische Aufforderung, wenn wir darin Wollstonecrafts Wunsch sehen, Imlay möge, was seine neue Frau sowie sein Leben im Allgemeinen betrifft, *zufrieden* oder *froh* sein. Das mag unser Verständnis von *happy* sein. Ihres kann es jedoch nicht gewesen sein. *Johnson's Dictionary* verweist unter dem Stichwort *happy* auf *felicity* (»Glückseligkeit«), und dort wiederum wird auf *blissfulness* (»Wonne«) verwiesen. Eine passende Verwendung finden wir in Johnsons Definition von *happiness* (»Glück«): »Glückseligkeit; Zustand, in dem das Verlangen befriedigt ist.« Um dies bittet Wollstonecraft Imlay inständig, aber höhnisch. Mit Blick auf seine »neue Bindung«, sein »heiliges« *Etwas* hätte sie ebensogut schreiben können: »Hau' rein!« Denn wie wir in der darauffolgenden Zeile lesen können, geht es hier um sein »Vergnügen«, das oberflächlich und ohne Gefühl sei.

Anschließend spricht Wollstonecraft von ihrer »Großherzigkeit« (*magnanimity*). Auch diese sollte nicht im Sinne eines Verzeihens missverstanden werden. In den 1790er-Jahren war das Wort näher an der wörtlichen Bedeutung des englischen Begriffs *magnanimity*: »Erhabenheit der Seele«. Es ging um eine »Größe des Geistes«, und damit sind wir nahe bei *bravery* (»Tapferkeit«). Gemeint war eine Erhöhung der Empfindung, ein Wert, der wieder eine Mischung von Vernunft und Emotion, von Geist und Seele hervorruft. Wollstonecraft ist sicherlich sarkastisch, wenn sie schreibt, es sei *happy* für Imlay, von dieser Eigenschaft so viel zu besitzen, da er sie ihrer Meinung nach rein gar nicht zum Ausdruck brachte. Mit *happy* verweist sie auf Imlays Selbsteinschätzung – er sieht sich selbst als *magnanimous* (»großherzig«) an. Er täuscht sich, denn er verwechselt die Befriedigung von Verlangen mit Mut zum Handeln.

Der vorletzte Absatz handelt von Wollstonecrafts absolutem Widerwillen, wie eine Geliebte, im Grunde eine Prostituierte zu sein, die von dem Geld abhängt, das jemandem gehört, dessen Herz sie verloren hat. Indem sie dies als »eine Beleidigung, die [sie] nicht verdient habe«, bezeichnet, verweist sie auf die Unvereinbarkeit ihrer beider Perspektiven auf die Beziehung. Sie war verliebt und wollte Imlays Herz. Er kannte nur die wankelmütigen und flüchtigen Bedürfnisse des Verlangens. Wenn er jetzt Geld senden möchte, geht es dabei nicht um sie, betont sie, sondern dies geschehe aus »Zärtlichkeit« gegenüber seinem eigenen Ansehen. Dies ist eine weitere affektive Umkehrung, eine weitere Spitze gegen Imlays falsche Empfindsamkeit. Wie deutlich geworden ist, basierte Zärtlichkeit immer auf dem Gegenüber. Sich selbst gegenüber zärtlich zu sein, ist eine perverse Sorge für das eigene Wohl und letztendlich sowohl egoistisch als auch oberflächlich. Wollstonecraft macht deutlich, dass es Imlays *Ansehen* ist, das gefährdet ist – die nach außen gerichtete Darstellung seiner selbst – und nicht sein eigenes Bewusstsein. Nur die diesbezügliche Sorge, nicht aufrichtige väterliche Zuneigung, wird ihn seine väterlichen Pflichten erfüllen lassen.

Dieser Brief ist ein Beispiel für ein radikal aufgeklärertes Verständnis der Beziehung zwischen Körper und Seele, Vernunft und Emotion, Denken und Fühlen. Wollstonecraft zeigt die Herzlosigkeit, die darin liegt, allein nach Vernunft und Verstand zu leben, und bringt mit Nachdruck die Überzeugung zum Ausdruck, dass der Geist ohne das Herz verloren ist, obwohl das Herz letztendlich vom Geist beherrscht wird. Ihr Aufruhr ist unumstößlich emotional, aber deshalb nicht weniger ein Teil der Vernunft. In den Worten

Syndy McMillen Congers war Wollstonecraft »eine Schülerin des Gefühls«, aber verlor sich niemals ganz in ihm. Gefühl war das Mittel ihrer Vernunft – so untrennbar von den Tätigkeiten ihres Geistes wie ihre Seele von ihrem Körper.[45]

»In einem traurigen, traurigen Zustand des Zerfalls«

Die 1790er-Jahre waren in der außergewöhnlichen politischen Landschaft in einer der großen europäischen Metropolen für Wollstonecraft voll von Aufruhr, für andere gestaltete sich das Jahrzehnt völlig idyllisch, wenn auch vielleicht auf einer persönlichen Ebene ereignisreich. Edward Jenner (1749–1823) ist im Bereich der Medizin eine der weltweit bekanntesten historischen Persönlichkeiten.[46] Er war ein Schüler des renommierten schottischen Chirurgen und Anatoms John Hunter (1728–1793) und wurde berühmt für seine Pionierarbeit in Sachen Pocken-Schutzimpfung – als sie erst gefunden war, kamen Prozesse in gang, die letztlich dazu führten, dass die Welt 1980 für pockenfrei erklärt werden konnte.

Jenners erster Sohn wurde 1789 geboren, im Jahr der Französischen Revolution. 1796 führte Jenner die erste Inokulation von Mensch zu Mensch mit Kuhpocken durch (die erste Impfung). 1798 informierte er die Welt über seine Erkenntnisse. All dies ging vom ländlichen Gloucestershire aus. Es ist das typische Beispiel einer Geschichte, in der die Vertreter der Vernunft in der Medizin besonders herausgestellt werden. In Jenners Impfexperimenten sieht man rückblickend den Ausgangspunkt für die Entwicklung der »Kontrollstudie« in der pharmakologischen Forschung. Jenners Sieg – ihm war es gelungen, die Praktik des Impfens erfolgreich zu etablieren und die Unterstützung des Parlaments und der medizinischen Institutionen zu gewinnen – wird als Sieg der Vernunft über wild wuchernde Quacksalberei angepriesen, deren Vertreter die Pocken, von finanziellen Interessen motiviert, erhalten wollten. Solche Narrative sehe ich generell kritisch, nicht zuletzt deshalb, weil weder Jenner noch sonst irgendjemand verstanden hat, wie und warum Impfungen überhaupt wirken. Die Erfolgsgeschichte der medizinischen Vernunft ist aus unserer Perspektive, die wir die Ergebnisse kennen, leicht zu erzählen. Die Arbeit an Impfstoffen folgte weniger der Vernunft, als es scheint. Aber das ist nicht die Geschichte, die ich hier erzählen will.[47]

Jenners Leben bietet uns eine alternative Erzählung: eine von induktivem Argumentieren, von Hoffnung, Scheitern, Verzweifeln, Schmerz und Trauer. Sie endet mit einer Störung der Sinne und mit einem unrühmlichen Tod. Jenner, eine der wahren medizinischen Koryphäen des Zeitalters der Vernunft, war nach seinen eigenen Angaben ein zutiefst angstvoller, melancholischer und leidender Mann. Seine Aussagen über diese Tiefen und die emotionalen Verletzungen, sein Blick als Experte der Medizin, bieten uns einige Hinweise zum *affective style*, wie er einem Landarzt in den beiden Jahrzehnten um das Jahr 1800 zur Verfügung stand.

Jenners Wissen über das Herz und über das Selbst, über das Verstehen und über die Welt war ein vollkommen anderes als das Wollstonecrafts. Die Welt des Gefühls stand ihm nicht ansatzweise auf dieselbe Art offen wie den politischen und literarischen Akteuren der Welt Wollstonecrafts und Paines. Für Jenner war Wissen sowohl eine Voraussetzung für als auch ein Produkt von medizinischer Praxis. Verstehen war ein komplexer Cocktail aus empirischer Arbeit und Gewohnheiten in der professionellen Praxis.

Jenners größtes Scheitern war seine Arbeit über Tuberkulose. Zu Beginn seiner Karriere widmete er dem Forschen und Experimentieren zu diesem Krankheitsbild mehr Zeit als dem Impfen. Bereits 1790 präsentierte er seinen Kollegen in Gloucestershire seine Theorien bezüglich der Ursachen von Tuberkulose, die jedoch wenig Zustimmung erhielten. Wenn er nicht gerade Patienten auf dem Land besuchte, sezierte er die Körper verschiedener Spezies, wie auch Menschen, und suchte dabei in Bezug auf die Tuberkulose nach Gemeinsamkeiten. Er war davon überzeugt, dass die Zysten, die er in den Lungen von Schweinen, Schafen, Kühen und Menschen fand, das Ergebnis von Hydatiden – wurmähnlichen Parasiten – waren. Diesen Zusammenhang nachzuweisen und auf dieser Basis ein Mittel gegen die Krankheit zu finden, dem widmete er all seine Aufmerksamkeit. Natürlich lag er hoffnungslos daneben. Seine Kollegen hielten seine Ideen für lächerlich, trotz seines Ruhms aufgrund seiner Forschung zum Impfen. Seine Erkenntnisse führten also ins Nichts.

All dies wäre irrelevant, wenn Jenner nicht für sich persönlich seine Konsequenzen aus diesem Scheitern gezogen hätte. Jenner wurde (letztendlich) genügend Anerkennung entgegengebracht, für seine Erkenntnisse zum Impfen, – er musste sich also nicht um seinen Ruf sorgen. Die Tuberkulose spielte jedoch eine zentrale Rolle in seinem Leben. Wahrscheinlich war seine Frau bereits daran erkrankt, als sie heirateten. Sein erster Sohn, Edward, erkrankte als Kind. Der Hauslehrer seines Sohns starb ebenfalls an Tuberkulose. Während seine Familie an dieser mysteriösen Krankheit litt, mühte Jenner sich vergeblich ab, sie zu enträtseln und zu besiegen. Seine Frau, sein Sohn sowie der Hauslehrer seines Sohns starben alle vor ihm. Sogar der Patient, an dem die berühmte erste Impfung durchgeführt wurde, starb schließlich an Tuberkulose. Vor dem Hintergrund all der Leben, die Jenner direkt oder indirekt vor den Pocken rettete, empfand er seine eigenen Verluste, die durch eine andere, besonders hartnäckige Krankheit verursacht wurden, als umso schlimmer. Es sind diese Emotionen Jenners, die mit den Krankheiten und Todesfällen in seiner Familie zu tun haben, sowie die Emotionen, die durch seinen eigenen Verfall hervorgerufen wurden, die mich besonders interessieren. Sie sind persönlich, darin, wie Jenner ihnen Ausdruck verlieh, zeigt sich uns aber der *affective style* eines gescheiterten Medizinerhelden.

Bei seiner Forschung über Tuberkulose ging Jenner von ähnlichen Annahmen aus wie bei der Pockenforschung: Die Ursache der Krankheit liege in »unserer Vertrautheit mit einem Tier, das die Natur vom Menschen getrennt halten wollte«.[48] Dass zwischen der Krankheitsursache und der Überschreitung eines natürlichen göttlichen Gesetzes – also einem moralischen Versagen der Menschheit – eine Verbindung gesehen wurde, ist typisch für das späte 18. Jahrhundert. Krankheit wurde so mit Sünde in Verbindung gebracht. Krankheit bedeutete aber weniger eine individuelle Schuld, sondern sie bestätigte vielmehr den sündhaften Zustand der Menschheit als Ganzer. Viele Menschen glaubten in dieser Zeit, man handle einer göttlichen Absicht zuwider, wenn man eine Krankheit verhindere, – eine Form von Blasphemie. Jenner jedoch war dafür viel zu pragmatisch. Die Verbindung von Mensch und Tier war ein Fakt, der nicht mehr rückgängig gemacht werden konnte. Als Arzt war es für ihn nur vernünftig, sich mit den Konsequenzen zu befassen.

Edwards Hauslehrer Worgan starb als Erster, 1809. Zu diesem Zeitpunkt war Edward bereits erkrankt. Jenner, der sich beruflich in London befand, kehrte mit »einem schweren Herzen« zurück nach Hause.[49] Zwischen Mai und dem darauffolgenden Februar fasste er seine Stimmung regelmäßig in Worte. Als es bei seinem Sohn bereits regelmäßig zu Blutungen kam, klagte er darüber, dass er »nur sehr wenig Anlass zur Hoffnung« habe, da er aus Erfahrung genau wusste, wohin die Krankheit führe. Bei Jenner findet sich eine sonderbare Mischung aus Schrecken und Fatalismus: »Der Tod ist ein schrecklicher [d. h. ein besonders furchterregender] Besucher, in welcher Form er sich uns auch nähert; und dies ist in der Tat eine furchtbare«, schrieb er und fügte hinzu: »Aber Gottes Wille geschehe!«[50]

Jenners Korrespondenz ist bezüglich des göttlichen Eingreifens, das weltliche Sorgen mildert, von Resignation geprägt – ein für die Epoche typischer rhetorischer Griff. Inwieweit Äußerungen des Einverständnisses mit dem Willen Gottes für schmerzhafte Emotionen tatsächlich wie eine Wundsalbe funktionierten, ist eine andere Frage. In Jenners Fall überrascht ein solcher religiöser Fatalismus aber. Sein Leben lang stritt er mit all denen, die ihn mit Verweis auf »den Willen Gottes« verspotteten, wenn es um die Pocken ging. Viele sahen in der Impfung eine Zersetzung dieses göttlichen Willens. Ich vermute, dass Jenner seinen Erfolg mit den Impfexperimenten und sein Scheitern in Bezug auf die Tuberkulose ebenfalls als ein Zeichen des göttlichen Willens ansah. Hätte er seinen Sohn retten sollen, dann wäre es auch so gekommen.

Als sich Edwards Zustand verschlechterte, war Jenner somit in einem emotiven Prozess gefangen: Er wollte sich den religiösen Gefühlen hingeben, die die Krankheit seines Sohnes rechtfertigen und erklären konnten, – aber das schaffte er kaum. Ungeachtet der Bedeutung, die der Wille Gottes für Jenner hatte, war sein Geist weltlich, und seine Emotionen waren die eines betrübten und dann trauernden Mannes des frühen 19. Jahrhunderts.

Einem Freund gegenüber sagte er, dass er sich immer in Hörweite zu Edwards »hohlem Husten« aufhalte, was ihn aber »jämmerlich deprimierte«.[51] Eine medizinische Diagnose »Depression« gab es damals nicht, wir müssen Jenner also wörtlich nehmen:[52] Er war durch Hilflosigkeit niedergedrückt, *dejected* (»entmutigt«) und *humbled* (»gedemütigt«). Dies ist eine körperliche Beschreibung seines emotionalen Zustands. Wir müssen uns buchstäblich vorstellen, wie Jenner die Last, die Schwere der Krankheit seines Sohnes fühlte. Einem anderen Briefpartner gegenüber nannte er es »eine melancholische Aussicht« – gemeint ist hier eher eine Aussicht auf Traurigkeit als etwas, das mit schwarzer Galle zu tun hat –, von der er kaum wusste, »wie [er] sie ertragen sollte«: Auch das eine Anspielung auf eine schwere Last. Auch hier folgt wieder direkt: »Die Verfügungen des Himmels, wie hart sie auch erscheinen mögen, müssen richtig sein, und die große Lektion, die wir lernen müssen, ist Demut.«[53] Einem weiteren Briefpartner, einem Kollegen, gegenüber klagte Jenner darüber, dass er »wie eine Eule Trübsal blase und den ganzen Tag lang melancholisch grübelnd dasitze«, während sein »armer Junge« »Stück für Stück« dahinschwinde. Dennoch unterschied er sich von der Masse und räumte ein, dass »der Hoffnungsschimmer nur dem Mediziner verweigert wird, der sein Kind an Lungenschwindsucht sterben sieht; alle anderen Sterblichen können sich dieses Schimmers erfreuen.«[54] Die Erfahrung bremste jede emotionale Selbsttäuschung. Der Anblick seines kranken Sohnes bot einem Mann, der den Verlauf der Krankheit kannte, keine Hoffnung.

Jenners innere Qual erreichte ihren Höhepunkt, als Edward schließlich starb. Der Tod – ein »melancholisches Ereignis« – nahm Jenner viel seines »weltlichen Trosts«. Dieses Ereignis hatte er zwar deutlich vorausgesehen, dennoch »war es furchtbar« für ihn, als es tatsächlich eintrat (d. h., es erfüllte ihn mit Angst): »mein Verstand verließ mich beinahe«. Da sich der Tod schrittweise näherte, konnte Jenner nicht verstehen, warum sein Geist sich nicht mit dem Ereignis abfinden konnte. Vernunft und Verstehen von Gefühl trennend sagte er jedoch: »Die Schärfe des Gefühls wird auf diese Weise nicht abgestumpft.«[55] Jenner verlor in der Trauer nicht seinen Verstand, sondern fand ihn durch sie. Der Glaube war gewissermaßen die emotionale Wundsalbe, die seinen Geist erhellte. Durch Edwards Tod »sind meine Augen fester auf das Wesen gerichtet, in dessen Händen die Allmächtigkeit liegt und dessen unendliche Weisheit alles mit den besten Absichten leiten *muss*«. Er schrieb erneut: »Gottes Wille geschehe!« Jenner war bereit, »den Stab mit unterwürfiger Ehrfurcht zu küssen«.[56] Letztendlich war er nur eines von Gottes Geschöpfen – unterwürfig, unwissend, aber vertrauend. Hierin fand er Linderung in Bezug auf die körperliche Last des Todes seines Sohnes durch eine Krankheit, die er zwar kannte, aber weder erklären noch heilen konnte.

Jenners Frau, die lange mit Lungenproblemen zu kämpfen gehabt hatte, starb fünf Jahre später. Obwohl sie die gesamte Ehe hindurch an Tuberkulose gelitten hatte, erlebte Jenner ihren Tod als »heftigen Schock«, da die letzte Zeit ihres Lebens von einer rapiden Verschlechterung ihres Gesundheitszustands gekennzeichnet war. Obwohl »ihr Dahinscheiden durch die liebliche Gelassenheit« des »Segens« gekennzeichnet war, vom Leiden erlöst zu werden, fühlte Jenner den »bleibenden Verlust« – eine »Entbehrung«, die er kaum beschreiben konnte.[57]

Zwei Monate später versuchte er dies dennoch, um zu verstehen, was da gerade mit ihm passierte. Einem Freund, der ihn besuchen wollte, schrieb er, dass er ihn »nicht finden wird, sondern nur einen Teil von [ihm], und diesen in einem traurigen, traurigen Zustand des Zerfalls«.[58] Die Wiederholung des Wortes *sad* (»traurig«) sollte besonders beachtet werden, denn in letzter Zeit wird kaum ein anderes Wort derart sinnentleert gebraucht. Die aktuelle Bedeutung von *sad* hat wenig mit Pathos zu tun und kaum etwas mit Trauer und dem Dahinschwinden des Körpers. Genau dies wollte Jenner jedoch ausdrücken. Die Definitionen von *sad* am Ende des 18. Jahrhunderts bieten eine lange Liste unangenehmer Gefühle und körperlicher Eigenschaften. Laut *Johnson's Dictionary* bedeutet *sad*: »sorgenvoll; voller Trauer«; »gewohnheitsmäßig melancholisch; schwer; düster; nicht fröhlich«; »ernst; nicht leicht; nicht wechselhaft«; »betrübend; verhängnisvoll«; »schlecht; unangenehm; lästig«; »von dunkler Farbe«; »schwer; schwerfällig; behäbig«; »zusammenhängend; nicht leicht; fest; nah«. Dem Kontext und Inhalt von Jenners Korrespondenz nach zu urteilen, gebrauchte er das Wort in all diesen Bedeutungen zusammen – nur noch in doppelter Intensität. Eine Dunkelheit und Schwere ummantelten Jenners Sein, sodass er sich selbst verlor. Warum? Weil »Körper und Geist aufeinander einwirken. Bei mir haben sich die Eigenschaften beider beträchtlich verändert; folglich unterscheidet sich diese Verbindung, die das Lebewesen formt, wesentlich von der Zusammensetzung, die du einst kanntest, als diese Verbindung richtiger war.«[59] Der gewissermaßen lyrische Stil täuscht über eine allgemeine Mutlosigkeit hinweg, die seiner Resignation zugrunde lag.

Einem anderen Briefpartner, ebenfalls Mediziner, teilte Jenner mit, dass das »trübselige Ereignis« des Todes seiner Frau dazu geführt hatte, dass er sich zu Hause verkroch: »Ein öffentlicher Ort harmoniert in keiner Weise mit meinem derzeitigen Gefühlszustand.« Für seine »Entbehrungen« verwendete er üblicherweise chirurgische Metaphern, was vielleicht angesichts seines Berufs nicht überraschend ist. Dennoch sollten wir es wörtlich nehmen, wenn er sagt, dass sie »tief einschneiden«, da sie »in einem Geist, der von Gefühl erfasst ist, die schmerzhaftesten Empfindungen verursachen«.[60] Jenner fühlte sich durch die Trauer körperlich verletzt. Es handelte sich ebenso um Empfindung wie um Emotion und tatsächlich um Schmerz, im wahrsten Sinne des Wortes.

Während Jenners Trauer und die Intensität des Schmerzes mit der Zeit nachließen, blieb seine Niedergeschlagenheit bestehen und hüllte ihn in »Nebel und Wolken«. Einsam sank er »in die Erde«.[61] Dies ging schließlich soweit, dass er an Hyperästhesie litt und etwa das Geräusch klappernden Geschirrs nicht ertragen konnte. Sein Rückzug in sein Haus, der seine Last wiederspiegelte, geriet zur Folter. Insgesamt sehen wir an Jenners emotionaler Sprache und seinen Bildern und medizinischen Metaphern, seinem *affektive style*, einen Mann, der sehr von Trauer geplagt, teilweise durch Glaube getröstet, aber gleichermaßen durch einen Mangel an menschlichem Wissen frustriert war. Dieser gefeierte Landarzt scheute nie davor zurück, das genaue Wesen seines emotionalen Schmerzes zu erörtern, und unternahm nie den Versuch, den Anschein stoischer Gelassenheit zu vermitteln. Dieser Mann, der von Historikern zu einer Verkörperung medizinischer Vernunft und des Werts neuen Wissens gemacht wurde, war letztendlich durch seine »Empfindsamkeit« charakterisiert, so weit sein Leben auch vom Epizentrum der Epoche entfernt gewesen zu sein scheint.

5 Unverstand und Gefühllosigkeit

Die Veröffentlichung von Jane Austens *Verstand und Gefühl* 1811 markiert den Höhepunkt des sogenannten *Age of Sensibility* (»Zeitalter der Empfindsamkeit«). Sowohl Frauen als auch Männer, insbesondere der britischen Elite, fielen durch ihre Feinfühligkeit und ihren Hang zu Tränenausbrüchen und Melancholie auf. Vor allem von Frauen der Elite sagte man, sie neigten dazu, von Hysterie, »Dunst« und Melancholie überwältigt zu werden.[1] Der *sentimental novel* ist charakteristisch für die neue Literatur des 18. Jahrhunderts, dieser Epoche, in der die Leidenschaften leicht durch Höhenflüge aus dem Gleichgewicht und die englische Reserviertheit durch romantische Geschichten ins Wanken gebracht werden konnte, und er erhielt sowohl Kritik als auch Lob.

Entscheidend für das Verständnis dieses »empfindsamen« Zeitalters ist die Verschmelzung von Nerven, Verstand und Leidenschaften. Gefühle – buchstäblich das, was durch die Sinne wahrgenommen wird – wurden in Praktiken übersetzt, die sowohl das öffentliche als auch das private Leben bestimmten: Diskurse über Krankheiten, die Politik des Umwerbens und Heiratens und die Identität des Gemeinwesens. In der Geschichtswissenschaft ist all das gut bekannt. Das Zeitalter der Empfindsamkeit im 18. Jahrhundert, das in die Romantik bzw. in Sentimentalität übergeht, wie sie gern zur Beschreibung des 19. Jahrhunderts herangezogen wird, ist ein üblicher Ausgangspunkt, wenn es darum geht, Veränderungen in Emotionen zu untersuchen.

In diesem Kapitel will ich all dies einmal beiseite lassen und den Übergang vom langen 18. Jahrhundert in das lange 19. Jahrhundert neu untersuchen. Denn ich vermute, dass ein Großteil der umfangreichen Literatur zur Empfindsamkeit unverhältnismäßig die kleinste gesellschaftliche Gruppe in den Fokus nimmt. Die Tatsache, dass die aristokratische Elite die deutlichsten Spuren hinterlassen hat, macht sie für Historiker sehr attraktiv. Nimmt man aber die Bevölkerung in den Blick, über deren Erleben uns leider vergleichbar praktische Aufzeichnungen fehlen, insbesondere wenn es um Fragen der Emotionsgeschichte geht, dann ist die Charakterisierung als eine Zeit der Empfindsamkeit nicht unbedingt zutreffend. Im Rahmen meiner Forschungen habe ich das 18. Jahrhundert eher als hartherzig, grausam, distanziert und lasterhaft kennengelernt. Dies bedeutet nicht, dass das Zeitalter der Empfindsamkeit etwa ein Mythos wäre – für einige hat es sicher existiert. Der Ausdruck ist aber nicht geeignet, um das Zeitalter als Ganzes zu charakterisieren. Auch in Austens *Verstand und Gefühl* gibt es ein Übermaß an Kaltherzigkeit und »gefühllosem Verhalten«. Die Empfindsamkeit erhält sozusagen nur im Kontrast zur Kälte Bedeutung: Diese Kälte, für die es zahlreiche Beispiele gibt, ist das Gegenstück der Empfindsamkeit.[2]

Ich richte den Fokus daher auf das Fehlen von Gefühl und darauf, in welchem Ausmaß dieser Mangel die sozialen Praktiken im langen 18. Jahrhundert bestimmt hat. Auch wenn man Informationen über ein solches Zeitalter der Gefühllosigkeit sucht, braucht man die Quellen, die von der Elite hinterlassen wurden. Der Fokus liegt nun jedoch auf dem Blick der Elite nach außen, auf die anderen, statt auf innerer Reflexion bezüglich des eigenen Erlebens. Insbesondere werde ich die Verbindung zwischen Gefühllosigkeit oder Hartherzigkeit und moralischem Verfall untersuchen.

Kalkül, Nüchternheit und Gelassenheit wurden von bestimmten Mitgliedern der Elite des 19. Jahrhunderts wieder positiv bewertet. Dies geschah im Sinne des Gemeinwohls, insbesondere mit Blick auf die Gesundheit. Die Aneignung von Hartherzigkeit als eine Art affektivem Zustand, mit einem eigenen Repertoire an emotionalen Praktiken, beruht auf einem gewissen klassischen Blick, der im Fall der »Zivilisierten« die Gefühllosigkeit rechtfertigt, sie hingegen verurteilt, wenn sie durch die Massen zum Ausdruck gebracht wird. Dennoch ist die Kultur der Gefühllosigkeit des 18. Jahrhunderts wesentlich mit der des 19. Jahrhunderts verbunden, und die des Letzteren kommt ganz und gar von der unausgesprochenen Gefühllosigkeit im Zeitalter der Empfindsamkeit. Dann führe ich die einzelnen Stränge des Kapitels zusammen, um die aufkeimende Kultur der Naturwissenschaft, von Nützlichkeit und Experiment in der zweiten Hälfte des 19. Jahrhunderts zu erklären.

Die vier Stufen der Grausamkeit

In William Hogarths (1697–1764) bekannter Gravurenserie *Die vier Stufen der Grausamkeit* (1751) wird die Karriere Tom Neros von dessen Jugend bis zum Tod in einer Abwärtsspirale des Mutwillens dargestellt. Im Kern geht es um eine scheinbar einfache These, die auf die Zeit Thomas von Aquins zurückgeht: Grausamkeit gegenüber Tieren seit dem Kindesalter lässt das Herz hart werden und zieht im Erwachsenenalter Grausamkeit gegenüber Menschen nach sich. Immanuel Kant stimmt hiermit weitgehend überein. Ihm zufolge dienten Tiere in der Kindererziehung, wenn es um das Verständnis von Beziehungen geht, als Entsprechung des Menschen, und der Prozess der Verhärtung des Herzens beginne mit kindlichen Grausamkeiten. Weniger bekannt ist, dass sich Kant direkt auf die Drucke von Hogarth bezog.[3] Ich hingegen sehe in der Verbindung zwischen seiner These und dem, was Hogarth darstellt, seit Langem ein Problem, denn es gibt eine unaufgelöste Spannung zwischen Grausamkeit und dem verhärteten Herzen.[4]

Grausamkeit, wie sie üblicherweise im 18. und 19. Jahrhundert verstanden wurde, hing mit dem Mutwillen in Bezug auf eine Handlung oder Praktik zusammen. Anders ausgedrückt: Eine Handlung musste in vollem Wissen und Bewusstsein und trotz des Gefühls, dass sie falsch war, ausgeführt worden sein, um als grausam zu gelten. Jüngere Forschungen zur psychopathischen Pathologie in all ihrer Komplexität widersprechen der üblichen Sichtweise, dass solche Menschen deshalb gefährlich sind, weil sie nicht zu Empathie fähig seien. Zumindest manche Psychopathen haben durchaus Zugang zum emotionalen Leiden anderer, ihre Empathie hält sie aber nicht von verletzenden Handlungen ab. Dementsprechend bezeichnet man die Praktiken dieser Psychopathen als »empathische Grausamkeit«, um auszudrücken, dass sie durchaus zur Kenntnis nehmen, dass sie Schmerz und Leid verursachen.[5] Es war diese Art von Grausamkeit, die die frühen Aktivisten des 18. und 19. Jahrhunderts beseitigen wollten. Es gab eine tiefe Sorge, dass bestimmte Teile der Gesellschaft – etwa die arbeitsscheuen Armen und die arbeitsscheuen Reichen, denen die Befriedigung ihres eigenen Verlangens wichtiger war als das Leid anderer – zu ihrem eigenen Vergnügen grausam waren. Grausamkeit war in diesem Sinne falsch, weil sie unmoralisch war.

Dies wiederum setzt voraus, dass etwas mit den Gefühlen – der Empfindsamkeit – der unmoralisch Handelnden nicht stimmte, denn das moralische Empfinden war gewissermaßen der Kompass im zivilisierten Leben. Grausamkeit bedeutete kein Abtöten des moralischen Empfindens, sondern eine Praktik, dieses vorsätzlich zu ignorieren.

Von grausamen Handlungen unterschieden wurde der Zustand der Hartherzigkeit (*callousness*). Dieser implizierte eine Abwesenheit von Gefühl, ein Fehlen von moralischem Empfinden. Im Wesentlichen war das gemeint, was üblicherweise unter Psychopathie verstanden wurde: die Unfähigkeit, sich in die emotionale Verfassung anderer hineinzuversetzen und dementsprechend ihr Leiden oder ihre Not zu berücksichtigen. In Bezug auf Hogarths *Vier Stufen der Grausamkeit* bedeutet das, dass zwischen Grausamkeit und Hartherzigkeit unterschieden werden muss. Tatsächlich erscheinen nur die Handlungen Tom Neros in der Darstellung der ersten Stufe grausam (S. 155). Alles andere in diesem Bild sowie alles, was danach folgt, erscheint hartherzig.

Es stellt sich die Frage, was als die größere Gefahr für die Zivilisation angesehen wurde: Grausamkeit oder Hartherzigkeit. An anderer Stelle habe ich bereits erwähnt, dass die Sorge hinsichtlich der Grausamkeit gegenüber Tieren eigentlich eher von der Sorge um das zivilisierte Verhalten unter den Menschen motiviert war. Daraus folgte, dass diejenigen bestraft werden sollten, die nicht auf ihr moralisches Empfinden hören wollten oder konnten.[6] Die Kriminalisierung des Überschreitens der Grenzen der Grausamkeit bedeutete, dass potenzielle Täter moralische Bedenken weniger leichtfertig ablegen konnten. Bei der Frage nach Gesetzen gegen Grausamkeit ging es im Wesentlichen darum, ob es zu den Aufgaben eines Parlaments gehörte, sich in moralische Angelegenheiten einzumischen oder das Strafgesetzbuch um das menschliche Gewissen zu erweitern. Diejenigen, die gegen eine Gesetzgebung gegen Tierquälerei waren – und das waren viele –, verwiesen einerseits auf die Kanzeln und andererseits auf Besserungsanstalten als geeignetere Orte für die Behandlung dieser Problematik. Der Glaube an den zivilisatorischen Fortschritt stand aus Sicht der Gegner mit einer fatalistischen Gesetzgebung im Widerspruch, die zu implizieren schien, dass die Regierung die Hoffnung in die natürliche Verbesserung der Gesellschaft aufgegeben hatte. Diejenigen, die für eine Ausweitung der Gesetzgebung waren, sowie diejenigen, die Organisationen zu ihrer Durchsetzung gründeten, suchten nach einem Kompromiss. Abweichung sollte verfolgt werden, gleichzeitig wollte man aber im Zuge dieser Institutionalisierung die Bildung der Bevölkerung diesbezüglich ausbauen. An den Verfolgten wollte man die Konsequenzen zeigen, die mit dem Ignorieren des eigenen Gewissens verbunden waren. Hierzu gab es unzählige Flugblattaktionen.

Dass wir so viel über die Bedeutung des moralischen Empfindens und seine Überschreitung wissen, scheint auf den Status der Grausamkeit als zentralem Problem im Zeitalter der Empfindsamkeit hinzuweisen. Die diesbezügliche Sorge gewann im darauffolgenden Zeitalter der Nützlichkeit noch weiter an Bedeutung. Dennoch vermute ich, dass Hartherzigkeit das gravierendere Problem war, nicht zuletzt aufgrund ihrer Hartnäckigkeit. Das Hartherzige, das Hartgewordene, konnte überall auftauchen, am Boden oder an der Spitze der Gesellschaft. Es bestand eine zweifache Bedrohung: Zum einen konnte nicht darauf gehofft werden, Gefühl, das einmal verloren war, durch Erziehung zurückzubringen. Ein hartherziger Mensch und sein Bewusstsein waren für die Gesellschaft verloren. Zum anderen konnten die hartherzigen Menschen ihre Härte auf andere übertragen, indem sie ihnen das Gefühl aberzogen.

Die erste Stufe der Grausamkeit in Hogarths Gravurenserie zeigt verschiedene kindliche Aktivitäten mit Tieren. Vergnügen ist das beherrschende Merkmal der Szene. Dennoch scheint die Neugier auf Leid ein wesentliches Motiv zu sein. Einem Vogel werden genussvoll die Augen ausgebrannt. Zwei Katzen werden zum Kämpfen kopfüber aufgehängt; die anwesende Menschenmenge schaut vergnügt zu. Ein Junge zielt konzentriert mit einem Stock auf einen Hahn, seine Haltung wirkt, als kenne er sich wie ein Erwachsener damit aus, was er tut (nach Hähnen zu werfen, war zudem schon seit vielen Jahren in England eine beliebte Freizeitbeschäftigung, vor allem während der Faschingszeit). Ein Junge im Vordergrund bindet einen Knochen an den Schwanz eines Hundes, um anschließend beobachten zu können, wie der sich permanent um die eigene Achse dreht – ein Bild, dem Hogarth dadurch Pathos verleiht, dass er den treuen Hund die Hand seines Herrn ablecken lässt. Tom Nero, in der zentralen Figurengruppe, führt mithilfe zweier Komplizen einen Pfeil in den Anus eines Hundes ein. Ihre Gesichter sind nicht zu

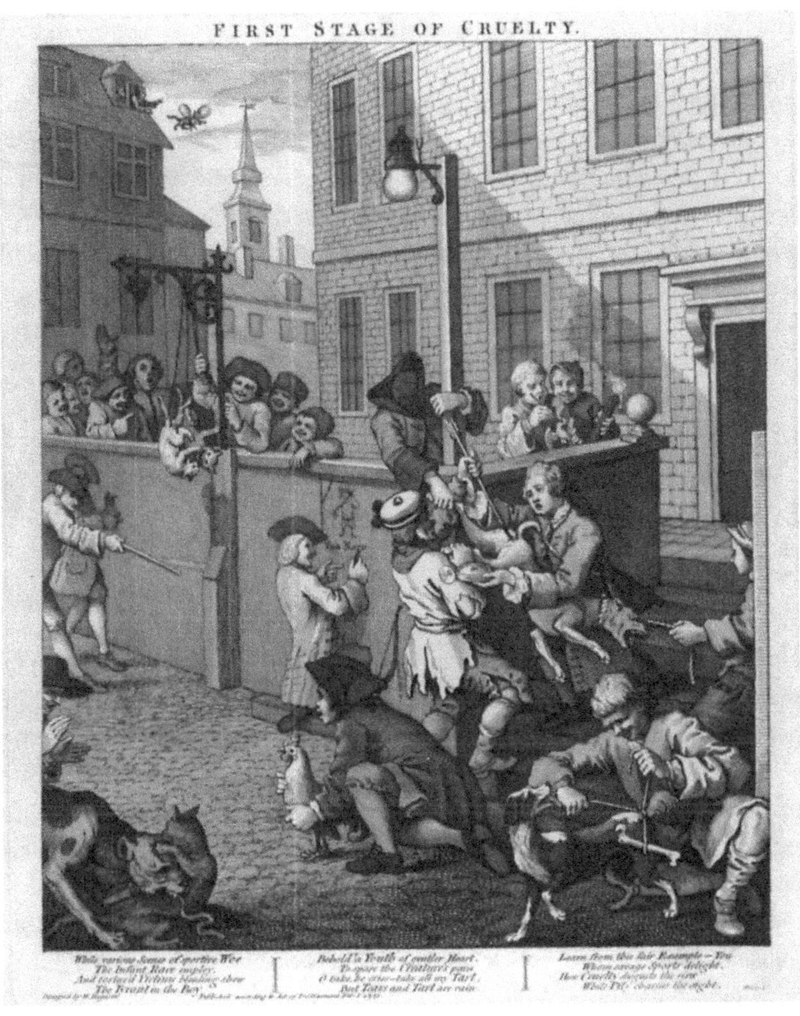

Die erste Stufe der Grausamkeit in William Hogarths *Die vier Stufen der Grausamkeit*; 1751, Gravur.

erkennen, wodurch das Gesicht desjenigen, der diese Unternehmung verhindern will, in den Fokus rückt. Dieser versucht, Tom Nero zurückzuhalten und bietet ihm als Alternative etwas zu essen an. In dem Vers unter dem Bild wird dieser Junge als »Mitleid« benannt, das »dem Auge schmeichelt«. Die Implikation ist hier, dass es den anderen Charakteren an Mitleid fehlt und sie somit ein Defizit in Bezug auf Menschlichkeit aufweisen. Dies ist charakteristisch für die gesamte Serie. Das animalische Verhalten dieser Kinder spiegelt sich in dem Hund in der linken unteren Bildecke, der eine Katze frisst. Niemand würde den Hund als grausam beschreiben, sondern eher als *brutal* (»brutal, roh, viehisch«). Seine Handlungen werden durch das Fehlen von Vernunft und Gefühl bestimmt, sie erfolgen allein aus tierischem Verlangen und Instinkt heraus. Zwar hebt Hogarth in dieser Szene die Grausamkeit hervor, die Aufmerksamkeit gilt jedoch eher dem Mutwillen Tom Neros, dessen Name auf dem unheilvollen Graffito auf der Wand neben ihm als einziger unter der Schlinge des Galgens geschrieben steht. Es fehlt in dieser Szene jeglicher Hinweis auf ein Unrechtsbewusstsein und – abgesehen von Vergnügen und dem Mitleid des einzigen Dissidenten – jedliches Gefühl.

Die zweite Stufe der Grausamkeit thematisiert ebenfalls die Spannung zwischen Mutwillen und Gefühllosigkeit. Während Tom Nero auch hier durch Tierquälerei auffällt, diesmal von »Wut« getrieben, ist alles Übrige in dieser Szene von Gleichgültigkeit oder Gefühllosigkeit gekennzeichnet. In dem Vers unter dem Bild wird der Schaftreiber in der unteren rechten Bildecke als »Unmenschlicher Schurke« bezeichnet, wodurch seine tierische Natur betont wird. Dieser Eindruck wird durch seine »barbarischen Taten« verstärkt. Hogarth fragt, wo diese »feige Grausamkeit« hinführen wird, und beantwortet seine Frage mit den negativsten Worten. Die Frage lässt Optimismus erwarten, da der Begriff »Grausamkeit« eine *menschliche* Absicht impliziert. Alles deutet jedoch auf eine Brutalisierung der Gesellschaft hin – buchstäblich darauf, dass die Menschen zu rohen Tieren werden. Plakate an den Häuserwänden bewerben Box- und Hahnenkämpfe, in der Ferne ist eine Stierhatz zu sehen, die gleichermaßen für Blut und Sport steht. Tom Nero selbst ist ein Droschkenkutscher. Die Tatsache, dass eine Gruppe von richterlichen Beamten seine Dienste in Anspruch nehmen möchte, ist ein Verweis sowohl auf die Gefühllosigkeit des Staates als auch auf die Boshaftigkeit des

Die zweite Stufe der Grausamheit in William Hogarths *Die vier Stufen der Grausamkeit*; 1751, Gravur.

Gesetzes. Ein überlastetes Pferd muss die Kutsche ziehen. Ein betrunkener Karrenfahrer überfährt, ohne es überhaupt zu bemerken, ein spielendes Kind. Der Szene fehlt jedwedes Gefühl sowie Mitleid und Menschlichkeit. Wo ließe sich in einer Tierszene solche Grausamkeit finden?

Auch hier scheint die Antwort in der Figur des Tom Nero zu liegen, dessen wütendes Schlagen nahelegt, dass er weiß, welches Leid er dem Pferd antut. Dass ihm ungezügelte Wut zugeschrieben wird, zeugt immerhin von der Fähigkeit zu menschlicher Leidenschaft, und allein diese befähigt ihn zur Grausamkeit. Somit konzentriert sich die Handlung in der nächsten Szene, *Cruelty in Perfection*, vor allem auf Tom Neros Entwicklung von mutwilliger Tierquälerei hin zu Mord. Das Opfer ist seine Geliebte, die er dazu manipuliert hatte, für ihn zu stehlen. Wieder wird die Menschlichkeit betont, da der Anblick ihrer Leiche, deren Kehle und Handgelenke aufgeschlitzt sind, »seine zitternde Seele« wenigstens schockiert. Sein Weg der mutwilligen Grausamkeit hat ihn hierher geführt. Im endgültigen Bruch mit der menschlichen Moral zeigt sich jedoch seine Menschlichkeit. Für seine Erlösung ist es jetzt allerdings zu spät, und Tom Nero ergibt sich der Schlinge. In einer oberflächlichen Lesart ist genau das die Geschichte der Druckserie Hogarths. Doch Tom Nero ist nur eine Figur von vielen. Wir fragen uns: Was passiert mit den anderen, in einer Gesellschaft, aus der ein Mann wie Tom Nero hervorgehen kann?

Letztendlich warnt uns Hogarth vor einer Ausbreitung der Hartherzigkeit. Die letzte Stufe der Grausamkeit – der »Lohn« der Grausamkeit – ist oberflächlich betrachtet eine entwürdigende Schändung des Körpers. Neros Körper wird der Wissenschaft zur Verfügung gestellt, sein Herz ist zu nichts anderem zu gebrauchen denn als Hundefutter. Der Lohn für seine Grausamkeit sind Tod und Sezierung. Er wird zum bloßen Objekt. Wie auch bei den anderen Szenen der Serie stellt Hogarth die Taten Tom Neros jedoch nicht einfach nur dar – insbesondere nicht in der letzten Szene, in der Nero als Leiche zu sehen ist und buchstäblich nichts tut, außer posthum auf die Skelette zu deuten und so darauf hinzuweisen, dass dieser Prozess der Verwesung auch ihn erwartet. Die Handlung dreht sich um die anderen Personen im Raum, die selbst den Lohn der Grausamkeit ernten: Hartherzigkeit. Tom Nero, der zwar ein Extrembeispiel ist, ist letztendlich Jedermann. Er ist Teil

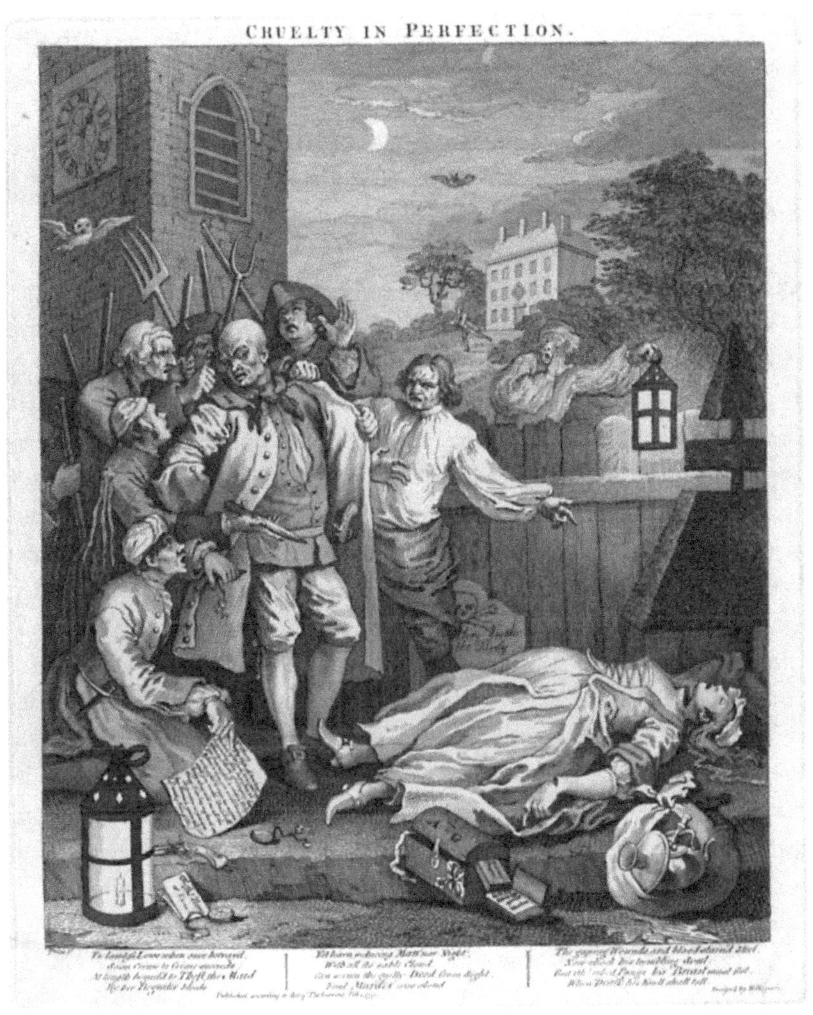

Grausamkeit in Perfektion in William Hogarths *Die vier Stufen der Grausamkeit*; 1751, Gravur.

eines stetigen Verfalls der Zivilisation. Alle, die daran teilhaben, bewegen sich in Richtung eines Taubwerdens der Empfindungen. Das, was als Fortschritt bezeichnet wird – in diesem Fall die Anatomie als wichtiger Teil wissenschaftlicher Praktiken für die Gewinnung von Wissen –, wird so dargestellt, als basiere sie auf der Gefühllosigkeit der Teilnehmenden. Dieser Fortschritt ist somit durch Unmenschlichkeit gekennzeichnet. Das Gewissen und das Herz werden dem Wissen geopfert. Und in diesem Sinne wird jegliche Hoffnung für die Seele der Menschheit fallen gelassen.

Hogarth bezieht sich hier auf die Praxis der Medizin, die Leichen von Mördern für das Sezieren zu beanspruchen. Ein Jahr später, 1752, erhielt diese Praktik mit dem *Murder Act* eine gesetzliche Grundlage. Im Bild sitzt John Freke der Sezierung vor, damals Leiter des Saint Bartholomew's Hospital; bekanntlich spielte er eine entscheidende Rolle im Prozess der Professionalisierung der Chirurgie. Obwohl Hogarth mit ihm befreundet war, lässt sich aus der Szene, in der Freke den Vorsitz hat, Kritik herauslesen. Der »Lohn« der Grausamkeit soll den moralisch verdorbensten Aspekt der Gesellschaft zeigen. Alle Personen, außer einer, sind bereits völlig hartherzig, gefühllos, und ihre Sinne sind durch morbide Neugier betäubt. Tom Neros Kameraden schmücken die Wände als Skelette. James Field, der Boxer und spätere Räuber, dessen Gewalttaten ihn einholten, als er 1751 von Henry Fielding zum Tode verurteilt wurde, hängt links. James MacLaine, der berühmte Wegelagerer, der 1750 gehängt wurde, hängt rechts. MacLaine ist eine besondere Pointe, denn er hatte seine Taten angeblich unter dem Schleier der Höflichkeit begangen und war dafür sogar gefeiert worden. Die Tatsache, dass so viele Mitglieder der Gesellschaft diesen Verbrecher romantisierten, ist ein weiterer Beleg für die öffentliche Heuchelei im Zeitalter der Empfindsamkeit, mit der die zunehmende Härte kaum verhüllt wurde: Wer, der noch seine Sinne beieinander hat, würde einen solchen Kriminellen feiern? Die einzige gute Seele im Bild steht unterhalb von Fields Skelett; der Mann blickt ängstlich in den Raum, deutet hoch auf das Skelett und scheint zu fragen: »Gehen wir nicht alle in diese Richtung?«

Ich behaupte jedoch, dass nicht das Schicksal von Verurteilten das alarmierendste an diesem Druck ist, sondern eher die implizite Verurteilung der professionellen Medizin. Der den Druck begleitende Vers endet mit

Der Lohn der Grausamkeit in William Hogarths *Die vier Stufen der Grausamkeit*; 1751, Gravur.

einem Verweis auf das freiliegende Herz Tom Neros, das »kein Mitleid beanspruchen kann«. Die anwesenden Chirurgen (mit Perücken) und Ärzte (mit Doktorhüten) sind mehr oder weniger intensiv mit einer *Prozedur* beschäftigt, bei der es um ein *Objekt* geht. In den Gesichtsausdrücken spiegeln sich Sachlichkeit, ein Fehlen von Feierlichkeit und – in einigen Fällen – eine Art entschlossene Konzentriertheit. Die Versammelten als mitleidlos zu bezeichnen, wäre ein ernster Vorwurf. Mitleid sagte im 18. Jahrhundert mehr über die bemitleidende Person aus als über die Not des Objekts, dem dieses Mitleid galt. Mitleid war als Offenheit gegenüber dem Leiden anderer definiert, ein Synonym von Mitgefühl und *humanity* (im Englischen bezeichnet der Begriff *humanity* sowohl die die Spezies – die Menschheit – als auch die diese definierende affektive Eigenschaft – die Menschlichkeit). Die Mitleid empfindende Person nahm sich nicht nur des Leidens anderer an, sondern verwandelte dieses Leiden in ihrem Geist und ihrem Herzen auch in einen Anstoß zum (wohltätigen) Handeln sowie in eine Unterart von Vergnügen – das Erhabene –, das auf einer Praktik der Distanzierung beruhte, bei der das Leiden anderer zwar wahrgenommen wurde, zugleich aber als außerhalb des Selbst liegend erkannt wurde. Mitleid war ein angenehmer Schmerz, ein Herzschmerz, eine Zusammensetzung komplexer Empfindsamkeiten, die die bemitleidende Person an die eigene Menschlichkeit erinnerte, während sie gleichzeitig sicherstellte, dass das Leiden anderer gelindert werden würde. Mitleid war die Menschlichkeit selbst.

Diese Zusammenkunft von Ärzten und Chirurgen kennt kein Mitleid. Sie empfinden nicht nur für Tom Nero kein Mitleid, sondern sind allgemein nicht fähig zu solch einem Gefühl. Das Bild greift auf eine traditionelle Ansicht zurück, die besagt, dass diejenigen, die regelmäßig mit Blut zu tun haben, gegenüber dessen Wirkung unempfindlich werden. Den Mythos, dass Chirurgen und Metzger (die außer ihrem Ruf der Hartherzigkeit wenig gemeinsam haben) in England nicht als Geschworene fungieren durften, verewigte Bernard Mandeville 1714 in *The Fable of the Bees* (*Die Bienenfabel*):

> Jeder weiß, dass Chirurgen beim Behandeln gefährlicher Wunden und Brüche, beim Abtrennen von Gliedmaßen sowie bei anderen furchtbaren Operationen ihren Patienten oft außerordentliche Qualen zumuten mus-

> sen, und dass sie sich, je mehr solcher extremen und verhängnisvollen Fälle ihnen begegnen, desto mehr an die Schreie und das körperliche Leiden anderer gewöhnen. Deshalb erlaubt unser *englisches* Gesetz aufgrund der liebevollsten Rücksicht gegenüber dem Leben der Betroffenen es ihnen nicht, Mitglied irgendeiner Jury, die über Leben und Tod entscheidet, zu sein, da davon auszugehen ist, dass ihr Praktizieren die Zärtlichkeit in ihnen auslöscht, ohne die niemand fähig ist, dem Leben seiner Mitgeschöpfe ihren wahren Wert beizumessen. Wenn wir aber keine Bedenken haben, brutale Bestien zu töten und dies nicht als grausam empfinden, warum sollten dann ausgerechnet ausschließlich *Metzger* und *Chirurgen* durch das selbe Gesetz davon ausgeschlossen werden, als Geschworene zu dienen?[7]

Wie viel schlechter sind die Dinge in den Jahrzehnten nach Mandeville geworden, seit finanzielle Motive bei chirurgischen und anatomischen Tätigkeiten eine Rolle spielen? Zwar verursachte das Sezieren von Toten kein Leiden an sich, die Wirkung der geöffneten und ausgeweideten Körper der Toten auf das wichtigste Sinnesorgan der Zivilisation – das Auge – war aber dieselbe, wie sie es bei Lebenden gewesen wäre. Wenn erst die Empfindsamkeiten durch solch einen Anblick nicht länger aufgewühlt werden, dann ist die Härte vollkommen.

Obwohl sich Hogarth in der zweiten Stufe der Grausamkeit eindeutig auf die Politik der Fleischproduktion bezieht, stellt der Metzger bei ihm keineswegs eine ebenso große soziale Bedrohung dar wie der Arzt oder der Chirurg. Schließlich handelte es sich bei diesen um *Gentlemen*, Führungspersönlichkeiten innerhalb der Gesellschaft, einflussreiche Männer, deren Vorbild andere folgten. Wenn Wissen – chirurgisches, anatomisches, physiologisches – als wichtiger gewertet wird als Mitleid, Menschlichkeit oder eine einfache »ästhetische Wirkung« wie Ekel, zu welcher rohen Existenz würden die jungen Anhänger solcher Lehrer dann geführt?

Während der eineinhalb Jahrhunderte, die auf Hogarths *Vier Stufen der Grausamkeit* folgten, wurde diese Sorge immer wieder diskutiert. Ich denke, dass das Ende des sogenannten »Zeitalters der Empfindsamkeit« und das darauffolgende »Zeitalter der Sentimentalität« beide durch die stets präsente

Gefahr ihres jeweiligen Gegenteils definiert waren. Die Betonung des Gefühls für andere war während der gesamten Epoche oft ein Ausdruck der Sorge, dass solche Gefühle verloren gehen könnten. Auch da, wo dieser Sorge nicht explizit Ausdruck verliehen wurde, wurde sie doch im Subtext der Sentimentalität deutlich. Ich möchte den historiografischen Fokus auf Verstand und Gefühl nicht vollständig auf den Kopf stellen. Die Betonung des *Gefühls* im 18. und 19. Jahrhundert ergibt jedoch nur vor dem Hintergrund dessen wirklich Sinn, zu dem dieses Gefühl als Gegensatz formuliert wurde.

Natürlich könnte die Zeit zwischen dem späten 18. Jahrhundert und dem späten 19. Jahrhundert oder darüber hinaus ebenso gut als »Zeitalter der Nützlichkeit« definiert werden. Wir haben hier, auf den ersten Blick, eine Philosophie des Gefühls par excellence: Ihre Gegenstände sind Vergnügen und Schmerz, ihre Ziele die Maximierung des Ersteren und die Minimierung des Letzteren. Jedoch ist der Unterschied zwischen tatsächlichem Leiden – einem Phänomen, das durch emotionalen Schmerz definiert ist – und einer Untersuchung des Leidens im Rahmen einer Studie, in einem Labor oder einfach in der eigenen Vorstellung groß. Im Zuge des Utilitarismus dachte man abstrakt und im Ganzen über Schmerz nach, nicht im Sinne eines individuellen Erlebens. Der Vater des Utilitarismus, Jeremy Bentham, ist für eine Formulierung bekannt, die seit dem späten 20. Jahrhundert bis heute als Parole für Tierschützer taugt. Seine Ethik legt nicht länger die Vernunft zugrunde und stellt somit philosophische Traditionen auf den Kopf: »Die Frage ist nicht, *können sie denken?* oder *können sie sprechen?*, sondern *können sie leiden?*« – »sie« sind selbstverständlich die Tiere.[8] An vielen anderen Stellen habe ich bereits auf die beinahe absichtliche Fehlinterpretation hingewiesen, die nötig ist, wenn man Bentham zum Propheten der Tierrechte machen will, etwa durch eine eher pointierte Analyse dessen, wie er den Begriff »leiden« in diesem Zusammenhang verwendet.[9] Da sich jedoch Benthams Argumente, mit denen er das zitierte Axiom erläutert, für das folgende Jahrhundert als bestimmend erwiesen haben, zumindest für die Wissenschaft und die medizinische Forschung, komme ich hier erneut auf ihn zu sprechen.

Der Teil des Utilitarismus, der relativ häufig übersehen wird, ist das Element der *Nützlichkeit*. Insbesondere der Schmerz musste im Verhältnis zu seinem Zweck stehen, damit man ihn rechtfertigen konnte. Bentham war diesbezüglich sehr deutlich. Eine Schmerz bereitende Handlung war nicht grausam, wenn sie »eine nützliche Funktion« erfüllte. Hiermit kann so etwas Einfaches gemeint sein wie die Erziehung eines Tieres, um es zu »mäßigen«. Der Schmerz konnte auch dem völlig gerechtfertigten Ziel dienen, »das Tier menschlichen Bedürfnissen und Annehmlichkeiten entsprechend zu unterwerfen«, um es beispielsweise als Nahrung, für Medikamente, Kleidung oder als Transportmittel zu nutzen. Ein Tier konnte außerdem verletzt werden, wenn ein Mensch geschützt werden musste. Es gab keinen Zweifel daran, dass Menschen überlegene Wesen waren. Um des Friedens willen konnte Tieren auch Schmerz zugefügt werden, wenn sie etwa Menschen störten. Bentham billigte auch Tierversuche, wenn sie das »medizinische sowie anderes nützliches Wissen« voranbrachten.[10] Seit Bentham praktizierte der Utilitarismus einen kühlen Rationalismus, der ihn tatsächlich vom Kontext des Leidens, mit dem er sich manchmal auseinandersetzte, entfernte.

Wenn der Schmerz eines Tiers für Bentham anders als für seine Kollegen in der Wissenschaft nicht das A und O war, was war es dann? Bentham für seinen Teil war diesbezüglich deutlich: »Grausame oder gefühllose Gewohnheiten, denen nachgegangen wird, können zu den schlimmsten Verbrechen führen.«[11] Er dachte dabei ausdrücklich an Hogarths *Vier Stufen der Grausamkeit*. Die Menschheit ist jedoch auf der sicheren Seite, solange ihre Gefühllosigkeit zweckmäßig und nützlich ist. Fast ein Jahrhundert später findet sich in einem Abschnitt, der der zweiten Auflage von Charles Darwins *Abstammung des Menschen* (1874) hinzugefügt wurde, ein Echo von Benthams Auffassung (es fehlt oft, wenn nämlich die erste Auflage zitiert wird):

> Im Todeskampf liebkost ein Hund bekanntlich seinen Herrn, und jeder hat von dem Versuchshund gehört, der dem Laboranten die Hand leckte. *Wenn der Tierversuch nicht durch eine Vermehrung unseres Wissens völlig gerechtfertigt war* oder dieser Mann ein Herz aus Stein hatte, dann muss er bis zur letzten Stunde seines Lebens Reue gespürt haben.[12]

Zweck ist wichtiger als Empfindsamkeit. Als die Anästhesie aufkam, wurden allmählich alle solche Skrupel in Bezug auf das Zufügen von Schmerz über Bord geworfen, auch von Darwin.[13] Die Gefahr eines »Herzens aus Stein«

wurde also zunächst durch das Streben nach Wissen abgewendet und später durch die chemische Beseitigung des Gefühls. Zur selben Zeit fragte Frances Power Cobbe, ein vehementer Gegner von Tierversuchen: »Was nützt es einem Mann, wenn er das gesamte Wissen der Welt erlangt und sein eigenes Herz und Gewissen verliert?« Solche Männer hatten ihre Herzen bereits in Chloroform und Äther konserviert.[14] Indem sie die Objekte ihrer Forschung betäubten, fühlten auch sie verständlicherweise nichts.

Unbedeutende Grimassen

Ein neues Forschungsinteresse führte dazu, dass die Zahl der Versuche mit Lebewesen enorm stieg: Die medizinische und naturwissenschaftliche Forschung begannen, sich mit den Emotionen selbst zu beschäftigen, wobei es eine neue Begeisterung gab, das Verständnis darüber zu erweitern, was Emotionen eigentlich waren, sowie einen ebenso großen Eifer, herauszufinden, wie sie physiologisch, anatomisch und psychologisch funktionierten. Ich will diese Entwicklung hier nicht näher untersuchen – diesbezüglich gibt es bereits Analysen (auch von mir selbst); stattdessen will ich mich auf *einen* Aspekt konzentrieren.[15] Die Wissenschaft nahm zunehmend das Gesicht in den Fokus, sowohl das menschliche als auch das anderer Lebewesen, um zu erforschen und zu dokumentieren, wie Emotionen sich nach außen hin zeigten. Neue Technologien zur Stimulation – zum Beispiel galvanische Mittel zur Steuerung von Elektrizität – in Kombination mit neuen Aufnahmetechnologien – vor allem der Fotografie – machten es möglich, die Gesichter der Emotion festzuhalten. Um die sonst fließenden Anzeichen einer Emotion in einem Gesicht einzufangen und festzuhalten, erzeugte man diese Emotion künstlich, formte und manipulierte sie. Die berühmten Grimassen der Versuchspersonen des 19. Jahrhunderts, die so wichtig und einflussreich für die Entstehung einer Theorie über die Mimik waren, die in der Emotionswissenschaft noch heute groß Bedeutung hat, sind eigentlich wertlos.

Beginnen wir mit dem Experimentieren mit elektrischem Strom an Leichen. 1819 erwarb Andrew Ure (1778–1857) die Leiche eines hingerichteten Straftaters, verband diese uber einen leitfahigen Stab an seiner Ferse und einen weiteren an seiner Augenbraue mit einer Batterie und versetzte dem Körper einen Stromschlag. Das Ergebnis: »Alle Muskeln in seinem Gesicht wurden gleichzeitig in schreckliche Bewegungen versetzt: Wut, Schrecken, Verzweiflung, Qual und grässliches Lächeln vereinten sich im abscheulichen Ausdruck des Gesichts des Mörders.« »Teile des Publikums [im anatomischen Theater] mussten dieses [...] aufgrund von Entsetzen oder Übelkeit verlassen, ein Herr wurde ohnmächtig.« Nicht nur Hogarths toter Tom Nero zeigte diese Geste: Auch bei Ures Experiment »streckte [die Leiche], als einer der Stäbe an einem leichten Schnitt an der Spitze des Zeigefingers angebracht wurde, – die Hand war zuvor zu einer Faust geballt – sofort diesen Finger. Durch die krampfhafte Bewegung seines Arms schien er auf die Zuschauer zu zeigen, von denen einige dachten, dass er lebendig geworden war«.[16]

Die Emotionen des Publikums – die einzigen Emotionen im Raum –, wurden durch die Wahrnehmung ausgelöst, die Reflexe des toten Körpers bedeuteten tatsächlich etwas. Die Grimassen, das Strecken der Finger, die finsteren Blicke von Wut und Qual: Die Zuschauer schrieben dem toten Körper Emotionen zu, die vielleicht zu einem Mörder passten, in dem vollen Wissen, dass ein toter Körper nicht dazu fähig ist, irgendetwas zu fühlen. In ihrer Vorstellung deuteten allein diese äußeren Anzeichen von Emotionen darauf hin, dass diese tatsächlich da waren.

Als Ure sein Instrument in die Leiche einführte und ihre Reanimation simulierte, hatten einige im Publikum ohne Zweifel bereits Mary Shelleys *Frankenstein* (1818) gelesen.[17] Die Idee, aus einem leblosen Objekt ein fühlendes Wesen zu machen, war bereits geboren. Ure gehörte zu den Ersten, die es in Erwägung zogen, dass mit solchen elektrischen Methoden kürzlich Verstorbene wiederbelebt werden könnten. Die anatomische und physiologische Forschung dieser Art zielten jedoch im Allgemeinen darauf ab, zu zeigen, dass die körperlichen Muskelreflexe sogar bei den Toten simuliert werden konnten; ein Gesichtsausdruck des Schreckens und insbesondere des Schmerzes konnten also nicht als Beweis emotionaler Ereignisse gewertet werden.

Mit Fortschreiten des 19. Jahrhunderts – »Fortschritt« war das Schlagwort dieses Jahrhunderts – gab es insbesondere in der medizinischen Forschung große Bestrebungen, die Anzeichen von Schmerz und Emotionen von den entsprechenden Phänomenen zu trennen. Ethisch hing die physiologische Forschung, deren Fortschritt auf Tierversuchen basierte, zunehmend davon ab, beweisen zu können, dass Tiere nicht leiden, auch wenn sie heulen und andere körperliche Anzeichen zeigen. Dementsprechend mussten die Wissenschaftler entweder teilnahmslos reagieren, oder auf eine dem Ausdruck auf den Gesichtern der Versuchsobjekte entgegengesetzte Art. Für den wissenschaftlichen Rationalisten Ure war die Tatsache, dass einige Anwesende beim Anblick der Leiche entsetzt den Raum verließen, bereits 1819 bedauerlich.

1875 führte David Ferrier (1843–1928) »Experimente an den Gehirnen von Affen« durch, die eine ähnliche Wirkung hatten wie Ures Versuche.[18] Der Großteil des Publikums aber ging davon aus, dass es zwischen dem körperlichen Ausdruck des Versuchstiers und der teilnahmsvollen Reaktion des Publikums einen Bruch geben musste, da das Tier selbst nichts fühlen könne. Die Grenzen des guten Geschmacks waren jedoch überschritten. Ein Mitglied der 1824 gegründeten Royal Society for the Prevention of Cruelty to Animals (»Königliche Gesellschaft zur Verhinderung von Tierquälerei«), das dem Experiment beiwohnte, »verließ aufgrund des Schmerzes, den das Lachen der jungen Menschen bei ihm auslöste, den Raum«. Der Sekretär dieser Gesellschaft teilte der Parlamentarischen Kommission, die die Frage, ob Tierversuche eine Tierquälerei waren, untersuchte, mit, dass er keinen Schmerz feststellen könne, da das betreffende Tier nachweislich nicht leidensfähig sei. Es sei aber »eine Abkehr vom guten Geschmack«, »ein Fall von Leichtfertigkeit, der wahrscheinlich negative Folge haben würde«, sowie ein Ereignis, dem es an »Anstand« mangelte. Die heiteren Reaktionen auf die Gesichtsausdrücke des Affen hätten bei *ihm* Schmerz oder vielleicht ein Gefühl sozialen Unbehagens ausgelöst.[19] Dieser »Geist der Heiterkeit« bildete in ähnlicher Weise den Kern für die Kritik im Rahmen der »Old Brown Dog Affair« von 1903.[20] Die Tierversuchsgegner, die den Fall öffentlich machten, prangerten an, dass es dem Lehrraum »an der ruhigen Würde der Wissenschaft [mangelt und dass] alle so aussehen, als ob sie eine Stunde des Vergnügens erwarten«.[21]

Die Wissenschaftsgemeinde protestierte gegen derartige Sentimentalität, die mit einer Sorge weniger um das Wohl von Tieren als um den Zustand einer Gesellschaft zu tun zu haben schien, die bei dem Anblick eines schmerzverzerrten Gesichts zum Lachen imstande war. Die rationalistische Argumentation G. M. Humphrys (1820–1896), Anatomieprofessor in Cambridge, dass die »heftigen Verdrehungen eines Wurms« an einem Haken kein Anzeichen für Schmerz ergäben, »da es heftige Verdrehungen ohne jegliches Leiden geben kann«, schien nicht hilfreich. Wenn es keine zuverlässigen Anzeichen für Schmerz gab, was würde dann die Gesellschaft davon abhalten, im Umgang mit anderen vollkommen gefühllos zu werden? James Crichton-Browne (1840–1938), Neurologe am West Riding Asylum, schrieb über die Möglichkeit, die äußeren Anzeichen von Schmerz bei Tieren »im tiefsten Zustand der Betäubung« durch die »Stimulation des motorischen Zentrums« reproduzieren zu können, sogar bei denjenigen, die überhaupt kein Gehirn besitzen. Was als »heftige und sich hinziehende Qual« erschien, war tatsächlich »nicht größer, als wenn die Tasten eines Klaviers angeschlagen werden«.[22] Descartes' Automat war ein Jahrhundert später, im viktorianischen Zeitalter, quicklebendig (oder tot, oder fühlte sich zumindest nicht wohl).

Bei diesen trügerischen Zeichen und scheinbar schmerzfreiem Schmerz sehen wir uns jedoch in einer Sackgasse bzw. mit einem Widerspruch konfrontiert. Crichton-Browne gehörte in der Phase unmittelbar vor der Veröffentlichung von Charles Darwins *Ausdruck der Gemütsbewegungen bei dem Menschen und den Tieren* (1872) zu dessen wichtigsten Briefpartnern. Er lieferte Darwin viele der Fotos und Notizen, die dieser zur Entwicklung einer These der Universalität des emotionalen Ausdrucks verwendete.[23] Crichton-Browne hatte jedoch letztendlich Bedenken, als Mitautor aufgeführt zu werden, vielleicht weil er der Argumentation nicht ganz zustimmte. Er scheint zwar, was die Affenexperimente Ferriers anbelangt, Darwins Quelle gewesen zu sein, Darwins Gedankengang stimmte aber nicht exakt mit der Theorie einer automatischen Mimik überein. Darwin fragte Crichton-Browne, ob die elektrische Stimulation einen Gedanken auslöste, der den Ausdruck hervorrief, oder ob direkt auf die Bewegungsnerven eingewirkt werde.[24] Dass er die Mittel der Fotografie einsetzte, deutet stark darauf hin, dass er Ersteres annahm. Entgegen dem allgemeinen Misstrauen, was eine Verbindung zwischen Emotion und Ausdruck anbelangte, insbesondere bei künstlichen Simulationen, – dieses Misstrauen war in der Wissenschaft vorherrschend – setzte Darwin hierauf.

Darwins *Ausdruck der Gemütsbewegungen* basiert auf der Idee, dass das Ausdrücken von Emotionen nicht dazu dient, der Welt die persönlichen Gefühle mitzuteilen. Vielmehr handele es sich um Überreste von durch Gewohnheit erlangtem Verhalten, das mit Emotionen assoziiert wird. Der gesamte Gedanke beruht auf der Annahme einer Vererbung angeeigneter Gewohnheiten – die meisten Darwinisten wollen das nicht hören –, wobei die Theorie der natürlichen Auslese in den Hintergrund tritt bzw. fast schon veraltet ist. Obwohl Darwin daran arbeitete, die früheren Studien Charles Bells (1774–1842) zu widerlegen, dessen These bezüglich der emotionalen Kommunikation auf einem intelligenten Plan (einem göttlichen Schöpfer) beruhte, bestätigte er im Grunde doch dessen Behauptung, dass der Ausdruck von Emotionen natürlich und vollständig durch die physische Anatomie des Gesichts begrenzt war, weshalb Gefühlsausdrücke universell seien. Diese These hatte enormen Einfluss.

Darwins Interesse an den Fotografien Crichton-Brownes von psychisch erkrankten Menschen rührte daher, dass er glaubte, diese besäßen keine emotionalen Hemmungen. Das, was fotografisch festgehalten werden konnte, so dachte man, war wahrscheinlich *authentisch*. Im Gegensatz zu den anderen Fotos von emotionalem Ausdruck, die Darwin auftreiben konnte, die aber gestellt waren, waren sie *echt*.[25] Crichton-Browne, der Darwin zwar unterstützte, konnte jedoch kaum mit einer solchen Idee einverstanden gewesen sein, denn er wusste, dass äußere Zeichen täuschen können. Dennoch tauschten die beiden eifrig Darwins Exemplar eines weiteren, sehr einflussreichen Werks wissenschaftlicher Fotografie aus, das sowohl in Bezug auf die Simulation als auch – paradoxerweise – hinsichtlich Authentizität tiefer zu gehen schien.

1862 veröffentlichte Guillaume-Benjamin-Amand Duchenne de Boulogne (1806–1875) *Mécanisme de la physionomie humaine ou analyse électrophysiologique de l'expression des passions* (»Mechanismen der menschlichen Physiognomie, oder elektrophysiologische Analyse des Ausdrucks der Leidenschaften«). Im Prinzip unterschied sich Duchennes Ansatz nicht so sehr von den Experimenten Ures und anderer zu Beginn des Jahrhunderts, bei denen die Gesichter der Toten lebendig wurden. Er war aber in zweifacher Hinsicht bedeutend: Erstens schaffte Duchenne es, den Ausdruck der Leidenschaft, den er auf den Gesichtern seiner Versuchsobjekte produzierte, mit seinem galvanischen Apparat zu fotografieren; und zweitens waren seine Versuchsobjekte lebendig. Dies lässt ernste Schwierigkeiten vermuten, denn elektrischer Strom bereitet einer Person, die bei Bewusstsein ist, zweifellos großes Unbehagen. Duchenne hatte jedoch eine Versuchsperson gefunden, die an einem Mangel an Empfindsamkeit im Gesicht »litt«, einen »anästhetischen« Mann – es gibt dafür keinen besseren Begriff.

Darwin und sein Briefpartner Crichton-Browne fanden in Duchennes Buch eine beispiellose Sammlung von Fotos, die Darwins Argument zu beweisen *schienen*. Auf dem Gesicht eines neutralen menschlichen Testobjekts fanden sich alle Ausdrücke abgebildet, die innerhalb der Grenzen der Anatomie möglich waren. Praktischerweise hat Duchenne die Emotionen benannt, die er mit elektrischem Strom bei seinen Versuchsobjekten erzeugte. Und wer würde widersprechen, dass es sich in Abbildung 19 in Duchennes Buch um *souffrance* (»Schmerz«), in Abbildung 20 um *souffrance profonde, avec resignation* (»starker Schmerz, mit Resignation«), in Abbildung 56 um *surprise* (»Überraschung«), und in Abbildung 63 um *effroi* (»Entsetzen«) handelte? Die Bildsprache und die Anziehungskraft der neuen Technologie schienen enorm überzeugend. Die Idee, diese Bilder als universellen Ausdruck menschlicher Emotionen darzustellen, basierte jedoch auf drei gravierenden Fehlern, die allgemein übersehen wurden. Erstens war nicht alles, was Duchenne auf die Gesichter seiner Versuchsobjekte zauberte, als Emotion zu erkennen. In diesen Fällen schrieb er *expression incomplète, fausse* (»unvollständiger Ausdruck, falsch«), als hätte das Gesicht einen Ausdruck angenommen, den er nicht erkennen konnte. Die als unvollständig oder falsch bezeichneten Bilder sortierte er jedoch aus, da sie nicht in sein vorher festgelegtes Schema emotionaler Zeichen passten. Dies impliziert den zweiten Fehler: Duchenne hatte alle Kategorien von Emotionen (*passions*) vorher festgelegt und dann so lange mit den Elektroden experimentiert, bis das Gesicht zu dem Ausdruck passte, den er sehen *wollte*. Drittens – und das ist am schärfsten zu kritisieren – fühlten die Versuchspersonen überhaupt nichts, geschweige denn die Emotionen, die diese Gesichtsausdrücke darstellen sollten. Damit handelte es sich um alles andere als um universelle Anzeichen der menschlichen Leidenschaften. Duchenne hatte die Emotionen mit technischen Mitteln *gefälscht*. Die Kamera diente von Beginn an einer Lüge.

Auch Schauspieler wurden eingesetzt: Sie versuchten, Gesichtsausdrücke, die mit bestimmten Emotionen korrespondierten, darzustellen. Darwin war hieran beteiligt. Er sagte diesbezüglich, dass manchmal nur die eine Gesichtshälfte eine Emotion *richtig* darstellte, während die andere Gesichtshälfte eine völlig andere Emotion erkennen ließ. In diesen Fällen wurde im Foto die *falsche* Gesichtshälfte entfernt. Dass die Gesichtsausdrücke, die den im Voraus festgelegten Definitionen, wie Emotionen auszusehen hatten, nicht entsprachen, kurzerhand verworfen wurden, hätte starke Kritik hervorrufen müssen. Da die Ergebnisse aber geschickt dargestellt wurden und die Vermutungen bestätigten, wurden die offensichtlichen Fehler nicht weiter kommentiert.

Darwin machte letztendlich intensiv von Duchennes Fotografien Gebrauch. Von den Bildern, bei denen diejenigen Aspekte entfernt worden waren, die die Manipulation des Gesichts erkennen ließen, fertigte er Holzschnitte. Auf die Fotos Crichton-Brownes aus der psychiatrischen Einrichtung hingegen griff Darwin kaum zurück. Vergleicht man diese Fotos mit denen Duchennes, erkennt man unschwer, weshalb: Während Duchennes Bestreben darin gelegen hatte, bestimmte Emotionen auf die Gesichter zu bringen, um sie benennen zu können, handelte es sich bei Crichton-Brownes Fotos um ehrliche Porträts seiner Patienten. Ihre oft traurigen Gesichtsausdrücke lassen ansonsten sehr wenig erkennen. (Dies hielt Crichton-Browne allerdings nicht davon ab, Emotionen in sie hineinzuinterpretieren. Auf dem Foto auf S. 173 meinte er beispielsweise Trägheit oder einen skeptischen Blick zu erkennen.) Tatsächlich ist es schwierig, überhaupt irgendeine Emotion zu benennen. Lässt sich daraus schließen, dass einige Gesichtsausdrücke *neutral* oder emotionslos sind? Ist es möglich, in manchen Momenten nichts zu fühlen? Da diese Fragen vermutlich verneint werden müssten und diese Fotos nicht zu den Erwartungen Darwins (noch zu denen seines Briefpartners) passten, wurden sie ignoriert.

Für den wissenschaftlichen Diskurs ergab sich hieraus ein Paradoxon. Dem Bild eines affektiven Gesichtsausdrucks wurde in den Diskursen der wissenschaftlichen und medizinischen *Praxis* misstraut. Ohne eine weitere Untermauerung bedeutete es überhaupt nichts. In Diskursen der wissenschaftlichen *Theorie* hingegen diente ein solches Bild als Beweis für Emotio-

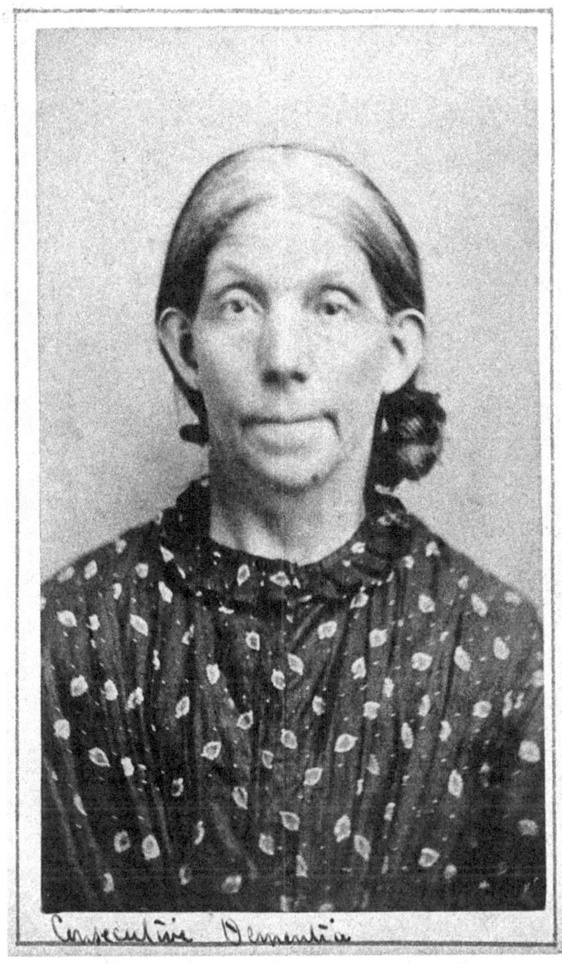

Frau »mit skeptischem Mund und trägen Augen«; Foto James Crichton-Brownes, 1869.

nen, die die gesamte Menschheit teilte. Letztendlich kamen in Darwins Buch über den Ausdruck von Emotionen trotz der Hartnäckigkeit des letzteren Gedankenstrangs, der sich in der Arbeit der Affekttheorie, insbesondere bei Paul Ekman fortsetzt, nur wenige Emotionen vor. Stattdessen wird es von

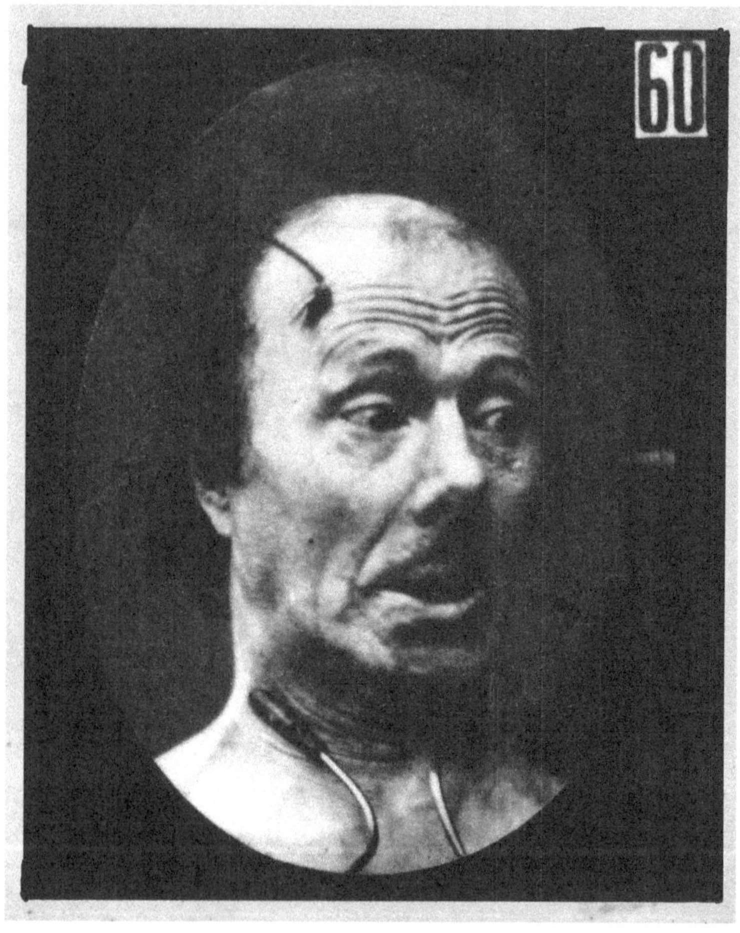

Der personifizierte »Schrecken«; Foto Duchenne de Boulognes, 1862.

ihrem *Ausdruck* beherrscht.[26] Besonders bei menschlichen Versuchsperso-nen, die zu diesem Zweck fotografiert worden waren, bedeutete der Ausdruck entweder nicht das, was er darstellen sollte, oder überhaupt nichts.

Aequanimitas oder das Ende der Anteilnahme

Der Einfluss der Anästhesie auf die affektiven Praktiken insbesondere der Chirurgie und der Physiologie wird in zwei berühmten Gemälden von Thomas Eakins (1844–1916) toll dargestellt: *The Gross Clinic* (1875) und *The Agnew Clinic* (1889). Beide zeigen chirurgische Operationen unter Narkose und die moderne Chirurgie im Wesentlichen als Wunder des Fortschritts, wobei der Chirurg eine Art moderner Held ist.[27] Es wurde viel darüber geschrieben, wie die beiden Bilder entscheidende Veränderungen in der Praxis der Chirurgie festhalten, nicht zuletzt in der Art der Kleidung des Operationsteams. Während das erste Gemälde als modernes amerikanisches Meisterwerk gefeierte wurde, forderte das zweite mit seiner Darstellung eines nackten weiblichen Körpers inmitten eines Raums voller Männer den Geschmack der Öffentlichkeit heraus. Die visuelle Spannung wurde noch dadurch verstärkt, dass zwischen den beiden Bildern vierzehn Jahre lagen, und Eakins konnte damit spielen.

Der affektive Kontext dieser beiden Bilder ist nicht gut erforscht. Beide Gemälde halten das gelassene Auftreten erfahrender Chirurgen fest, die mit betäubten und bewusstlosen Patienten arbeiten. Das Dramatische in *The Gross Clinic* beruht auf einem greifbaren Schrecken, der die gesamte Szene mit einer zeitgenössischen moralischen Frage überschattet. Bei *The Agnew Clinic* fehlt diese Spannung vollkommen. Beide Szenen sind, was Räumlichkeiten, Personal und Verfahren anbelangt, wirklichkeitsgetreue Darstellungen der Lehre der Chirurgie. Der »Realismus« bzw. die »Objektivität« des Stils will dennoch die moralischen Bedenken thematisieren – jedenfalls in *The Gross Clinic.*

Um die emotionale Dynamik von *The Gross Clinic* zu verstehen, müssen wir zunächst einen Schritt zurück gehen. Erinnern wir uns als Erstes an die bereits erwähnte zweifelhafte Geschichte aus *The Fable of the Bees* über den abgebrühten Charakter des Chirurgen (siehe S. 162). Der – immer *der* – Chirurg besaß wohl oder übel eine gewisse Gefühllosigkeit. Im gesamten 18. Jahrhundert und in einem großen Teil des 19. Jahrhunderts wurde die Chirurgie entsprechend diesem allgemeinen Ruf dargestellt. Wie besonders Michael Brown gezeigt hat, handelte es sich hierbei jedoch eher um einen Mythos.[28]

Thomas Eakins: Porträt von Dr. Samuel D. Gross (*The Gross Clinic*); 1875, Öl auf Leinwand.

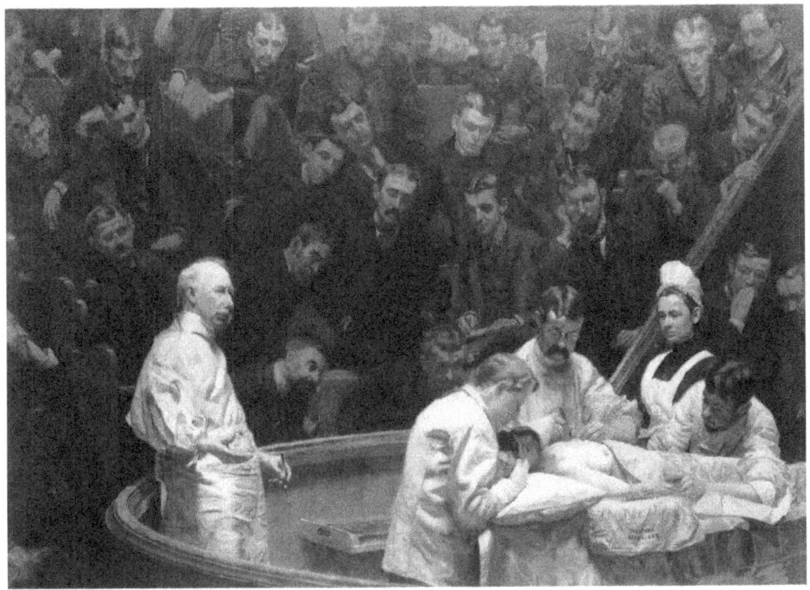

Thomas Eakins: *The Agnew Clinic*; 1889, Öl auf Leinwand.

Chirurgen empfanden durchaus Mitgefühl und Angst in Bezug auf ihre Arbeit, aber sie machten entschlossen weiter. Ohne Zweifel sahen sie sich selbst insofern als etwas Besonderes, als sie die Fähigkeit besaßen, das zu tun, was nötig war, wo andere angesichts des Risikos und der Aussicht auf den Schmerz überwältigt worden wären. Dennoch: Ihr Ruf der Härte und Kälte eilte ihnen voraus.

Stellen wir uns jetzt die emotionale Atmosphäre in der Chirurgie vor, insbesondere in Bezug auf die Art, wie Schmerz antizipiert wurde. Das Konzept der »Atmosphäre« gewinnt für die Emotionsgeschichte in Überschneidung mit der Sozialgeografie zunehmend an Bedeutung. Die Theorie, die Gernot Böhme geprägt hat, definiert Atmosphäre als eine »affektive Stimmung, die durch die Anordnung des Raums in den sinnlichen Körpern seiner Benutzer hervorgerufen wird«. Diese Definition eignet sich besonders für eine chirurgischen Klinik bzw. ein chirurgisches Theater, wo sich die Stimmung wandelt. Laut Andreas Reckwitz entstehen affektive Stimmungen dann, »wenn sich die Benutzer eines Orts diesen praktisch zu eigen machen«, einen Ort, »der immer bereits mit einer spezifischen kulturellen Empfindsamkeit und Aufmerksamkeit seitens der Träger der Praktiken – einer spezifischen Empfindsamkeit für Wahrnehmungen, Eindrücke und Zuneigung – verbunden« ist. Das, was ich hier dokumentiere, ist die Störung einer Atmosphäre, zu der es kommt, wenn sich kulturelle Empfindlichkeiten im Fluss befinden. Die Atmosphäre ist angespannt, dynamisch, bevor sie sich entsprechend den neuen vorherrschenden kulturellen Empfindlichkeiten neu bildet.[29] Wie stellt sich das Leiden von Patienten den Zusehenden dar? David Hume, der schottische Philosoph der Aufklärung, machte sich keine Illusionen bezüglich der Unmöglichkeit, den affektiven Zustand einer anderen Person sofort zu erkennen. Der Raum oder die Szene definieren die Atmosphäre, die wiederum die Größe des bevorstehenden Schmerzes erahnen lässt:

> Würde ich irgendeiner der schrecklicheren chirurgischen Operationen beiwohnen, dann wäre es sicher, dass bereits – bevor die Operation überhaupt begonnen hätte – die Vorbereitung der Instrumente, das Zurechtlegen der Verbände, das Erhitzen der Eisen und all die Anzeichen von Angst und Sorge bei den Patienten und Assistenten eine enorme Wirkung auf meinen Geist hätten und die stärksten Gefühle des Mitleids und des Schreckens hervorrufen würden. Keine Leidenschaft eines anderen erschließt sich dem Geist sofort. Wir sind nur gegenüber seinen Ursachen und Wirkungen empfänglich. *Daraus* leiten wir die Leidenschaft ab; und folglich ergibt sich auch *daraus* unsere Anteilnahme.[30]

Dies impliziert zwei Dinge: Erstens sollten die Leidenschaften eines jeden, der die Zeichen der Ursachen von Schmerz kennt, sofort erregt werden. Anteilnahme ergibt sich aus Mitleid und Schrecken. Zweitens müssen alle, deren Leidenschaften nicht erregt werden, obwohl sie die Zeichen der Ursachen von Schmerz kennen, hartherzig sein. Stellen Sie sich zum Beispiel vor, Fanny Burneys Brustamputation mitzuerleben (ihre Beschreibung datiert ins Jahr 1812): Als »der schreckliche Stahl in die Brust gestoßen wurde, wobei er durch Venen, Arterien, Fleisch und Nerven fuhr«, »musste [sie] nicht dazu aufgefordert werden, [ihre] Schreie nicht zurückzuhalten«. Ihr »Schrei hielt die gesamte Zeit des Schnitts über an«.[31] Die rhetorische Frage, die sich hier stellt, lautet: Wie konnte irgendjemand angesichts dieser Tortur emotionslos bleiben? Der Chirurg gerät hierdurch in eine zweifelhafte Kategorie. Er hat die Macht, Leben zu retten, hat aber keinen Zugang zu den normalen Leidenschaften der Seele: ein praktizierender Humanist, aber von Natur aus ein Monster.

Humes Zeitgenosse Adam Smith stimmte dem grundsätzlich zu. Die »letztendliche Wirkung« der »Instrumente der Chirurgie« mag »angemessen« sein, sagte er. Ihr Zweck (*telos*) sei die »Gesundheit der Patienten«. Ihre »unmittelbare Wirkung [...] ist [jedoch] Schmerz und Leid«, was bedeutet, dass »ihr Anblick uns immer missfällt«.[32] Der Chirurg sei dazu fähig, das Unbehagen zu überwinden und sich fest auf die späteren Auswirkungen zu konzentrieren. Alle übrigen Anwesenden weichen in Schrecken zurück. Folgende Fragen kommen auf: Was passiert mit den Zeichen von Schmerz und Leiden, wenn sich die Realität von Schmerz und Leiden verändert? Wenn eine Operation nicht länger das Ertragen von Schmerzen erfordert, wie schnell ändern sich dann die *Zeichen* von Schmerz, um der neuen Realität Rechnung zu tragen, wenn überhaupt? Dies sind keine hypothetischen Fragen, sondern für die Emotionsgeschichte sowie für die Medizingeschichte ganz wesentliche. Mit dem Aufkommen der Anästhesie 1846/47 entstand die Möglichkeit schmerzloser Operationen und damit die Idee eines schmerzlosen Zeitalters.[33]

Die Schmerzfreiheit hat sowohl Auswirkungen auf diejenigen, die selbst den Schmerz empfinden würden, als auch auf diejenigen, die dies mit ansehen. Wie ich bereits an anderer Stelle erwähnt habe, ist Schmerz in keiner bedeutungsvollen Weise *schmerzhaft*, solange kein affektives Erleben damit einhergeht.[34] Die unmittelbaren Ursachen von physischem Schmerz – wie innere und äußere Verletzungen oder chirurgische Eingriffe – sind Impulse, die nicht zwingend als schmerzhaft erlebt werden müssen. Es ist nicht möglich, vorauszusagen, wie schmerzhaft ein operativer Eingriff sein wird. Zumindest in der Theorie verhält sich die Intensität des Schmerzes, der während einer Operation erlebt wird, proportional zum Grad der Angst seitens der Patienten, zur Wahrnehmung der Angst der Chirurgen, zum Eindruck vom Grad der Kontrolle und Sicherheit, wie er bei den Patienten durch die Umgebung entsteht, sowie zum erwarteten Risiko, was Konsequenzen für das Leben der Patienten angelangt. Es ist zum Beispiel gut bekannt, dass unter einer Form von Hypnose Operationen ohne Anästhesie schmerzfrei durchgeführt werden können: Dann wird jegliche affektive Aktivität, die mit der physischen Störung des Körpers assoziiert wird, effektiv abgeschaltet oder kontrolliert. Vor dem Aufkommen der Anästhesie war das Ergebnis von riskanten Operationen jedoch keinesfalls vorhersehbar. Wenn davon ausgegangen wurde, dass Schmerz unvermeidbar war, müssen wir annehmen, dass es zu einem extrem unangenehmen Erlebnis wurde.

Schmerz mag somit als Bündel von Emotionen gelten oder wenigstens als affektiv komplex. Weiterhin nehmen laut Hume und Smith nicht nur diejenigen Schmerz wahr, die selbst aufgeschnitten werden, sondern auch diejenigen, die Zeugen davon werden. Mitleid, Schrecken und Anteilnahme sind Schmerzerlebnisse, die zwar nichts mit einer direkten Störung des physischen Körpers zu tun haben, dennoch handelt es sich bei dem, was die Beobachtenden empfinden, um Schmerz. Die Anästhesie versprach, nicht nur den Patienten den Schmerz zu nehmen, sondern auch den Anwesenden. Außerdem konnten die Chirurgen vom Verdacht der Gefühllosigkeit befreit werden, da ihnen in der anästhesierten Atmosphäre des neuen Operationssaals keine Gefühle abverlangt wurden.

In der Realität stellte sich dies jedoch aufgrund verschiedener Faktoren weniger einfach dar. Erstens wurden Anästhetika nach ihrer Entdeckung nicht sofort universell eingesetzt. Vielmehr wurden sie aus einer Reihe von Gründen absichtlich zurückgehalten: Es gab anhaltende Zweifel darüber, *wie* sie sicher angewendet werden konnten; wenn Schmerz Gottes Wille war, dann war es ein Sakrileg, ihn zu beseitigen; einige Gruppen – Angehörige anderer »Rassen« und Klassen, Frauen, Kinder und Tiere – wurden nicht für empfindlich genug gehalten, dass sie Anästhetika benötigten; und schließlich hemmten auch die Kosten ihre Verbreitung. Dies bedeutet, dass viele bis weit in das 20. Jahrhundert hinein mit der Chirurgie Schmerz verbanden. Davon zeugen auch *Erinnerungen* an schmerzvolle Begegnungen mit medizinischen Einrichtungen.

Zweitens stimmte die Logik, dass die Linderung des Schmerzes der Patienten zwangsläufig auch den Schmerz der Zeugen lindern würde, nicht mit deren Erleben überein. Hume empfand beim Anblick des Operationsbestecks und der Aussicht auf den bevorstehenden Schmerz Mitleid. Auch die Forschung zu Mitleid dokumentierte im 19. Jahrhundert eine merkwürdige Projektion von Gefühlen auf Objekte, die diese gar nicht empfinden können. Mitleid wurde als eine Art mütterlicher Affekt betrachtet, der dazu veranlasst, ein *Etwas* zu hegen und für es zu sorgen. Dieses Objekt kann eine Person sein, die Schmerz empfindet, aber auch ein lebloser Gegenstand. Im aktuellen Sprachgebrauch werden solche Dinge als »süß« bezeichnet. Sie rufen den Ausruf »oooh« hervor, seien es Babyrobben, Bilder von Babyrobben oder Spielzeugbabyrobben. Manche bezeichnen dies als die »Disneyfizierung« des Empfindens: Wir leiden mit Bambi und ignorieren zugleich die Not anderer, ästhetisch weniger ansprechender Tiere.[35] Diese Beobachtung geht jedoch viel weiter zurück.

Herbert Spencer schrieb 1872, Mitleid stehe für »einen Schmerz, die Empfindungen oder Emotionen betreffend, der von jemand anderem erlebt wird. Seine Funktion scheint lediglich zu sein, das Zufügen von Schmerz zu verhindern oder Bemühungen zu veranlassen, Schmerz zu lindern, der bereits verursacht wurde.« Jedoch gebe es dennoch eine »gewisse Phase des Mitleids«, in der »der Schmerz eine angenehme Begleiterscheinung hat. Und der angenehme Schmerz – oder das schmerzvolle Vergnügen – setzt sich auch dann fort, wenn nichts bezüglich einer Linderung des Leidens getan wird oder getan werden kann« oder wenn es überhaupt kein zu linderndes Leiden gibt. Dieser »elterliche Instinkt«, wie Spencer es formulierte, wird

> immer [durch] eine relative Schwäche oder Hilflosigkeit [hervorgerufen]. Bei dem kleinen Mädchen mit ihrer Puppe, bei der Dame mit ihrem Schoßhund, bei der Katze, die einen Welpen adoptiert hat, und bei der Henne, die besorgt um die Küken ist, die sie ausgebrütet hat, kommt das Gefühl angesichts von etwas auf, das schwach ist und davon abhängt, dass man sich um es kümmert.

Diese eher übersteigerte Sentimentalität, über die sich Spencer lustig macht, wurde auf »schwächliche Kreaturen im Allgemeinen sowie auf Kreaturen, die durch Unfall, Krankheit oder Misshandlung schwach wurden«, ausgeweitet.[36]

Die Samen der Disneyfizierung waren also bereits im späten 19. Jahrhundert vorhanden.

Auffällig sind die explizite Vergeschlechtlichung dieser affektiven Disposition und das Timing. Soziales Engagement wurde zunehmend über Sentimentalität – ein Vorwurf seitens der Kritiker – und Femininität definiert. Seit den späten 1860er-Jahren stieg die Bedeutung der Antivivisektionsbewegung, und Frauen spielten darin eine führende Rolle. Auch andere Gruppen, beispielsweise die Royal Society for the Prevention of Cruelty to Animals (»Königliche Gesellschaft zur Verhütung von Grausamkeiten an Tieren«), existierten bereits seit Längerem und hingen ebenfalls bekanntermaßen von der Unterstützung durch Frauen ab. Die National Society for the Prevention of Cruelty to Children (»Nationale Gesellschaft zur Verhütung von Grausamkeiten an Kindern«) wurde erst 1884 gegründet. Viele der weiblichen Unterstützer und Aktivisten der Tierschutzorganisationen engagierten sich auch hier. All diese Entwicklungen fanden im Kontext des *sentimental novel*, des Aufstiegs der Wohltätigkeit und der »guten Fee« statt. Diejenigen, die die Gesellschaft lieber auf eine »rationalere«, wissenschaftlichere und utilitaristischere Weise reformieren wollten, sahen darin eine Welle fehlgeleiteter und falsch verstandener Humanität.

Dementsprechend wurde zu der Zeit, als Thomas Eakins *The Gross Clinic* malte, Mitleid von vielen Männern der Wissenschaft und Medizin als eigentümliche, typisch weibliche Emotion verhöhnt. Mitleid bedeutete, sich Schmerz in Objekten vorzustellen, die keinen Schmerz empfinden konnten. Humes Beobachtung zum Operationsbesteck, das Mitleid hervorruft, galt für solche Menschen immer noch. Dasselbe galt auch für die Erregung von Mitleid durch den Anblick der Patienten, unabhängig davon, ob diese tatsächlich Schmerz erlebten, wie auch der Versuchstiere, die im Zentrum der Antivivisektionsbewegung standen. Auch hier bestand die Wahrnehmung von *Qual* unverändert fort, ungeachtet der Wirkung der Anästhesie und der zugehörigen Affekte. In der öffentlichen Wahrnehmung bestand der Chirurg als eine Art kaltes Monster weiter fort, obwohl das wesentliche emotionale Problem (wenigstens theoretisch) dank Chloroform und Äther beseitigt war.

Da Eakins selbst in Erwägung gezogen hatte, Chirurg zu werden, kannte er sich im anatomischen Theater aus. In seiner Darstellung Dr. Samuel Gross' am Jefferson Medical College in Philadelphia (siehe S. 176) feiert er einerseits den Einfluss der Anästhesie auf die affektive Praktik des medizinischen Genies und stellte andererseits den kulturellen Rückstand dar, aufgrund dessen die uninformierten Beobachter des Schmerzes immer noch Mitleid und Schrecken empfanden, obwohl der Schmerz selbst nicht existierte. Im Zentrum des Bildes, zu dem alle Chirurgen-Arme weisen und wo sie sich kreuzen, ist der Schnitt in das Bein eines jungen Patienten dargestellt, der wegen einer Osteomyelitis operiert wird.[37] Das Operationsteam um den Patienten wirkt routiniert, die Atmosphäre banal: Es ist schwierig, in ihren konzentrierten Gesichtern irgendeinen emotionalen Ausdruck zu finden. Goodrich sieht in der Gestalt des Dr. Gross eine »marmorne Unerschütterlichkeit«.[38] Direkt hinter bzw. im Bild über der Operationswunde sind die anästhetischen Mittel deutlich zu sehen. Der Patient ist bewegungslos, emotionslos und muss nur vorsichtshalber minimal fixiert werden. Er ist ein chirurgisches Objekt ohne die Schrecken, die sonst den Anwesenden signalisieren würden, dass sie Mitleid und Schrecken empfinden sollten.[39] Die anwesenden Studierenden scheinen angesichts der Szene angemessen interessiert bis gelangweilt. Die überwältigende Atmosphäre der Langeweile zeigt den Grad der durch die Anästhesie und durch verfeinerte chirurgische Methoden herbeigeführten Banalität. Anstelle einer qualvollen Amputation, die der Patient noch kurz zuvor über sich hätte ergehen lassen müssen, sehen wir hier ruhige, gelassene, scheinbar emotionslose Arbeit. Wir sollten diesen Fall mit einer gewissen Distanz betrachten, so wie Eakins selbst es tat.

Der Blick des Betrachters wird dennoch gezielt herausgefordert: Das Operationsbesteck, diejenigen Objekte, die die Macht haben, Schrecken auszulösen, befindet sich gut sichtbar im Vordergrund des Bilds, sodass die Betrachtenden sie buchstäblich überwinden müssen. Gross wendet sich zur Seite, wodurch eine Frau, die üblicherweise als die Mutter des Patienten interpretiert wird, seine blutige, Skalpell schwingende Hand sieht und entsetzt zurückschreckt. Sie ist die einzige Person in dem Gemälde, die eine emotionale Reaktion zeigt, und überhaupt ist sie die einzige Frau. Eakins greift die medizinische Kritik an einer veralteten Empfindsamkeit in Bezug auf Schmerz auf, deren Zeichen Operationsbesteck und insbesondere Blut sind, und er greift die implizite Vergeschlechtlichung dieses deplatzierten

Schreckens und Mitleids auf. Für die übrigen Anwesenden gibt es keinen Grund, zurückzuschrecken, sondern eher dazu, näher heranzutreten, genauer hinzusehen, die Operation ohne jeglichen Skrupel, wie er zur vergangenen Ästhetik des Leidens passt, zu *sehen*.[40]

Goodrich hat den Kontext am ehesten verstanden. Er beobachtet, dass »es keinen Mangel an Menschlichkeit gibt, keine Sentimentalität, die sich die Augen zuhält und vor den weniger angenehmen Dingen des Lebens zurückschreckt, und stattdessen das solide Verständnis des Wissenschaftlers, der Krankheit und Schmerz ansehen und sie wahrheitsgemäß erfassen kann. Diese Arbeit ist durch die Unpersönlichkeit der Wissenschaft charakterisiert sowie durch ihre Menschlichkeit.«[41] Dennoch wird hier allzu bereitwillig das »solide Verständnis des Wissenschaftlers« als *richtig* akzeptiert, und nicht als ein historisches Produkt wissenschaftlichen Affekts. Es wird übersehen, dass es in dieser Szene *keinen Schmerz gibt*.

Eakins lobte den medizinischen Fortschritt und implizit auch die affektive Disposition derjenigen, die diesen verkörperten. Er fing zudem die öffentliche Stimmung ein, in der Figur der gequälten Mutter. Die Öffentlichkeit reagierte auf das Bild ablehnend und thematisierte intensiv die Darstellung von Blut. Ein Kritiker lehnte das Gemälde deshalb ab, weil es »Männern und Frauen mit schwachen Nerven« schade. Ein anderer vertrat die Auffassung, dass »sogar starke Männer es schwierig finden, lange hinzusehen«.[42] Ein weiterer kritisierte, die Aufmerksamkeit sei »völlig [...] auf die stinkende Hand« Gross' gerichtet, als würde nicht nur das Auge durch das Blut beleidigt, sondern auch die Nase.[43] Dass es sich bei dem Blut tatsächlich um *Farbe* handelt, spielte für die Betrachter keine Rolle; sie waren allzu bereit, sich durch das Blutvergießen gleichermaßen faszinieren wie abstoßen zu lassen. Ein Kritiker klagte: »Wenn wir diese Figur [Gross] aus dem Bild herausschneiden und das Blut von seiner Hand wischen könnten, wäre es ein bewundernswertes Porträt!«[44] Auch die Darstellung der entsetzen Frau rief Wut hervor. Eakins wurde dafür kritisiert, »ein melodramatisches Element« hervorzuheben, um eine »schreckliche Geschichte« zu erzählen, »zumindest für Laien«.[45] Die Öffentlichkeit mit ihrer charakteristischen affektiven Reaktion auf die Chirurgie und die Chirurgen, die auf schmerzvollere Tage zurückging, »muss [eine solche Geschichte] nicht hören«, da dies ihr Verständnis überfordere und die

Grundlagen ihrer Gefühle bezüglich dessen, was moralisch, heilig und *grausam* ist, angreife. Eakins, der an einen medizinwissenschaftlichen Diskurs über kontrollierte Emotionen und tief gehende Menschlichkeit anknüpfte, hat hier eine Geschichte dargestellt, die außerhalb dieses Diskurses nicht verstanden wurde.[46]

Bei *The Agnew Clinic* (siehe S. 177) hat sich etwas Entscheidendes verändert. Das Gemälde, das die Pensionierung David Hayes Agnews darstellt, wurde 1889 in Eile gemalt. Es wurde von einigen seiner Studierenden in Auftrag gegeben und rief, wie zuvor *The Gross Clinic*, kritische Reaktionen hervor (»Gemetzel«). Agnew selbst verlangte, dass alle Spuren von Blut von seinen Händen entfernt würden, damit dieser ganz bestimmte Rotton keinen Anlass zur Verärgerung biete (Eakins entsprach diesem Wunsch jedoch nicht).[47] Ungeachtet dieser Parallelen haben sich der Grundtenor und der affektive Ton der Szene verändert.

Das Gemälde ist dafür bekannt, dass es das plötzliche Aufkommen bzw. die Einführung einer sterilen Umgebung bei Operationen darstellt. Die professionelle, weiße Bekleidung symbolisiert die Kenntnis der Keimtheorie bzw. eine Reaktion auf sie. Auch wird oft darauf hingewiesen, dass eine nackte Frau inmitten eines Raums voller Männer dargestellt ist – eine Kränkung des damaligen kunstkritischen Empfindens. Zu sehen ist eine Brustkrebsoperation, wobei einer der Chirurgen die weibliche Brust hält und in sie schneidet. Die Grenzen des Geschmacks waren damit überschritten. Dabei ist es nicht der künstlerische Geschmack, der hier zelebriert wird, sondern medizinische Kompetenz und medizinisches Heldentum. Von entscheidender Bedeutung ist hier das Fehlen jeglicher Hinweise darauf, dass die Öffentlichkeit angesichts einer solchen Szene zurückschrecken könnte. Das Gemälde ist durch die Abwesenheit von weiblicher Sentimentalität und weiblichem Schrecken gekennzeichnet. Die einzige Frau in *The Agnew Clinic*, abgesehen von der Patientin, ist eine Krankenschwester. Sie trägt als Einzige schwarze Kleidung und eine Kopfbedeckung – ein Verweis auf die einzige Frau in *The Gross Clinic*. Jedoch steht sie in starkem Kontrast zu dieser Figur, die durch Zurückweichen und Abscheu charakterisiert ist. Die Frau in *The Agnew Clinic* steht in stoischer Habachtstellung, mit emotionsloser Miene, und blickt direkt auf die Patientin. Agnew selbst wendet sich wie Gross ab, vielleicht um sich den Studierenden zuzuwenden, die in diesem Gemälde ebenfalls entrückte und gleichmütige Mienen aufweisen.

Die Tatsache, dass Eakins hier offenbar nicht länger das Bedürfnis hatte, den Schrecken, das Mitleid oder den Ekel der Öffentlichkeit angesichts des Bluts und vermeintlichen Schmerzes darzustellen – obwohl diese 1889 nicht weniger offenkundig waren als 1875 –, zeigt, dass die Art von Menschlichkeit und Unerschütterlichkeit, mit der das Operationsbesteck und die Bedeutung von Blut übersehen werden konnten, nun fester verwurzelt war. Darüber hinaus begannen die Chirurgen in diesem Jahr selbst, sich dem Vorwurf der Hartherzigkeit zuzuwenden, der oft gegen sie vorgebracht wurde, und sie durch etwas Positives zu ersetzen. Im selben Jahr und in der selben Stadt widmete sich der berühmte Arzt Dr. William Osler (1849–1919) in einem Vortrag vor einer Abschlussklasse der Medizin an der Universität von Pennsylvania eben den affektiven Eigenschaften der lehrenden Chirurgen. Das Thema seines Vortrags wurde hiernach zur Losung seiner Anhänger: *aequanimitas*. Im Englischen ist *equanimity* laut der Definition des *Oxford Dictionary* (1989) ein Zustand der »mentalen Ruhe, Haltung und Gleichmütigkeit des Temperaments, insbesondere in schwierigen Situationen«.

An anderer Stelle habe ich bereits erwähnt, dass dieser Vortrag Oslers den Beginn der affektiven Praxis von Ärzten, Chirurgen und Physiologen markiert, im Sinne einer ausdrücklichen Aneignung des Vorwurfs der Hartherzigkeit als Tugend, über die nur diejenigen verfügten, die entsprechend ausgebildet waren. Im Zentrum der Rede steht ein Aufruf, sich über die atmosphärische Schwerfälligkeit der Klinik zu erheben und sich von jeglichem Mitleid, von Anteilnahme und Angst zu befreien. Wenn Chirurgen den Schmerz der Patienten fühlten, so prophezeite Osler, dann komme es zu einer Katastrophe, nicht zuletzt, weil die Wahrnehmung von Schmerz in der modernen Chirurgie ein Phantom sei. Jede Welle des Mitgefühls sei eine Projektion des Praktizierenden, eine Reaktion auf Zeichen des Leidens, die tatsächlich nichts mehr bedeuteten. Dementsprechend riet Osler den anwesenden Studierenden, ihre »Nerven unter Kontrolle« zu halten und es zu vermeiden, auch angesichts »der gravierendsten Umstände«, durch ihren Gesichtsausdruck irgendeine Art von Besorgnis zu zeigen. Chirurgen müssten ihre »medullären Zentren unter höchster Kontrolle« haben: Das Gehirn dürfe nicht länger durch einen unangenehmen Anblick irritiert werden, sondern solle der aktiven, bewussten Kontrolle des Körpers unterliegen. Daraus ergebe sich eine »Unerschütterlichkeit«, und diese sei eine »körperliche Ausstattung«, die die »Gelassenheit« und »Ruhe« der Chirurgen sowie ihre »Klarheit im Urteilsvermögen in Momenten der Gefahr« gewährleiste. Für den Fall, dass diese *phlegmatische* Haltung nicht deutlich genug war, geht Osler sogar noch weiter und beschreibt die affektive Disposition, in der die gesamte Geschichte hindurch ein verdächtiger Charakterfehler von Chirurgen gesehen wurde:

> Ein gewisses Maß an Gefühllosigkeit ist nicht nur ein Vorteil, sondern eine positive Notwendigkeit dafür, sich in ruhiger Beurteilung zu üben und heikle Operationen durchzuführen. Eifrige Empfindsamkeit ist zweifelsfrei eine der höchsten Tugenden, solange sie nicht die Ruhe der Hand oder der Nerven stört. Für den Praktizierenden im Arbeitsalltag ist einen Hartherzigkeit, die nur an das Gute denkt, das herbeigeführt werden soll, und ungeachtet kleinerer Bedenken fortfährt, die vorzuziehende Eigenschaft.

Insgesamt forderte Osler, dass Mediziner die Fähigkeit haben sollten, ihre Empfindsamkeit in bestimmten Kontexten abzuschalten, jedoch ohne »das menschliche Herz, aufgrund dessen wir leben«, hart werden zu lassen. Sie sollten über »ein vernünftiges Maß an Abstumpfung« verfügen, um »den Anforderungen des Praktizierens mit Entschlossenheit und Mut begegnen« zu können.[48]

Diese tiefgreifende Neudefinition mitfühlender oder humanitärer Praxis brachte die moderne Chirurgie in neue affektive Gefilde, die weit von der früheren Wahrnehmung von Chirurgen als hart und brutal entfernt waren. Chirurgen waren jedoch nach wie vor durch Härte charakterisiert. Oslers Vortrag ist eine leise Bestätigung dafür, dass es vor dem Aufkommen der Anästhesie schwierig für die Chirurgen war, angesichts des Schmerzes so gelassen und ruhig zu sein, da die Zeichen des Schmerzes ein heftiger Angriff auf die Sinne waren. Osler scheint die Medizin in den Bereich der Hartherzigkeit zu rücken – so, als ob dies zum ersten Mal geschehe –, nicht ohne Lob. Er erkennt implizit an, dass die Patienten sowie die Öffentlichkeit diese neue konzentrierte affektive Praktik nicht verstehen können, zeigte dabei aber keinerlei Nachsicht. Genau das ist es hauptsächlich, was Eakins in *The Agnew Clinic* darstellt. Hierin liegt der Unterschied zu *The Gross Clinic*. Die einzigen wahrnehmbaren Emotionen im gesamten Raum sind auf dem Gesicht des Mannes links neben Agnew zu sehen: ein schiefes Lächeln der Bewunderung. Die Gefühllosigkeit der Patientin sowie der Mediziner und Studierenden hat den Sieg davongetragen. In dieser Gesellschaft und in diesem bestimmten Kontext gab es kein größeres Zeichen der Humanität, als nichts zu fühlen. Gleichmut (*equanimity*) war nicht das Ende der Anteilnahme, sondern dessen Verlagerung auf ein besseres Ziel, einen höheren Zweck, einen nobleren *telos*.

6 Die Herrschaft des Glücks

Die Historizität von Emotionen erfahre ich am eigenen Leib. Einer meiner Freunde hat folgende These aufgestellt: Die Generation X hat Schwierigkeiten damit, einen speziellen Cocktail emotionalen Erlebens konkret zu benennen, wohingegen die Generation Y nur die Größenordnung der Gefühle zum Ausdruck bringen will. Von extrem bewegenden Erlebnissen wird gesagt, sie umfassten alle Facetten von Gefühlen – ich persönlich kann mir darunter nichts vorstellen. Dass es für diejenigen, die behaupten, so etwas zu erleben, eine Bedeutung hat, bringt mich aber zum Nachdenken. Als offizielles Mitglied der Generation X – eine fast schon neoastrologische Kategorie scheinbarer Leere – bin ich Zeuge eines die Generationen trennenden Motivs. Ich finde weder einen Zugang zu diesen »Gefühlsfacetten«, noch kenne ich die Besonderheiten des Emotionsmanagements für eine Situation, in der Emotionsbegriffe auf eine allumfassende Formel reduziert wurden. In der Kommunikation mittels Emojis sehe ich weder irgendeinen Nutzen noch Tiefgang, auch wenn diese piktografischen Repräsentationen von Affekten substanzielle Arten des Gefühls scheinbar verdrängt haben, indem sie sie auf die simpelste Form der Darstellung reduzierten. Ich muss wohl nicht darauf hinweisen, dass ich darüber :-(bin, in einem Ausmaß, das durch dieses Symbol kaum vermittelt werden kann. Dennoch habe ich mit der moralischen Ökonomie der Millennials etwas gemein. Ich bin mit einigen von ihnen befreundet. Wir pflegen einen offenen, vertrauten Umgang. Allerdings weiß ich nicht, ob es uns tatsächlich gelingt, uns ineinander hineinzuversetzen, oder trotz guter Absichten eben nicht.

Ebenso verwirrend sind idiomatisch gewordene Wendungen wie »es war emotional«. Wenn ein Erlebnis als »emotional« bezeichnet wird, ist damit gemeint, dass es besonders bedeutsam war. Dieses Etikett ist aber vollkommen unspezifisch. Es scheint, als wären die Menschen nicht mehr dazu in der Lage, ihre affektiven Erlebnisse genau zu benennen. Sie drücken hiermit lediglich aus, dass etwas sie bewegt hat. Die Fülle solcher floskelhaften Äußerungen suggeriert einerseits eine tiefe Offenheit gegenüber emotionalen Erfahrungen, andererseits eine verblüffende emotionale Ratlosigkeit, eine Art affektiven Analphabetismus. Dennoch scheinen viele diese flache Verallgemeinerung – auch wenn es auf den ersten Blick nicht so aussieht – als belastend zu empfinden. Zu sagen, etwas sei »emotional« gewesen, ergibt *Sinn*, auch ohne weitere Definitionen oder Erklärungen. Sogar die emotionswissenschaftliche Literatur ist durch einen übermäßigen Gebrauch des Adjektivs »emotional« gekennzeichnet – dies charakterisiert vielleicht die Generation selbst, die diese Literatur überwiegend hervorbringt –, als ob es für die Analyse hilfreich wäre, festzustellen, dass eine bestimmte historische Begegnung oder Situation ein »emotionales Erlebnis« war. Die Emotionsgeschichte muss mehr tun, als solche Feststellungen formulieren.

Vor nicht allzu langer Zeit sagten Menschen, dass sie von Erlebnissen, die sie »berührten«, »gerührt« seien. Der Begriff ist vielleicht auch nicht spezifischer als das heute gern gebrauchte »emotional«. Oberflächlich betrachtet, scheinen solche Formulierungen jedoch griffiger. Wenigstens verankert das Gerührtsein das Erlebnis im Körper, verbindet es mit einer Wendung – »*zu Tränen* gerührt sein«, zum Beispiel – und drückt eine gewisse Feierlichkeit in Bezug auf das auslösende Objekt aus. Filme, Beerdigungen, Prozessionen, Zeremonien – diese Dinge haben die Macht, zu berühren. Diese Erlebnisse sind entweder mit Traurigkeit oder einer Bewunderung des Erhabenen, der Wirkung einer Art von Erhabenheit verbunden.

Die folgenden Seiten sollen zeigen, inwieweit die Kategorie »Emotion«, die von der Psychologie immer enger definiert und begrenzt wird, zunehmend ihre Bedeutung verliert. Auch wenn ständig über Emotionen geredet wird, habe ich die Sorge, dass sie von Institutionen vereinnahmt und außerhalb des Körpers verortet worden sind, wodurch die Palette des menschlichen Gefühlslebens weniger farbenfroh geworden ist. Ironischerweise kann diese mangelnde Tiefe anhand scheinbar pompöser öffentlicher Zurschaustellungen von Emotionen gezeigt werden, die darauf hinzuweisen scheinen, dass die Menschen einen Draht zu ihren Emotionen haben. Ich sehe den Grund solcher öffentlichen Darstellungen – beispielsweise von Trauer – hingegen in der allgemeinen Oberflächlichkeit des Gefühls auf der einen Seite und in einem noch mächtigeren Drang, Gefühle öffentlich auszudrücken, auf der anderen Seite. In diesem Kapitel beschäftige ich mich mit der geringen Bedeutung von Emotionen in der Moderne, wobei ich mich auf den Grad der Verbindung der Menschen mit ihrem Gefühlsleben beziehe. Leider korreliert dies mit der großen Bedeutung, die Unternehmen und Regierungen den Emotionen beimessen. Unsere Emotionen sind schon lange nicht mehr privat. Eva Illouz bringt dies wie folgt zum Ausdruck: »Noch nie wurde das private Ich so öffentlich dargestellt und für die Diskurse und Werte der ökonomischen und politischen Sphäre nutzbar gemacht.«[1]

Uniformiertes Glück

Viele Wissenschaftler definierten das 20. Jahrhundert als eine Epoche der pathologischen Emotionen. Eine Menge neuer Nervenkrankheiten schien mit der Hektik des modernen, rücksichtslosen, städtischen Lebensstils zusammenzuhängen, und sie verschlimmerten sich durch die Schrecken des Ersten Weltkriegs und seine verheerenden Auswirkungen auf Geist und Körper der Beteiligten.[2] Gleichzeitig versorgte ein neuer intellektueller, pseudomedizinischer Diskurs über emotionale Normativität diejenigen, deren Emotionen nicht innerhalb der festgelegten Grenzen waren, mit pathologischen Begriffen und Diagnosen. Immer mehr Menschen waren betroffen. Wirtschaftliche Depression und *Depression* als eine diagnostizierbare psychische Erkrankung schienen Hand in Hand zu gehen, obwohl die Bedeutung von »Depression«, im 20. Jahrhundert eine spezifische Bezeichnung für Wahn und Melancholie, wenig stabil ist.[3] Dennoch ist das 20. Jahrhundert – sowohl in medizinischen und psychoanalytischen Kreisen als auch im öffentlichen Diskurs – auf überwältigende Weise dadurch gekennzeichnet, dass man die negativen, leidenden Gefühle kategorisierte; sie definieren eine Epoche, die durch Krieg, Gewalt, Verlust, Trauer und schnelle soziale Veränderungen und Verschiebungen charakterisiert ist.

Wenden wir diese trostlose Einschätzung auf ein Plakat des britischen Parliamentary Recruiting Committee an, mit dem im Jahr 1915 Soldaten rekrutiert werden sollten. Der dargestellte Soldat lächelt entspannt. »Er ist glücklich und zufrieden. – Bist du es auch?«, lautet der Schriftzug. Rückblickend mögen wir uns angesichts der geringen Wahrscheinlichkeit, in einer Kriegssituation Glück oder Zufriedenheit zu finden, darüber wundern, dass überhaupt jemand darauf hereingefallen ist. Das Plakat passte aber durchaus in den Kontext der Rekrutierungspropaganda – und wirkte überzeugend. Aber wie war das möglich?

Die rhetorische Frage »Bist du es auch?« impliziert eine auf zwei Ebenen negative Antwort. Erstens stellte die britische Regierung bei ihren Bemühungen für den Krieg sicher, dass diejenigen stigmatisiert wurden, die sich nicht am Krieg beteiligten oder ihn gar ablehnten oder gegen ihn protestierten. Diejenigen, die diese hierarchisierende Botschaft befürworteten, vermittelten denjenigen ein gewisses Schamgefühl, die der Anwerbung ablehnend gegenüberstanden. Trotz all der Bilder von Bataillonen fröhlicher Kameraden, die gemeinsam davonmarschierten, konnte es keinen Zweifel daran geben, dass Krieg auch Gefahr, Tod, Angst und Verlust bedeutete. Die Erziehung der Vorkriegsgeneration war geprägt durch eine Wertschätzung von Heimat und Familie sowie von Fantasien von militärischen Abenteuern. Die Liebe für Ersteres mag sowohl Angst davor ausgelöst haben, diese Heimat zu verlassen, als auch ein Pflichtgefühl, durch seinen Dienst dieser Liebe Ausdruck zu verleihen.[4] Die Scham, die damit verbunden war, ohne Uniform gesehen zu werden, ist beinahe schon klischeehaft. Es handelt sich hier um etwas, das scheinbar in den Köpfen der Menschen präsent war. Die implizite Schlussfolgerung ist, dass ein Mann, der keine Uniform trug, nicht glücklich sein konnte. Dass sein Zustand durch die Inszenierung eines *emotional regimes* durch die Regierung verursacht wurde, wurde übersehen.

Der zweite Aspekt ist, dass das Leben, insbesondere das der Arbeiterklasse überall in Großbritannien als trostlos, elend, schäbig und zutiefst unbefriedigend angesehen wurde. Um die Jahrhundertwende gab es Erhebungen zu den Lebensbedingungen der Armen (insbesondere durch Charles Booth, 1840–1916), und sie ergaben ein groteskes Bild einer Ungleichheit zwischen Arm und Reich. Diesen Eindruck bestätigten Erkenntnisse der Regierung, die im Zweiten Burenkrieg um die Jahrhundertwende eine allgemeine Kriegsuntauglichkeit feststellte. Ein groß angelegtes Programm für »nationale Effizienz« sollte sich um die Gesundheit der Nation kümmern, besonders

»He's happy and satisfied – Are you?«: Rekrutierungsplakat der britischen Armee von 1915 (Erster Weltkrieg).

um die der Männer, damit man den Status der Nation als weltweit führende Industriemacht aufrechterhalten konnte. Das Wohlergehen der Nation in einem umfassenderen Sinn erhielt jedoch wenig Aufmerksamkeit. Die Frage nach dem Glück tauchte auf dem politischen Radar nicht auf. Sie im Kontext des Krieges in die Politik einzubeziehen, bedeutete, emotionale und affektive Eigenschaften explizit für politische Zwecke zu nutzen. Die Anfänge der staatlich gelenkten Maschinerie für die Herstellung von Glück war nichts anderes als ein Betrug: Man richtete den Scheinwerfer auf wirkliches Elend, um Soldaten für die Front zu gewinnen.

Die erfolgreiche Implementierung von emotionalen Regimen zieht allerdings eine Veränderung des Erlebens nach sich. Wie bereits erwähnt, empfanden Männer ohne Uniform 1915 Scham – oder wenigstens ein Gefühl überwältigenden Drucks; so sollten sie nach dem Willen der Regierung fühlen.[5] Entsprechend kann gesagt werden, dass der Prozess der Rekrutierung, das Anziehen einer Uniform und die Kameradschaft des Aufbruchs bei vielen aufgrund des Gefühls eines höheren Zwecks oder einer erfüllten Pflicht Glück oder Zufriedenheit bewirkten. Ob dieses Gefühl im Schlamm oder in der Wüste lange anhielt, ist eine andere Frage. Im Rahmen des Ersten Weltkriegs wurde deshalb eine Emotionspolitik Teil der Politik der Regierung. Bei den Menschen ein Gefühl von Glück oder Scham *hervorzurufen* sowie die Bedingungen hierfür festzulegen, war ihre Aufgabe.

Bis zu einem gewissen Grad funktionierte dies auch. Allerdings schien die gesellschaftliche Beschämung letztendlich das effektivere Mittel für die Rekrutierung zu sein als das Versprechen von Glück. Die Realität der Schrecken des Krieges, sowohl das Gefecht selbst als auch die Folgen betreffend, war für die Rhetorik der patriotischen Pflicht ein offensichtliches Problem. Der Glanz und die Romantik des Krieges, der Pflicht und des Vaterlands, wie die Kriegsdichter ihn gerne hervorhoben, verloren angesichts der grauenvollen Schützengräben schnell ihre Wirkung. Wilfred Owen schaffte es zwar nicht, es auf Englisch zu schreiben (war es auf Lateinisch weniger beschämend?), und doch schrieb er es: Das Axiom des Horaz, dass es süß und ehrenvoll sei – diese affektiven Kategorien kommen »glücklich und zufrieden« sehr nahe –, für das Vaterland zu sterben, sei eine Lüge.[6] Der Tod und diese Art des Todes seien schändlich, und dass Männer dazu gebracht würden, so zu sterben, eine nationale Schande. Außerdem würden die Narben des Schlachtfelds, die Wunden des Krieges und die verlorenen Gliedmaßen, die Zeichen von Heldentum sind, nach dem Krieg, wenn die Männer ihre Uniformen nicht mehr trugen, zu Zeichen der Entmannung.[7] Der Krieg machte aus echten Körpern rhetorische Helden, aber sein Ende entmannte sie. Scham und Glück – in Kriegszeiten Angelegenheit der Regierung – nahmen in der Nachkriegszeit andere Formen im sich verändernden Kontext dessen an, was als inhärent instabiles *emotional regime* bezeichnet werden kann. Wenn es uns heute leicht möglich ist, die Rekrutierungspropaganda zu *durchschauen*, mit der die Institutionen der Macht vor etwa einem Jahrhundert versuchten, die Bedingungen für und das Erleben von Glück und Scham festzulegen, was hindert uns dann daran, heute dasselbe zu tun? Inwieweit sind wir uns der Versuche der Regierung bewusst, die Bedingungen unseres eigenen Glücks festzulegen, und wie gestaltet sich unser Widerstand?

Die Agenda des Glücks

Am 20. März 2017 war es in Montreal teilweise bewölkt, mit Temperaturen zwischen -7 und +5 °C. Immerhin hat es nicht geschneit. Ich habe keine konkreten Erinnerungen an diesen Tag. Der März ist generell ein Monat, den man leicht vergisst. Laut meinem E-Mail-Postfach ist nicht viel passiert, und ein Blick in die Nachrichten in den großen Medien bestätigt es: An diesem Tag war nicht viel los.

Der 20. März ist der Welttag des Glücks. Mag kann sich kaum ein bedeutungsloseres Etikett vorstellen, und es scheint, als würde dieser wichtige Tag auch wenig beachtet. Die Vereinten Nationen jedoch veröffentlichten infolge des World Happiness Summit in Miami an diesem Tag den fünften *World Happiness Report*. Der erste *World Happiness Report* war 2012 »im Rahmen des Spitzentreffens der UN zum Thema Glück und Wohlergehen« veröffentlicht worden. »Seitdem«, so der Bericht von 2017 fröhlich, »haben wir viel erreicht. Glück wird zunehmend als der geeignete Indikator für sozialen Fortschritt sowie als Ziel der Politik betrachtet.« Um diese außergewöhnliche Bemerkung zu untermauern, stellt der Bericht fest, dass die Organisation für wirtschaftliche Zusammenarbeit und Entwicklung (OECD) »sich dazu verpflichtet hat, ›Wachstum neu zu definieren und das Wohlergehen der Menschen zum Mittelpunkt der Bemühungen von Regierungen zu machen‹«.[8] Die OECD hat 35 Mitgliedsstaaten und verfügt über ein Budget von 374 Millionen Euro.[9] Glück und Wohlergehen sind also miteinander verwoben und mit »Fortschritt« verbunden, und sie wurden zum Gegenstand insbesondere der Wirtschaftspolitik.

Als wissenschaftliches Forschungsgebiet ist Glück ein brisantes Thema und wird mit enormen Summen gefördert. Beim Weltglückstag geht es nicht per se darum, glücklich zu sein, sondern darum, »den Einfluss der weltweiten Glücksforschung zu stärken«.[10] Glücklicherweise ist das *Journal of Happiness Studies: An Interdisciplinary Forum on Subjective Well-being* für interessierte Leser zugänglich (hinter einer Paywall); es widmet sich mit Beiträgen zur »Konzeptionalisierung, Messung, Verbreitung, Erklärung, Bewertung, Vorstellung und Erforschung von Glück« »dem subjektiven Wohlergehen«.[11]

Nicht nur der *World Happiness Report* bietet einen Index des menschlichen Glücks und Wohlergehens. Der *Social Progress Index* der NGO Social Progress Imperative hat das Ziel, »führenden Persönlichkeiten aus Wirtschaft, Politik und der Zivilgesellschaft die Daten zur Verfügung zu stellen, die sie benötigen, um zu verstehen, wo ihr Handeln den größten Einfluss hat«. Der Index »bietet Personen aus der ganzen Welt, die eine Veränderung herbeiführen wollen, ein einzigartiges Werkzeug, mit dem sie zielgerichtet handeln und ihren Erfolg messen können«. Vielleicht ist es unnötig, zu erwähnen, dass einer der Hauptindikatoren dafür, »wie sich das tägliche Leben für gewöhnliche Menschen tatsächlich gestaltet« eine »Dimension des sozialen Fortschritts« ist, die als die »Grundpfeiler des Wohlergehens« bezeichnet wird.[12] Die vier Elemente dieser Grundpfeiler des Wohlergehens sind: »Zugang zu Basiswissen«, »Zugang zu Informationen und Kommunikation«, »Gesundheit und Wohlbefinden« und »Umweltqualität«. Was solche Studien anbelangt, ist meine Hauptsorge – abgesehen von der Tatsache, dass sie in keiner Weise Auskunft darüber geben, wie Menschen tatsächlich in Bezug auf ihr Leben fühlen –, dass ihre Zielsetzung explizit politisch und kapitalistisch ist. Laut der Website der NGO Social Progress Imperative »neigen Menschen, die in einer Welt des sozialen Fortschritts leben, eher dazu, glücklich zu sein, und es kann sehr gut sein, dass glücklichere Menschen sich für bessere Lebensbedingungen und größeren gesellschaftlichen Fortschritt einsetzen«.[13] Das ist gut möglich. Oder auch nicht. Worthülsen wie »größerer gesellschaftlicher Fortschritt« machen eine Beurteilung schwierig, die Politik dahinter ist jedoch eindeutig. Die Betonung liegt auf Dingen wie persönlichen Rechten und Freiheiten und Zugang zu Bildung und Informationen, und das zeigt, dass mit »gesellschaftlichem Fortschritt« eine Entwicklung in Richtung der liberalen Demokratie gemeint ist. Gegen solch eine Tendenz ist nichts einzuwenden – wenn man die liberale Demokratie mag. Dies tun aber nicht alle Menschen, insbesondere nicht, wenn ihnen diese Veränderung von außen aufgedrängt wird. Glück mit gesellschaftlichem Fortschritt in diesem Sinne gleichzusetzen, ermöglicht es den »Veränderern« aus dem reichen, weißen Westen, andere Menschen als unglücklich zu bezeichnen. Hieraus ergibt sich eine Art liberaler, demokratischer Kolonialismus, und er wird von Unternehmern verschiedenen Zuschnitts gefördert. Die Absichten mögen lobenswert sein, die Auswirkungen führen aber *sehr wahrscheinlich* nicht zu Glück.

Was bedeutet ein solcher Index in der Praxis? Dänemark zum Beispiel rangiert bezüglich der »Grundpfeiler des Wohlergehens« mit einer »Gesamtpunktzahl« aus allen vier Elementen von 90,86 auf Platz fünf von 128 Ländern. Dennoch liegt die Suizidrate in Dänemark bei 10,35 / 100 000: Platz 61 von 128. Eine andere Studie aus dem Jahr 2015 zeigt, dass von den gerade einmal etwas mehr als zwei Millionen Einwohnern Dänemarks, die zwischen dem 1. Januar 1971 und dem 31. Dezember 2002 geboren wurden und an ihrem zehnten Geburtstag in Dänemark lebten, 46 943 einen Suizidversuch unternommen hatten und 1414 durch Suizid gestorben waren, woraus sich eine Rate von 2337 / 100 000 ergibt – diejenigen mit Suizid*gedanken* nicht eingerechnet.[14] Wenn »Wohlergehen« – eine nicht ausschließlich, aber zu großen Teilen ökonomische Kategorie – mit Glück verschmolzen wird, warum versuchen dann so viele Dänen, sich das Leben zu nehmen?

Wenn der *World Happiness Report* also mehr Fragen aufwirft, als er beantwortet, wie sieht es dann mit anderen Studien aus? Gemäß dem *OECD Better Life Index* ist

> die Messung von Gefühlen sehr subjektiv. Dennoch bietet sie für einen Vergleich der Lebensqualität verschiedener Länder eine nützliche Ergänzung objektiverer Daten. Subjektive Daten liefern eine persönliche Bewertung von Gesundheit, Bildung, Einkommen, Zufriedenheit und

sozialen Bedingungen. Daten zur Zufriedenheit und zum Glück in Bezug auf das Leben werden insbesondere mittels Umfragen erhoben.

Mit der »Zufriedenheit in Bezug auf das Leben« werde gemessen, »wie Menschen ihr Leben insgesamt – nicht ihren momentanen Gefühlszustand – bewerten«. Wenn man allerdings mit dem Cursor über den Link fährt, der zu den entsprechenden Daten führt, öffnet sich ein kleines Fenster mit der Frage »Wie glücklich sind Sie?« – das offenbart die Absicht, glückliche Gefühle mit allgemeiner Zufriedenheit in Zusammenhang zu bringen.[15] Die Daten stammen aus Antworten, die in Umfragen gegeben wurden, aber es wird nicht sofort ersichtlich, wie repräsentativ diese Daten sind. Der Index erhält durch die Umfragemethode den Anschein, als repräsentiere er das wirkliche Leben, und wirkt somit plausibel. Um bei dem Beispiel Dänemark zu bleiben: Das Land landete insgesamt auf Platz drei. Sprachlich geht es um »Zufriedenheit«, und diese wird mit Zahlen von eins bis zehn bewertet. Dänemark gab sich selbst eine 7,5 von zehn für die »allgemeine Zufriedenheit«, was zeigt, dass die Dänen »mit ihrem Leben zufriedener sind als der OECD-Durchschnitt«.[16] Ist Zufriedenheit aber dasselbe wie Glück? Was bedeutet es, »7,5 / 10«-zufrieden zu sein? Und welche Extreme verbergen sich hinter einer solchen Zahl?

Der *Gallup Well-Being Index* kombiniert ganz ähnlich »objektive« und »subjektive« Faktoren des Wohlergehens. Zu den »objektiven« Faktoren zählen das Bruttoinlandsprodukt, Erwerbstätigkeit und Armut sowie Gesundheit und Alphabetisierung. Solche Faktoren mögen auf nationaler Ebene *etwas* aussagen. Die Tendenz, bei solchen Statistiken den gesellschaftlichen Durchschnitt zu ermitteln, birgt jedoch immer das Risiko, dass Ausreißer – Minderheiten oder Indigene zum Beispiel –, für die die Zahlen deutlich anders aussehen können, nicht berücksichtigt werden. In ähnlicher Weise sind Daten zu »subjektiven« Einschätzungen in Bezug auf die Bewertung des Lebens und Erlebens wenig aussagekräftig. Was bedeutet es, das Wohlergehen eines ganzen Landes zu bewerten? Ist der Nationalstaat wirklich die geeignete Einheit für die Messung von Glück? Zweifellos gibt es Argumente, die dafür sprechen – nicht zuletzt praktische –, jedoch ist dieser Fokus nicht »natürlich«. Der Nationalstaat und diese Agenda des Wohlergehens sind nicht weniger »objektiv« und nicht weniger Phänomene ihrer Zeit als alles andere, das ich in diesem Buch untersucht habe. Big Data, ein Verständnis der Wirtschaft als Wissenschaft, und das implizite Vertrauen, dass die von den Menschen selbst abgegebenen Bewertungen zuverlässig sind, tragen dazu bei, die *emotional regimes* zu verbergen, denen solche Indexe dienen und zu deren Entstehung sie beitragen.[17]

Der *Happy Planet Index* der »Denkfabrik« New Economics Foundation behauptet, das zu messen, »worauf es ankommt«, und bietet eine implizite Definition von Glück als »nachhaltiges Wohlergehen für alle«, ebenfalls auf der Basis des Nationalstaats.[18] Die Ergebnisse überraschen aber ein wenig: Die Liste wird von Costa Rica, Mexiko, Kolumbien, Vanuatu und Vietnam angeführt. Schweden rangiert auf Platz 61 von 140, Kanada auf Platz 85, das üblicherweise unanfechtbare Dänemark auf Platz 32. Der Grund hierfür liegt – trotz der höheren Lebenserwartung und der hohen Bewertung des Wohlergehens durch die Einwohner selbst – darin, dass die führenden Länder einen nachhaltigeren Umgang mit der Umwelt pflegen und dass ihr »ökologischer Fußabdruck« kleiner ist. Das langfristige »Glück« des Planeten stellt trotz massiver Einkommensungleichheit, Armut, Menschenrechtsverletzungen sowie einer schlechteren Bewertung des eigenen Wohlergehens die übliche Bewertungsweise auf den Kopf. Die Menschen in Skandinavien mögen ein langes Leben haben und denken, sie seien glücklich, ihr ökologischer Fußabdruck allerdings macht die Welt als Ganze ein bisschen weniger glücklich.[19]

Zusammengenommen fallen diese Dinge unter die Überschrift »Glücksökonomie«.[20] Die Realität ist, dass all diese Umfragen, Berichte und Indexe nicht viel darüber aussagen, wie es ist – gemeint ist die tatsächliche Erfahrung –, an diesen Orten zu leben. Sie sagen nicht, wie es ist, wenn man an diesen Orten aufgrund seiner »Rasse«, seines Geschlechts oder Alters, seiner Behinderung oder sexuellen Orientierung marginalisiert wird, oder was die Ursachen für ein statistisch festgestelltes Gefühl des Unglücklichseins sein könnten. Es kann sogar behauptet werden, dass diese Erhebungen ein Teil des Problems sind, denn es wird implizit mit der neoliberalen, kapitalistischen Agenda gearbeitet, indem Glück in politische und ökonomische Begriffe gefasst wird und politische und ökonomische Lösungen für Unglücklichsein (Fehlen von Wohlergehen) beworben werden. Unbefriedigende Arbeit, hohe Schulden, Stress, Fehlen von Gemeinschaft, Einsamkeit und so weiter – alles Symptome der neoliberalen, kapitalistischen Agenda: Das ist es, was die Menschen unglücklich macht.

Eva Illouz hat den Ausdruck »emotionaler Kapitalismus« geprägt, um die Aneignung von Emotionen durch ökonomische Prozesse zu beschreiben, die dann wiederum soziale Beziehungen definieren. Im emotionalen Kapitalismus, erklärt sie, »wird Affekt zu einem wesentlichen Aspekt ökonomischen Verhaltens gemacht, und das emotionale Leben, insbesondere das der Mittelschicht, folgt der Logik von ökonomischen Beziehungen und ökonomischem Austausch. Marktbasierte kulturelle Repertoires formen und beeinflussen zwischenmenschliche und emotionale Beziehungen.« Dadurch werden ökonomische Beziehungen endgültig mit Vorschriften für emotionale Praktiken verknüpft. Laut Illouz fördern Begriffe wie »Kooperation« und »Teamarbeit« die Sprache der Psychologie sowie »die Sprache der wirtschaftlichen Effizienz« in einem Ausmaß, dass Menschen jetzt anhand dieser »Drehbücher« *fühlen* und Wirtschaftsbeziehungen als Beziehungen per se konzeptionalisieren.[21] Ich möchte hinzufügen, dass der emotionale Kapitalismus allumfassend wird, wenn Glück und Wohlergehen (als eine einzige Kategorie) als rein ökonomische Begriffe definiert werden: Work-Life-Balance, Gesundheit (als eine Frage der Arbeitseffizienz), Erfüllung (in Bezug auf das Berufsleben) sowie Bildung (als Vorbereitung für die bestmögliche Arbeitsleistung). Was wird also in diesem historischen Moment genau getan, um das Glück in den Zuständigkeitsbereich der Ökonomen zu bringen?

Hieran anschließend möchte ich die politischen Implikationen einer Einverleibung des Glücks und Wohlergehens durch die politischen Entscheidungsträger darlegen. Welchen Unterschied macht es, dass Regierungen sich auf solche Indexe und Berichte beziehen, um *uns zu sagen*, dass wir glücklich sind? Was passiert mit dem Erleben von Glück, wenn seine Bedingungen explizit vorgeschrieben werden, sodass sie politisierten Maßeinheiten entsprechen?[22] Diese Frage ist für uns alle sehr dringlich und eine politische Angelegenheit; sie führt uns zu dem Prozess der kritischen und kontextualisierten Reflexion, die ich in der Einleitung zu diesem Buch angedeutet habe. Können bzw. wollen wir uns von den Begrenzungen durch die im emotionalen Kapitalismus definierten Bedingungen in Bezug auf das Glück befreien? Oder genügt es, zu erkennen, wie die Bedingungen unseres Glücks bestimmt werden, um sie zu zerstören oder sich ihnen zu widersetzen?

Die Politik des Glücks

Glück ist seit Langem etwas Politisches. Wie wir in Kapitel 1 gesehen haben, betrachtete Aristoteles *eudaimonia* als Ziel des guten Lebens, wobei das beste Beispiel für diese Qualität das politische Leben war. In der Unabhängigkeitserklärung der Vereinigten Staaten werden die »unveräußerlichen Rechte« auf »Leben, Freiheit und das Streben nach Glück« in eindeutig politischen Begriffen beteuert. Die Erklärung institutionalisierte das Recht, nach Glück zu streben (nicht das Recht, glücklich zu *sein*). Das »Streben nach Glück« inspirierte viele Wissenschaftler und Autoren dazu, zu versuchen, genau zu formulieren, was mit diesem Satz gemeint sein konnte, mit all seinen persönlichen, philosophischen, soziologischen, neurowissenschaftlichen, psychologischen und ökonomischen Implikationen. Alles hängt von einer Definition ab, deren Vagheit ihr politisches Ausmaß eröffnet.[23]

Jeremy Bentham, der berühmte Vater des Utilitarismus, bezog sich auf die französische Form der Revolution, als er von »natürlichen und unveräußerlichen Rechten« als »rhetorischem Unsinn, Unsinn auf Stelzen« sprach und sie, da sie Unruhe und Uneinigkeit mit der Regierung provozierten, gefährlich nannte.[24] Auf seine eigene Art verstand Bentham die Konstruiertheit von Rechten und ihre Verbundenheit mit einem historischen und politischen Moment, was auch implizierte, dass sie sich wieder auflösen und verschwinden konnten. Aus dem »Streben nach Glück« ein natürliches Recht zu machen, scheint eine Variante dieses rhetorischen Unsinns zu sein, da Glück weder stabil genug ist, um als Basis einer Politik zu dienen, noch flexibel genug, um eine Reaktion auf Veränderungen in Gesellschaft, Kultur oder politischen Idealen zu ermöglichen. Glück ist ebenso wenig wie alle anderen affektiven Werte, die in diesem Buch behandelt wurden, eine feste Kategorie. Es kann nicht für alle Zeiten definiert werden. Es gibt wichtige Gründe, weshalb wir bezweifeln sollten, dass heutige Amerikaner etwa das gleiche Glück anstrebten, soweit sie von diesem Recht Gebrauch machen, wie die Verfasser der Unabhängigkeitserklärung.

In *Johnson's Dictionary* aus dem Jahr 1755, dem kursorischsten, aber klarsten seiner Art, wird *happiness* definiert als »Zustand, in dem alle Bedürfnisse erfüllt sind«; das Streben nach Glück wird also mit der Befriedigung anderer Bedürfnisse in Zusammenhang gebracht (siehe den Abschnitt zu Wollstonecraft in Kapitel 4). Mit anderen Worten: Das Glück selbst war kein Ziel. Eines der Verwendungsbeispiele ist ein bisschen komplexer und deutet die praktischen Schwierigkeiten an, die damit verbunden waren, das Streben nach Glück zu einem Recht zu erklären. Locke schrieb hierzu Folgendes: »Nicht für alle Menschen sind die selben Dinge gleich gut«, weshalb »nicht jeder sein *Glück* in den selben Dingen sieht.« Die anderen Einträge zu *happiness* in *Johnson's Dictionary* zeigen dessen Bedeutung im Sinne von »Glück haben« oder von »natürlicher Gunst« (*unstudied grace*).[25] Insbesondere im Deutschen ist die Verwandtschaft von »glücklich sein« und »Glück haben« erhalten geblieben. Im Fall von »natürlicher Gunst« oder »zufälliger Erlesenheit« (*fortuitous elegance*) kann dies nicht behauptet werden. Sicher ist, dass die Autoren der Unabhängigkeitserklärung mit »Glück« nicht das Recht, nach Glück (in der Bedeutung von »Glück haben«) oder nach »Gunst« zu streben, gemeint haben. Vielmehr ging es um die Befriedigung von Bedürfnissen, um das Erlangen von Leichtigkeit und Zufriedenheit im Leben insgesamt, die sich aus dem Erkennen der eigenen Wünsche ergeben. Dies ist weit von *eudaimonia* entfernt, aber auch von dem, was in unserer Welt unter »Glück« verstanden wird.

Wie deutlich werden wird, hat sich die Befriedigung von Bedürfnissen zu einem Streben nach einer Work-Life-Balance, nach dem Schaffen von Bedeutung oder nach Wohlergehen entwickelt. Im 20. Jahrhundert wurde das Glück zum Ziel gewisser Bereiche der Medizin, im Zuge von Absichten, das Glück für politische Ziele zu instrumentalisieren.[26] Wie sieht es aktuell mit dem globalen Glück aus, in einer Welt, in der es oft so scheint, als würde es nicht viel davon geben?

Es gibt kaum einen Politiker, der bezüglich der »Glücksagenda« so deutlich wurde wie David Cameron, der 2010 in Großbritannien eine Initiative ins Leben rief, damit nicht länger einzig das Bruttoinlandsprodukt als Indikator für das Wohlergehen der Nation herangezogen würde. Er zitierte Robert Kennedy, der einst sagte, das Bruttoinlandsprodukt garantiere »nicht die Gesundheit unserer Kinder, die Qualität ihrer Ausbildung oder ihre Freude beim Spielen. Es misst weder unsere Weisheit noch unser Lernen; weder unser Mitgefühl noch unsere Hingabe unserem Land gegenüber; kurz gesagt, es misst alles, außer dem, was das Leben lebenswert macht.« Cameron befürwortete diese Sichtweise und nannte sie gleichzeitig eine Überspitzung. Dennoch forderte er das Office for National Statistics (Amt für nationale Statistik) dazu auf, »eine neue Methode zur Messung des Wohlergehens in Großbritannien zu entwerfen«. Er führte einige eigene Beispiele dafür an, wie das Bruttoinlandsprodukt einen falschen Eindruck vermitteln kann: Nach einem Erdbeben steigt es aufgrund der Wiederaufbaumaßnahmen; bei erhöhter Kriminalität steigt es, da die Menschen Schlösser kaufen; auch die Kosten für die Behandlung eines schwer kranken Menschen führen zu einer Erhöhung. In diesen Fällen steigt zwar das Bruttoinlandsprodukt, das Wohlergehen jedoch sinkt eindeutig. Konkret ging es bei seiner »Glücksagenda« um sozial-konservative Bedenken in Bezug auf eine »progressive« Gesellschaftspolitik, die sich aus einer spezifisch konservativen Perspektive negativ auf das Wohlergehen ausgewirkt hatten. Anders gesagt: Cameron sprach in seiner Rede vom Messen des Wohlergehens, wenn er die neuen Instrumente forderte.

Die Beispiele sind deutlich: »Wir hatten in Großbritannien eine Art unregulierte Immigration, die durch das Argument gerechtfertigt wurde, dass sie gut für das Wachstum sei; aber man hatte sich keine ausreichenden Gedanken darüber gemacht, was sie für öffentliche Dienstleistungen und den sozialen Zusammenhalt bedeutete.« Camerons Glücksagenda richtete sich gegen Einwanderung, in der Auffassung, dass das Wohlergehen negativ davon beeinflusst würde. »Wir hatten so etwas wie einen unregulierten Zugang zu billigem Alkohol – auch das angeblich gut für das Wachstum. Aber haben wir uns wirklich Gedanken über die Auswirkungen auf Recht und Ordnung und auf das Wohlergehen gemacht?« Seine Glücksagenda war antisozial und dafür pro Recht und Ordnung; sie implizierte den Wunsch, die individuelle Gesundheit der Verantwortung der Regierung zu übergeben. »Wir hatten so etwas wie unregulierte, verantwortungslose Medien – auch das sollte gut für das Wachstum sein. Aber was ist mit den Auswirkungen auf die Kinder?«

Diese Aussage ist weniger deutlich, sie impliziert jedoch, dass man die Pressefreiheit beschneiden wollte. Insgesamt passte Camerons Glücksagenda sehr gut zur Politik der Conservative Party.[27]

2014 – als die Austeritätspolitik Einzug hielt und Elend und Unzufriedenheit im gesamten Land zuzunehmen schienen – schien die Glücksagenda verloren. Brian Wheeler, der für die BBC berichtete, nannte sie hingegen sehr lebendig, wenn auch in offensichtlicher Unordnung begriffen. Sein Leitartikel über die Glücksagenda sowie die Aussage des dafür Verantwortlichen, Parlamentsmitglied Nick Hurd, vor einem parlamentarischen Ausschuss dienen als Beweise dafür, dass an ihrer Nützlichkeit gezweifelt werden sollte. »Für jemanden, der mit Glück sein Geld verdient«, so Wheeler, »lächelt [Nick Hurd] nicht sehr oft.« Laut Hurd ist »Glück [...] ein sehr schwer messbares Konzept. Man bewegt sich ständig ‚auf Zehenspitzen', ‚um das verdammt nochmal Offensichtliche zu sagen'«. Die Wirkungslosigkeit der Glücksagenda, was ihren Einfluss auf die Politik betrifft, bringt Folgendes auf den Punkt: »Warum sind die Menschen in Stoke-on-Trent weniger zufrieden als die Menschen anderswo? Das hat offensichtlich mit ihren persönlichen ‚Charakterzügen' zu tun. Und was ist mit Swansea? Warum geht es den Menschen dort so schlecht? (Das scheint niemand zu wissen.)«[28] Abseits des Journalistenspotts ist der wesentliche Punkt, dass die Glücksagenda trotz der Bemühungen, das Wohlergehen zu messen, eigentlich außer Rhetorik nicht viel zu bieten hat.

Dies soll jedoch die Rhetorik nicht herabsetzen. Rhetorik ist die wichtigste Waffe der Politik. Thukydides hat ihre Macht verstanden. Gute Rhetorik bringt Emotionen hervor. Camerons Glücksagenda diente dazu, eine ansonsten typisch konservative Plattform mit affektiven, qualitativen und lebensbejahenden Etiketten zu versehen. Dieses Branding hatte zum Ziel, dass sich die Tories gut damit fühlten, Tories zu sein. Vielleicht hat es funktioniert. Falls ja, wurde Glück tatsächlich weniger gemessen als vielmehr geschaffen. Für diejenigen, die unter den vielen Kürzungen im sozialen Bereich zu leiden hatten, war die Glücksagenda jedoch nichts als bloße Rhetorik, ein emotiver Biss ohne Zähne.

Andernorts wurde die Glücksagenda ganz eindeutig auf höchster politischer Ebene institutionalisiert. Im Februar 2016 ernannten die Vereinigten

Arabischen Emirate ihre erste Glücksministerin. Dies mag an George Orwell erinnern. Die Amtsinhaberin, Ohood bint Khalfan Al Roumi, ist gleichzeitig Generaldirektorin des Büros des Premierministers und Mitglied des Global Entrepreneurship Council der UN. Diese Umstände sowie die Tatsache, dass sie einen Universitätsabschluss in Business Administration besitzt, lassen vermuten, worum es bei der Glücksagenda eigentlich geht. »Welchen Zweck hat eine Regierung, wenn nicht den, auf das Glück der Menschen hinzuarbeiten« – so ihre rhetorische Frage; jede Menge Wissenschaftler mögen substanzieller darauf antworten.[29] »Es ist die Pflicht und die Rolle der Regierung, die richtigen Bedingungen zu schaffen, sodass die Menschen sich dazu entscheiden können, glücklich zu sein.« Diese Äußerung scheint eine gewisse Distanz zwischen ihr Amt und die tatsächliche Schaffung von Glück zu bringen. Der Fokus liegt hier wie bei den Glücksindexen auf dem Wohlergehen, und die Interessen des Amts sind letztendlich ökonomisch ausgerichtet. Solche Politiken verfügen über eine unwiderstehliche Anziehungskraft: »Als Regierung haben wir keinerlei Absichten, Glück zu verordnen, zu verfügen oder zu erzwingen«, sagt sie. »Wir tun lediglich das Richtige für die Menschen, [...] um ihnen ein besseres Leben zu ermöglichen.« Wie Glück von einer Regierung verordnet, verfügt oder erzwungen werden könnte, ist vielleicht irrelevant. Indem sie betont, einfach die Bedingungen zu ändern, sodass sich die Menschen dafür »entscheiden« könnten, glücklich zu sein, spielt sie jedoch die Absichten der Regierung herunter. Roumi nennt die Kultivierung von Glück auch »eine Wissenschaft. Sie berührt Medizin, Gesundheit, Sozialwissenschaften. Wir versuchen, dies in die Alltagspraktiken unserer Gesellschaft zu integrieren.«

Welche konkreten Maßnahmen werden in den Vereinigten Arabischen Emiraten getroffen, um die Bedingungen für Glück herzustellen? Wir befinden uns noch am Anfang. Einer von Roumis Beratern, Meik Wiking vom Happiness Research Institute in Kopenhagen (wo auch sonst?), sagte 2017: »Noch wissen sie nicht, wie sie das Glück steigern werden [...]. Zunächst soll herausgearbeitet werden, wodurch das Wohlergehen im Land entsteht.«[30] Roumi hat »Glücksmesser« in Büros installiert, ähnlich denen, die es an manchen Flughäfen vor Toiletten und bei Sicherheitskontrollen gibt. Dubai wird 2018 Glücksmesser einführen, um zur »glücklichsten Stadt der Welt« zu werden.[31] Die Nutzer drücken mithilfe eines Emojis aus, ob sie sich hinsichtlich eines bestimmten Erlebnisses glücklich, unglücklich oder neutral gefühlt haben. Außerdem hat Roumi die Kampagne »100 Tage mit positiver Einstellung« ins Leben gerufen: Schüler und Lehrer sollen »positives Verhalten üben«. In Abu Dhabi gibt es »Glückspatrouillen«: Gutes Fahrverhalten wird belohnt statt schlechtes bestraft. Das ist sozusagen positive Überwachung. Dennoch muss den Fahrenden bewusst sein, dass sie überwacht werden, damit die Methode funktionieren kann. Die Chief Happiness and Positivity Officers werden darin »ausgebildet, ein positiver eingestelltes Personal und so letztendlich eine fröhlichere Nation zu schaffen«.

Es ist allerdings unklar, ob das Greater Good Science Center an der Universität von Berkeley in Kalifornien oder das Mindfulness Centre an der Universität von Oxford der Politik konkrete Ratschläge werden geben können. In Berkeley werden die »Psychologie, Soziologie und Neurowissenschaft des Wohlergehens [erforscht] und Fähigkeiten gelehrt, die eine florierende, stabile und mitfühlende Gesellschaft fördern«, während Oxford eine »Vision« hat von einer »Welt ohne die verheerenden Auswirkungen von Depressionen«, in der »Achtsamkeit die Menschen dazu befähigt, mit Bewusstheit, Weisheit und Mitgefühl zu leben«. Auch hier liegt der Fokus auf klinischer und neurowissenschaftlicher Forschung, mit dem Ziel, »neue Ansätze in Bezug auf achtsamkeitsbasierte Interventionen« zu entwickeln und zu lehren.[32]

Wenn Achtsamkeit zur Regierungspolitik wird und gleichzeitig Unternehmen und Wirtschaft oberste Priorität haben, dann birgt das Wort »Intervention« das Potenzial für ethische Bedenken. Geht es bei der Glückspolitik wirklich um das individuelle Wohlergehen – oder darum, das Glück für wirtschaftliche Effizienz zu instrumentalisieren? Letztendlich kostet Depression Geld, direkt und indirekt. Arbeitsausfall schmälert den Profit enorm. Illouz stellt fest, dass Unternehmen deshalb die Hilfe von Psychologen suchen, um »Lösungen für das Problem von Disziplin und Produktivität zu finden«.[33] Es geht weniger darum, die Emotionen der Arbeiter kaltzustellen, als vielmehr darum, sie neu zu fokussieren und Grenzen zu schaffen, damit sie innerhalb des Rahmens der Bedürfnisse des Unternehmens, seiner Angestellten als Arbeiter und der Arbeiter als Konsumenten operieren.[34] Die Soziologin Arlie Russell Hochschild hat schon vor längerer Zeit gezeigt, dass die Emotionen der Angestellten durch entsprechende Vorschriften der Unternehmen *hergestellt* werden.[35] Wer zum Lächeln gezwungen wird, bei dem entsteht zwar Glück, aber das Glück, das hier relevant ist, wird durch den Kontext des erzwungenen Lächelns definiert und begrenzt. Es ist kein abstraktes Glück. Tatsächlich konnte gezeigt werden, dass es so etwas wie abstraktes Glück nicht gibt. Wenn emotionale Zustände immer der Instrumentalisierung unterworfen sind, dann sind diese Emotionen, die von Unternehmen verordnet werden, nur eine bewusstere Form der Kontrolle. Wie wahrscheinlich ist es also, dass Glück als Regierungsprojekt Glück als Selbstzweck herbeizaubert?

Wem all das zu zynisch klingt, den möchte ich darauf hinweisen, dass Organisationen wie Amnesty International darüber informieren, wie die Vereinigten Arabischen Emirate Menschen unglücklich machen: Im Juni 2017 zum Beispiel berichtete man über Folterungen in den Emiraten wie auch im Jemen. Amnesty International erinnerte die Vereinigten Arabischen Emirate daran, dass sie 2012 die *UN-Antifolterkonvention* und außerdem den *Vertrag über den Waffenhandel* unterzeichnet haben, weshalb sie verpflichtet sind, »Handlungen, die den Zweck des Vertrags untergraben, zu unterlassen. Dies beinhaltet auch, menschliches Leid zu reduzieren.«[36] Die USA, die im Bericht von Amnesty International ebenfalls erwähnt werden, nennen in ihrem *State Department Report on Human Rights Practices* für 2016 folgende Ursachen für die wesentlichen Probleme der Vereinigten Arabischen Emirate: »Nichtvorhandensein freier, fairer und regelmäßiger Wahlen; Beschränkungen bürgerlicher Freiheiten (darunter Rede-, Presse-, Versammlungs- und Vereinigungsfreiheit); und Verhaftungen ohne Anklage, Isolationshaft, lange Untersuchungshaft sowie Misshandlungen in Haft.« Diese Missstände würden verstärkt durch »mangelnde Transparenz der Regierung; Gewalt seitens Polizei und Gefängnispersonal; staatliche Eingriffe in Persönlichkeitsrechte, wie Festnahmen aufgrund von Postings und Kommentaren in Internet; und mangelnde richterliche Unabhängigkeit«. Die Liste geht weiter, wobei festgestellt wird, dass Nicht-Bürger, Frauen und Menschen mit HIV/Aids besonders schlecht behandelt werden.[37] Es ist sehr unwahrscheinlich, dass die Kompetenzen des Ministeriums für Glück weit genug reichen, dass die Menschen in den Emiraten unter solchen Bedingungen »Glück wählen« können.

Folter ist mit keiner Glücksagenda in Einklang zu bringen. Dennoch gehören auch Glück und Freiheit (oder »Rechte«) nicht widerspruchslos und unumstößlich zusammen. Es ist ein Dünkel des liberalen, demokratischen Westens, dass undemokratische oder verschlossene Regime alle ihre Bürger unglücklich machen. Aus umfassenden Forschungen zur DDR beispielsweise ist bekannt, dass die Glücksagenda bei Kindern dort weitgehend funktioniert hat. Sie hat sicherlich nicht für alle funktioniert, und das Ausmaß des Leids, das das Regime verursacht hat, sollte nicht heruntergespielt werden. Die Glückspraktiken, die durch die Regierung verordnet und durchgesetzt wurden, steigerten aber ohne Zweifel das Glück. In der DDR fand das vor allem durch Liebe zum Land und durch Treue zur Ideologie der Partei Ausdruck: Je größer das Maß, in dem ein Individuum aufrichtig und *authentisch* dazu erzogen werden konnte, diese Dinge zu fühlen, desto glücklicher war dieses Individuum innerhalb des Systems. Juliane Brauer hat sorgfältig die Praktiken des gemeinsamen Singens in der Kindheit dokumentiert, um zu zeigen, dass nicht jedes Lächeln im Kommunismus erzwungen war und nicht jede Praktik in Angst ausgeführt wurde.[38] Dies verhindert keine Kritik am Regime. Es soll lediglich deutlich gemacht werden, dass Glück nicht auf bereits definierte äußere Bedingungen begrenzt ist. Menschen sind emotional anpassungsfähig. Wir können scheinbar überall »glücklich« sein, was auch immer sich hinter diesem Etikett verbirgt.

Man könnte vermuten, dass hierin das Ziel des Glücksministeriums der Vereinigten Arabischen Emirate liegt, auch wenn das Glück hier in Zufriedenheit am Arbeitsplatz und nicht in der Liebe zum Land seinen Ausdruck finden soll. Nicht alle sollen erreicht werden, und das müssen sie auch nicht. Es genügt, diejenigen zu erreichen, die im Alltag einen Anteil daran haben, dass die Macht des Staates wächst. Für diese Menschen kann die Glücksagenda der Regierung ein wahrer Segen sein. Ich bin sicherlich nicht in der Position, jemandem zu widersprechen, der behauptet, glücklich zu sein, wie unplausibel es mir aus meiner Perspektive auch erscheinen mag. Dennoch sind die Vereinigten Arabischen Emirate vielleicht ein abschreckendes Beispiel dafür, was *mit* dem Glück gemacht wird, sobald es politisiert wird. Sollten noch weitere Warnungen nötig sein, genügt ein Blick auf das venezolanische Glücksministerium, das 2013 geschaffen wurde. Die BBC berichtete damals, dass die Inflationsrate des Landes bei 50 Prozent lag und dass es chronisch an grundlegenden Gütern mangelte.[39] Dementsprechend übergossen westliche soziale wie etablierte Medien das Ministerium mit Spott.

Mit Blick auf Einrichtungen wie das private Happiness Research Institute in Dänemark oder die gebührenpflichtigen akademischen Institutionen, die die zukünftigen Entscheidungsträger in Bezug auf das Glück ausbilden, provozieren solche Programme eine heikle Frage: Welche Ethik steckt dahinter, im Wesentlichen eine Beratungsfirma zu leiten, die Glücksstrategien für jeden ausarbeitet, der für diese Dienstleistung bezahlt? Dänemark ist bekannt dafür, bei Glücksindexen gut abzuschneiden – warum sollte man das für nicht Marketingzwecke nutzen? Dementsprechend veröffentlichte Meik Wiking 2016 *Hygge – ein Lebensgefühl, das einfach glücklich macht*, das zum Bestseller wurde. Sein Institut wird regelmäßig von Menschen aus Südkorea aufgesucht. Beinahe platonisch setzt Wiking individuelles Streben nach Glück und die Verkörperung von Emotionen in einem Nationalsaat gleich und nennt Südkorea »ein typisches Beispiel dafür, wie viele Länder fühlen, die in den vergangenen Jahrzehnten deutlich reicher geworden sind, ohne dass sich ihre Lebensqualität oder ihr Wohlergehen zwingend gesteigert hätten«. Südkorea hat Probleme damit, »Wohlstand in Wohlergehen« umzuwandeln. Er weist auf die hohe Suizidrate des Landes hin (27.3 / 100 000 in 2014), die ein Problem mit dem Glück erkennen lasse. Südkorea rangiert auf Platz 26 von 128 im *Social Progress Index*, aber nur auf Platz 119 in Bezug auf die Suizidrate. Für eine bessere Work-Life-Balance empfiehlt Wiking unter anderem Unternehmertum, nicht um das Elend anderer zu mildern, sondern als Heilmittel für das eigene Unglück. »Umfragen zeigen, dass Unternehmer im Allgemeinen glücklicher sind als diejenigen, die ein Gehalt erhalten«, ist eine der Erkenntnisse des Instituts, woraus sich eine wunderbar gewundene Logik ergibt.[40] Die Glücksindustrie bewirbt das sozial progressive Unternehmertum, um andere glücklich zu machen, während gleichzeitig angemerkt wird, dass Unternehmer besonders glücklich und zufrieden mit ihrem Leben sind. Vielleicht sollten dann alle Unternehmer sein? Wie funktioniert dieser Tipp für isolierte Mitglieder einer Gesellschaft wie in den Vereinigten Arabischen Emiraten oder in Korea? Ich habe bereits über das interessante Spannungsverhältnis das Unternehmertum betreffend geschrieben, einerseits (gewinnorientiert) der Gesellschaft zu dienen und andererseits eigennützige Motive zu haben. Dabei habe ich argumentiert, dass die Flut an neuen Unternehmern mit sozialer Ausrichtung eine Erweiterung des Geistes des Kapitalismus darstellt, wie ihn Max Weber formuliert hat, in dem ein »Mann für das Geschäft existiert und nicht anders herum«.[41] Diese Unternehmer haben eine »Berufung«,

> die durch ein starkes Verlangen angetrieben wird, sich selbst und anderen etwas zu beweisen, indem sie einen Bereich finden, in dem sie dies tun können, bevorzugt einen, in dem sie Macht erlangen und auf eine symbolische Art ihrer Wut auf die Elite, die ihre Schwierigkeiten verursacht hat, Luft machen können.[42]

Kurz nach dem Zweiten Weltkrieg wies Joseph Schumpeter auf diese unausweichliche soziale Zweckdienlichkeit des Unternehmertums hin und bemerkte, dass sie »dem sozialen Organismus den Stempel ihrer Mentalität aufdrückt«. Diese Mentalität trug »den Stempel ideologischer Vorurteile«, und ihr fehlte die Reflexivität, die für eine Art kritisches Unternehmertum nötig sei.[43] 1949 gehörte Schumpeter zur Avantgarde einer neuen Forschungsrichtung am Harvard University Research Center, und er untersuche die Themen Unternehmensgeschichte, Historizität des Unternehmertums und ihre Ideologie bzw. Mentalität (sowohl anhand individueller Beispiele als auch im Gesamten). Der Schwung ging jedoch verloren, und der neuen Generation der Unternehmer fehlte die Fähigkeit zur kritischen Reflexion darüber, was es bedeutete, »Gutes zu tun« oder »glücklich zu machen«.[44]

Zurück zu Aristoteles

Dieses Buch hat begonnen mit einer Erklärung des Politikverständnisses des Aristoteles, der die Politik als bestes Mittel zum »Glück« begriff. Dieses Verständnis habe ich analysiert und dekodiert, um zu zeigen, dass »Glück« kaum eine geeignete Übersetzung für den von *eudaimonia* gemeinten Zustand ist. Hier nun schließt sich der Kreis, indem wir erneut die Frage nach der Politik des Glücks stellen. Wir verzeichnen heute eine eindeutige Umkehrung des aristotelischen Konzepts. Glück ist zu einem Machtinstrument der Politik geworden, die durch sich selbst gerechtfertigt ist. Insofern Glück als objektiv messbar verstanden wird, wird es dazu benutzt, gewisse Stile und Ausdrucksformen politischer Macht zu erklären und zu legitimieren, gerade als sei die Politik dazu da, die Menschen glücklich zu machen. Diese wiederum werden von politischer Aktivität ausgeschlossen, da Politiker ihnen sagen, dass sie in ihrem Glücksregime glücklich sind. Auch nach Aristoteles' Definition von *eudaimonia* können Menschen objektiv als glücklich bezeichnet werden, auch wenn sie im eigentlichen Sinne kein Glück erleben. Entgegen der *eudaimonia* des Aristoteles jedoch, die entsprechend dem persönlichen Erleben eines Individuums sorgfältig definiert war, scheint das heutige Glück unabhängig von jedwedem tatsächlichen Erleben konstruiert zu sein, egal, ob unter Glück eine Emotion oder eine allgemeine Disposition verstanden wird. Angesichts der Tatsache, dass die »glücklichsten« Länder des Planeten gleichzeitig die höchsten Suizidraten aufweisen, stellt sich die Frage, welche wesentliche Bedeutung dem Glück noch zugeschrieben werden kann.

Vor Kurzem haben Wissenschaftler des Emotion and Self-Regulation Laboratory an der Hebräischen Universität in Jerusalem den Versuch unternommen, die Politisierung von Glücksregimen mit eine These des Aristoteles zu untergraben.[45] Anstelle eines einfachen Zusammehangs zwischen Vergnügen und Glück versuchten sie zu beweisen, dass die Fähigkeit, dem Kontext angemessene Emotionen zu empfinden, zu mehr Glück führe, auch dann, wenn die jeweiligen Emotionen »negativ« seien, wie zum Beispiel Wut oder Hass. Diese Hypothese war inspiriert von einer Randbemerkung in der *Nikomachischen Ethik* und reduziert Aristoteles' These auf das Folgende: »Laut Aristoteles sollte es sich bei Glück um das Fühlen von Emotionen handeln, die entsprechend den eigenen Bedürfnissen und Motiven als angemessen betrachtet werden. Hierauf basierend definieren wir ›richtig fühlen‹ als das Fühlen von Emotionen, die als wünschenswert angesehen werden.«[46]

Die Ergebnisse dieser Forschungen bestätigen auf beeindruckende Weise die Hypothese, dass Glück darin bestehe, »richtig zu fühlen«, und nicht darin, »Vergnügen zu empfinden«. Die Studie, an der 2324 Studierende aus acht verschiedenen Ländern teilgenommen haben, reflektiert kulturelle Unterschiede und repräsentiert sieben von acht »Kulturregionen« der Welt. Laut den Forschern handelt es sich um die erste empirische Überprüfung von Aristoteles' These. Sie schlussfolgern: Auch wenn das Geheimnis des Glücks darin besteht, »sich gut zu fühlen« (also Vergnügen zu empfinden), besteht es gleichzeitig auch darin, »richtig zu fühlen«, was bedeuten kann, dass Glück in bestimmten Situationen von Wut oder Hass abhängt. »Glück«, so das Fazit, »bedeutet, Emotionen zu fühlen, die entsprechend dem jeweiligen persönlichen, sozialen und kulturellen Kontext eines Individuums gewürdigt werden.«[47]

Was, wenn wir die dieser Studie zugrunde liegende Hypothese auftrennen? Was, wenn wir zeigen, dass die Prämisse fehlerhaft, die Auslegung der Aristoteles-Stelle selektiv und falsch ist und dass sich die Schlussfolgerungen auf individuelles emotionales Bemühen auf Kosten des kulturellen Kontexts konzentrieren, in dem emotionales Streben und *Tun* stattfinden? Was, wenn wir aufzeigen, dass diese Studie die praktische Komponente des Fühlens nicht berücksichtigt und dass die Frage, ob jemand das fühlen kann, was sie oder er selbst zu fühlen wünscht, mit sozialen Codes bezüglich der Angemessenheit von Praktiken für verschiedene Emotionen verwoben ist? Anders ausgedrückt: Wenn jemand Wut fühlen möchte, darf sie oder er dann diese Wut auf jede Art ausdrücken, die ihr oder ihm notwendig erscheint, um »richtig zu fühlen«? Dasselbe gilt für Hass. Was aus dem »richtig fühlen« folgt, ist gefährlich und alarmierend. Was, wenn die Praktiken, die damit verbunden sind, »richtig zu fühlen«, Gewalt und Unterdrückung erfordern? Was, wenn Hass und Wut auf Minderheiten abzielen? Was, wenn solche Gefühle politische Dynamiken der Unterdrückung, Ausgrenzung und aller Arten von Gewalt inklusive ethnischer Säuberungen bedeuten? Würden wir das dann als »Glück« anerkennen, das in solchen Momenten erlebt wird, weil die Täter sich diesbezüglich »richtig fühlen«?

Solche Studien sind trotz der enormen Aufmerksamkeit, die sie seitens der Presse erhalten, extrem naiv. Aristoteles für die zu untersuchende Hypothese heranzuziehen, ist beinahe schon lächerlich reduktiv. Wenn wir annehmen, dass Aristoteles »Glück« meinte, wenn er von *eudaimonia* sprach, müssen wir erstens bedenken, dass er über einen Zustand sprach, der nur durch beträchtliche Erfahrung wirklich erreicht werden konnte. Vergehende emotionale Zustände und die entsprechenden Praktiken konnten Zeichen einer tugendhaften Existenz sein, je nachdem, wie mit einer Emotion umgegangen wurde. Ein solcher vergehender Zustand konnte jedoch nicht mit individuell gefühltem Glück, mit Zufriedenheit, *eudaimonia* – oder wie auch immer wir es nennen wollen – gleichgesetzt werden. Zweitens musste der Zustand der *eudaimonia* einer Person objektiv messbar sein. Dies bedeutet, dass die Gefühle eines Individuums – in einem Augenblick oder auch länger anhaltend – für die letztendliche Analyse, ob diese Person gut und somit glücklich war, unerheblich sind. Entscheidend ist, dass die Gesellschaft über Tugend entscheidet, nicht das Individuum, da es die Gesellschaft ist, die die Parameter für tugendhafte Praktiken bereitstellt sowie für das, was entweder einen Mangel an Tun oder eine Verfehlung durch Übermaß darstellt.

Dieses Element fehlt in solchen Studien, die sich ausschließlich auf emotionale Zufriedenheit konzentrieren, völlig. Dass sie sich gleichzeitig auf Aristoteles beziehen, ist bedauerlich. Während wir weiter untersuchen, was uns glücklich macht, und ob diese Frage überhaupt noch wichtig ist (und wenn ja, für wen?), übersehen wir zu unserem eigenen Nachteil die sozialen und moralischen Aspekte. Das Glück einer Gesellschaft von Individuen ist der neoliberale Traum des Amoralischen (im besten Fall) oder des Unmoralischen (im schlimmsten Fall). Wenn wir Glück als die emotionale Erfüllung jeglicher Emotion auf individueller Ebene verstehen, inklusive Wut und Hass, endet dies im Chaos, das durch die Glücksentwürfe der Mächtigen und Gewalttätigen befeuert wird. Wenn wir die bloße Tatsache akzeptieren, dass Wut und Hass befriedigend sein können, dass Individuen aufgrund solcher Emotionen in Bezug auf sich selbst sowie auf die Welt »richtig fühlen«, dann kann man das sicherlich nicht so stehen lassen. Die Gesellschaft legt fest, was akzeptabel ist, und bestraft diejenigen, die diese Normen verletzen. Hiermit sollen keine bestimmten Normen gerechtfertigt oder bestimmte Werte gepredigt werden. Es soll lediglich gesagt werden, dass die Werte, die Gefühlen und ihren jeweiligen Praktiken zugeordnet werden, von etwas Größerem als dem Individuum überwacht werden, zum Wohle dieses Größeren.

Laut William Reddy kann dieses *emotional regime* sowohl ein glücklicher Ort sein, als auch einer, der viel Leid verursacht.[48] In beiden Fällen lässt sich

Glück jedoch nicht auf die individuelle Freiheit reduzieren, auf diese oder jene Art zu fühlen. Aristoteles hat dies in etwa so verstanden: Die Praktiken – etwa der Wut – bestimmten, ob die *Gesellschaft* mit einer bestimmten Ausdrucksweise einer Leidenschaft zufrieden war oder nicht. Die richtige Form gewohnheitsmäßigen Verhaltens zu finden, war wesentlich für den moralischen Status des Individuums sowie für den moralischen Zustand der Gemeinschaft als Ganzer. In einer Gemeinschaft, in der friedliche Praktiken der Gerechtigkeit durch den Staat und durch die Regierung ausgeübt werden, müssen persönliche Gefühle von Wut durch geeignete Institutionen und Gerichtsverfahren gelenkt werden. Wenn Individuen mit einer solchen Kontrolle ihres Verlangens, ihre Wut auszuleben, unzufrieden sind, müssen wir aus der Perspektive der Gesellschaft die Position einnehmen, dass diese Unzufriedenheit – das Unglück aufgrund der Tatsache, dass sie nicht so fühlen können, wie sie es möchten – notwendig und sogar unbedeutend ist. Die Zufriedenheit daraus, dass die gerechte Entrüstung auf gerichtlichem Weg durchgesetzt wurde, würde unter diesen Umständen vermutlich eine höhere Form der Zufriedenheit hervorbringen – zwar eine weniger unmittelbare Genugtuung, dafür aber aufgrund der ultimativen Billigung durch die Gesellschaft als Ganzer, repräsentiert durch ihre Institutionen, ein befriedigenderes Ergebnis. In solch einem Regime würde jemand, der sich einer öffentlichen Zurschaustellung von Wut hingegeben hätte, dadurch letztendlich keine Zufriedenheit erlangen, auch wenn er für den einen Moment »richtig gefühlt« hat. Die Gesellschaft würde die Regelüberschreitung bestrafen oder angesichts des offensichtlichen Mangels an Selbstbeherrschung Angst zeigen. Das Funktionieren einer Gesellschaft hängt von solchen Praktiken der Kontrolle und Bestrafung ab.

Aus all dem ergibt sich die Frage, wie wir wissen können, ob wir in einer glücklichen Gesellschaft leben oder ob wir als Individuen mit unserem Los glücklich oder zufrieden sind. Da die durch die Gesellschaft vorgeschriebenen Normen bezüglich emotionaler Praktiken ohne die bewusste Reflexion ihrer Mitglieder entstehen, könnte behauptet werden, dass es für Konformisten unmöglich ist, das zu tun, was Aristoteles letztendlich wollte: den Status unserer Zufriedenheit objektiv messen. Wir können unsere Zufriedenheit lediglich an den für uns festgelegten Standards messen.

Das mag ein bisschen trostlos klingen. Wir haben uns aber nicht vollständig uns selbst entfremdet, denn es gibt immer noch dieses Gefühl der individuellen Unzufriedenheit, auf das wir zurückgreifen können. Als William Reddy das Konzept des »emotionalen Leidens« entwarf, ging es ihm vor allem um die Diskrepanz zwischen den Gefühlen des Individuums und den vorgeschriebenen Ausdrucksformen für Emotionen in einem bestimmten Kontext. Es ist möglich, dass man aufgrund dieser Konformität leidet und ganz genau weiß, dass man nicht glücklich ist, auch wenn der Staat darauf besteht – wie viele in der Vergangenheit und auch heute –, dass man es ist. Wenn genügend Menschen sich über diese Quelle individuellen Unglücks und Leidens verbinden, kann ein Regimewechsel herbeigeführt werden. Die scheinbare Natürlichkeit eines *emotional regimes* sowie das konstruierte politische Gefüge, das es ja eigentlich ist, offenzulegen, ist bereits ein erster Ansatz zu einer Unterminierung. Wenn eine ausreichende Zahl Menschen gemeinsam handelt, mit dem bewussten Ziel, von emotionalen Zwängen befreit zu werden, dann kommt es zum Sturz eines Regimes und das emotionale Leiden, das durch Politik verursacht wurde, verwandelt sich vielleicht plötzlich in Erleichterung. Ein neues *emotional regime* ersetzt das alte. Diejenigen, die sich unter dem vorigen Regime als glücklich betrachtet haben, sehen sich plötzlich einer auf den Kopf gestellten Ordnung gegenüber. Aufgrund der neuen Definition dessen, was »glücklich sein« bedeutet, leiden sie jetzt im Verborgenen, sofern es ihnen nicht gelingt, sich an die neue Ordnung zu gewöhnen. Und so weiter.

Insbesondere wenn sich bei einem politischen Umbruch mit Blick auf eine Gemeinschaft, Gesellschaft, Nation oder ein größeres politisches Gebilde das Zugehörigkeitsgefühl verändert, dann fallen plötzlich soziale Normen und das scheinbar Natürliche stärker auf. Allgemeine Annahmen wirken plötzlich unbeholfen, deplatziert, falsch und unsinnig. Wir leben in solchen Zeiten. Sind wir glücklich? Jedenfalls sollten wir keinen Glücksindex heranziehen, um das herauszufinden, sondern eher einander.

Epilog: Der Wert des Erlebens

Dieses Buch zeigt sowohl die enorme Bandbreite als auch die inhärenten Begrenzungen der Emotionsgeschichte. Der Begriff »Emotionen«, der so verführerisch wie problematisch ist, kann nicht eindeutig definiert werden. Dass wir ihn verwenden, führt dennoch zugleich zu einer Definition. Das spricht für eine Beständigkeit der Psychologie, wie auch des Fachs selbst als transzendentes Forschungsgebiet. Oder der Begriff wird von einer Art transzendentalen evolutionären Biologie vereinnahmt, die dazu neigt, die Veränderungen des Menschen in der historischen Zeit als bloßes Plätschern innerhalb einer viel älteren und weiter zurückgehenden Geschichte zu übersehen. Er funktioniert als semantische Kurzschrift für die Art von Dingen, nach denen wir suchen und die wir zu erklären versuchen. Dies führt uns jedoch genauso oft in die Irre, wie es hilfreich ist. Der Begriff erfasst bestimmte Arten von Phänomenen, insbesondere in Bezug auf das *Ausdrücken*, aber man scheitert erbärmlich daran, das Erleben von Empfindungen oder die Vermischung von Erkennen, Vernunft und Zuneigung zu erklären. Er bringt uns dazu, die Reichweite der Untersuchung von vornherein auf solche »Emotionen« zu begrenzen, die wir bereits kennen. Diejenigen Teile des Gefühlslebens, die verloren sind, werden es wahrscheinlich auch bleiben, solange sich die Geschichtswissenschaft an der Gegenwart orientiert.

Ich habe versucht, diese Fallstricke zu umgehen, indem ich von *feelings* (»Gefühlen«) spreche – ein vages Konzept im heutigen Englisch – und indem ich affektives Erleben in einem allgemeinen Sinn sowie in der Sprache der damals lebenden Personen selbst behandelt habe. Auf diese Weise werden Gefühle immerhin nicht von vornherein automatisch auf das begrenzt, was mithilfe eines Funktionellen Magnetresonanztomografen sichtbar gemacht werden kann. Es bleibt dennoch ein quälender Zweifel bezüglich der Einordnung dieses Beitrags in die Geschichtswissenschaft im Allgemeinen sowie bezüglich seiner Bedeutung für die aktuelle Forschung zu »Emotionen«.

Möglicherweise wäre es sinnvoller, die Emotionsgeschichte als Teilgebiet in eine größere Kategorie wissenschaftlicher Forschung zu integrieren: Erleben. Meiner Auffassung nach umfasst die Frage nach dem Fühlen nicht nur Emotionen, sondern auch alle Arten von Empfindungen, die durch situationsgebundenes Wissen bedingt sind. Sie verweist auf die Kategorie des Erlebens im Allgemeinen.

Der Vorteil liegt darin, dass der spezifische Untersuchungsgegenstand nicht dem Risiko des Anachronismus ausgesetzt ist, wie dies bei Emotionen der Fall ist. Es ist nicht nötig, Menschen zu finden, die das Wort »Erleben« verwenden, um sagen zu können, dass ein Erleben stattgefunden hat. Auch legt die Art, wie wir heute das Wort »Erleben« verwenden, nicht von vornherein fest, was genau mit dem Begriff gemeint ist. Es gibt zudem keine vergleichbare Wissenschaft des Erlebens – ob in der Psychologie oder in der Neurobiologie –, die uns mit Disziplinen in Konflikt bringen würde, die außerhalb der Grenzen der Geschichtsschreibung liegen. Die Beschäftigung mit dem Erleben bietet uns dennoch die Möglichkeit, Fragen in Bezug auf Emotionen und Konzepte nachzugehen, die existierten, bevor der Begriff Emotion irgendetwas bedeutet hat. Da es in Bezug auf Emotionen so viele Verständigungsschwierigkeiten zwischen den Disziplinen gibt, könnte dies die historische Forschung erleichtern: Man könnte vermeiden, sich auf etwas zu beziehen, das bereits mit festen Definitionen und Methodologien der jeweiligen Disziplinen belastet ist.

Außerdem denke ich, dass durch die Verwendung des Wortes »Erleben« die politischen Möglichkeiten dieser Art von Forschung enorm ausgeweitet werden könnten – anders als bei dem engeren Begriff Emotion. Hinsichtlich der Beispiele in Bezug auf Glück in Kapitel 6 besteht beispielsweise viel Unsicherheit darüber, ob sich irgendjemand in Glücksregimen tatsächlich glücklich *fühlt*. Es gibt jedoch keinen Zweifel daran, dass solche Regime von allen auf diese oder jene Art *erlebt* werden. Jenseits der Vorschriften und der Rhetorik des emotionalen Wohlbefindens gibt es ein affektives Register, das es zu entdecken gilt. Die implizite und symbolische Gewalt eines staatlichen Auftrags, auf nationaler Ebene Glück *herzustellen*, wobei die Definition dessen, was es bedeutet, glücklich zu sein, und was nötig ist, um dies *auszudrücken*, bei diesem Staat liegt, erfordert die Erforschung der Auswirkungen dieser

Gewalt, nicht die Erforschung des Ausmaßes des Glücks. Eine solche Forschung ist zwar schwierig und möglicherweise gefährlich, jedoch angesichts dieser Überlegungen gleichermaßen dringlich. Wer sich mit der Vergangenheit beschäftigt, setzt sich in geringerem Maße diesem Risiko aus, wenn überhaupt, was den Ansatz umso attraktiver macht.

Was befindet sich unter der Oberfläche affektiver Vorschriften? Wie fühlten die Menschen in Bezug auf das, was sie taten, oder das, was mit ihnen getan wurde? Was unternahmen sie in Bezug auf das, wie sie fühlten? Welche Grenzen gab es in Bezug auf das, was getan werden konnte, und wer legte sie fest? Diese Fragen sind die wesentliche Grundlage für die Anekdoten und Beispiele in diesem Buch. Sie beziehen sich auf etwas, das über die Anwesenheit eines Gefühls hinausgeht, und führen zu einer Analyse der Bewertung von Gefühlen. Fühlten sich die Gefühle *richtig* oder *falsch* an, und durch wen oder was wurde dies entschieden? Diese Frage beschäftigt uns heute genauso sehr, wie sie Menschen in der Vergangenheit umgetrieben hat.

Im Englischen wurde das Gefühl dafür, was richtig und was falsch ist, früher als *moral sense* (»moralisches Empfinden«) bezeichnet. Manche nutzen diesen Begriff vielleicht immer noch. Im 18. und 19. Jahrhundert ging man beim *moral sense* – auch in Bezug auf die Vergangenheit – üblicherweise davon aus, dass es sich um etwas Unbewusstes handelt. Es wurde allgemein angenommen, dass das moralische Empfinden angeboren sei, entweder infolge biologischer und/oder evolutionärer Prozesse oder gemäß göttlicher Absicht. Wenn es fehlerhaft war, lag der Fehler also bei der »Natur«. Sogar diejenigen, die die Bedeutung der Sinne für das Erleben der Welt verstanden, wie etwa Kant, betrachteten die Sinne dennoch als unveränderlich.[1] Auch die Bildungsreformer des 19. Jahrhunderts, die der Auffassung waren, dass selbst der unwürdigste Mensch erlöst werden konnte, indem er gewissermaßen an die Hand genommen wurde, mussten sich gegen die vorherrschende Auffassung wehren – insbesondere seitens der Biologie, der Eugenetik und der Evolutionstheorie –, dass moralische Makel nicht behoben werden könnten.

Der bedeutendste Beitrag der Emotionsgeschichte liegt meiner Meinung nach darin, zu beleuchten, wie die Mächtigen bzw. ihre Institutionen emotionale Vorschriften schaffen, durch die »moralische Ökonomien« wesentlich gestaltet und definiert werden.[2] Hierdurch wird deutlich, inwiefern menschliche Gefühle kulturell geformt sind. Das, was unbewusst oder »natürlich« scheint, ist wesentlich durch die kulturellen Netze beeinflusst, in denen die menschliche Biologie gefangen ist.[3] Durch eine biokulturelle Geschichte des moralischen Empfindens können wir besser verstehen, worin die Macht einer Aufforderung liegt, die Welt auf diese oder jene Weise zu sehen und zu empfinden.[4] Aus dieser Perspektive können wir den inneren Kampf von Menschen nachvollziehen, die versuchen, »richtig zu fühlen«, wie auch das Scheitern in verschiedenen Kontexten. Das Ergebnis wird eine Geschichte des Erlebens sein, die den wahrgenommenen, das heißt den *gefühlten* Wert des Erlebens in den Vordergrund stellt. Und all dies können wir, wenn wir es wollen, auf uns selbst und die vorschreibenden *cultural regimes*, in denen wir leben, anwenden.

Der Zweck wäre nicht ein endloser und sinnloser moralischer Relativismus, sondern eine Befähigung. Die Architektur einer dominanten moralischen Ökonomie aufzuzeigen und zu enthüllen, wie die Vorschriften gemacht werden und die Macht eingesetzt wird, sind die ersten Schritte – hin zu einer Veränderung bzw. Demaskierung des Regimes oder zur Schaffung eines Rahmens, in dem diejenigen, die sich unter dem Joch der Macht befinden, es leichter haben, bezüglich ihres Erlebens »richtig zu fühlen«. Meine Hoffnung besteht dementsprechend darin, dass man Ihnen, wenn man Sie das nächste Mal fragt, wie Sie sich fühlen, erst einmal eine Denkpause gewährt.

Anhang

Anmerkungen

Für die in Kurzform zitierten Titel siehe die Literaturhinweise.

1 Gefühl und Geschichte

1 Zu den Tücken der Empathie siehe S. Lanzoni (2012): Introduction. Emotion and the Sciences. Varieties of Empathy in Science, Art, and History. In: Science in Context 25, S. 287–300; S. Lanzoni: A Short History of Empathy. In: The Atlantic, 15. Oktober 2015. Zu den Besonderheiten der Empathie siehe M. Scheler (5. Auflage 1948): Wesen und Formen der Sympathie. Frankfurt. Für eine kurze Darstellung der »Unbeständigkeit« der Empathie, inklusive einiger neurowissenschaftlicher Perspektiven, siehe Boddice (2018), S. 55 f., 124–128.

2 Eine Reaktion auf den Tiefpunkt der Postmoderne – auf K. Jenkins (1991): Re-thinking History. London – bietet R. Evans (1997): In Defence of History. London. Intellektuellere, gründlichere und brauchbarere Ansätze, beispielsweise die Hayden Whites, scheinen angesichts der extremen Position Jenkins' umso bedrohlicher. Siehe hierzu H. White (1985): The Historical Text as Literary Artifact. In: Tropics of Discourse. Essays in Cultural Criticism. Baltimore, S. 81–100.

3 Linda Connors Antwort auf P. Shankman (1984): The Thick and the Thin. On the Interpretative Theoretical Program of Clifford Geertz. In: Current Anthropology 25, S. 261–280 (S. 271).

4 Was es heißt, herauszufinden, wie es sich zu einem bestimmten Zeitpunkt an einem bestimmten Ort angefühlt hat, wird am deutlichsten in L. Hunt (2009): The Experience of Revolution. In: French Historical Studies 32, S. 671–678. Manche Emotionshistoriker zögern, dies als ihr Ziel zu definieren, weil sie der Meinung sind, dass das Erleben aus den historischen Aufzeichnungen nicht zu erfahren ist. Ich glaube, ihnen fehlt es an histori-

scher Vorstellungskraft, auf jeden Fall aber unterschätzen sie massiv die Fähigkeit, mithilfe von rekonstruierten Kontexten, Sprachen und Gesten sehen zu können.

5 Weitere *longue durée*-Untersuchungen: Liliequist (2013); Rosenwein (2016); E. Carrera (Hrsg., 2013): Emotions and Health, 1200–1700. Leiden. Für eine theoretischere Darstellung, mit Fokus größtenteils auf der Rhetorik, siehe Gross (2006).

6 Boddice (2018).

7 Für eine vollständige Darstellung siehe Boddice (2018). Programmatischere Darstellungen, inklusive intellektueller Begründungen, finden sich in R. Boddice (2017): The History of Emotions. Past, Present, Future. In: Revista de Estudios Sociales 62, S. 10–15; R. Boddice (mit D. L. Smail) (2018): Neurohistory. In: P. Burke / M. Tamm (Hrsg.): Debating New Approaches in History. London.

8 Boddice (mit Smail): Neurohistory (siehe Anm. 7).

9 Zusätzlich zum Aspekt der Kultur ist diese Sichtweise verbreitet; vertreten wird sie auch von A. Damasio (2012): Self Comes to Mind. Constructing the Conscious Brain. New York; Damasio (1999): The Feeling of What Happens. Body and Emotion in the Making of Consciousness. Orlando. Eine wichtige Kritik bietet Gross (2006).

10 Eine besonders scharfe Kritik ist zu finden in R. Cooter (2014): Neural Veils and the Will to Historical Critique. Why Historians of Science Need to Take the Neuro-turn Seriously. In: Isis 105, S. 145–154. Die Gefahr eines neuen »dunklen Zeitalters« thematisierte Cooter bei einem Vortrag am Department of Social Studies of Medicine an der McGill University im November 2017.

11 J.-P. Sartre (1982): Die Transzendenz des Ego. Philosophische Essays. 1931–1919, hg. v. B. Schuppener, übers. v. U. Aumüller / T. König / B. Schuppener. Reinbek bei Hamburg. In: J.-P. Sartre: Gesammelte Werke in Einzelausgaben, hg. v. T. König, S. 267.

12 Vgl. zum Beispiel L. Feldman-Barrett (2006): Are Emotions Natural Kinds? In: Perspectives on Psychological Science 1, S. 28–58.

13 Siehe Smail (2008), S. 147 f., 193 f.

14 Vgl. zum Beispiel I. C. G. Waever u. a. (2004): Epigenetic Programming

by Maternal Behavior. In: Nature Neuroscience 7, S. 847–854; R. K. Silbereisen / X. Chen (Hrsg., 2010): Social Change and Human Development. Concepts and Results. London; E. Jablonka / M. J. Lamb (2005): Evolution in Four Dimensions. Genetic, Epigenetic, Behavioural, and Symbolic Variation in the History of Life. Cambridge.

15 Für ein Beispiel für Ersteres siehe A. Öhman (2012): The Biology of Fear. Evolutionary, Neural, and Psychological Perspectives. In: B. Lazier / J. Plamper (Hrsg.): Fear Across the Disciplines. Pittsburgh, S. 35–50. Letzteres wird vor allem von P. Ekman und S. Tomkins vertreten, siehe insbesondere S. Tomkins (1962/63, 1991/92): Affect Imagery Consciousness. 4 Bde. New York; P. Ekman / W. Friesen (1976): Pictures of Facial Affect. Palo Alto.

16 Vgl. W. Reddy (1997): Against Constructionism. The Historical Ethnography of Emotions. In: Current Anthropology 38, S. 327–351.

17 Siehe insbesondere L. Feldman-Barrett (2006): Solving the Emotion Paradox. Categorization and the Experience of Emotion. In: Personality and Social Psychology Review 10, S. 20–46; sowie Feldman-Barrett: Are Emotions Natural Kinds? (siehe Anm. 12).

18 Entsprechendes behaupten Praxeologen seit einiger Zeit. Siehe Scheer (2012).

19 Hierzu gibt es einige Ansätze: M. Pernau u. a. (2015): Civilizing Emotions. Concepts in Nineteenth-century Asia and Europe. Oxford; P. Santangelo (2014): La rappresentazione della emozioni nella Cina tradizionale. Modena; B. Schuler (Hrsg., 2018): Historicizing Emotions. Practices and Objects in India, China, and Japan. Leiden.

20 Siehe beispielsweise A. G. Fix (1999): Migration and Colonization in Human Microevolution. Cambridge; A. Mesoudi (2017): Pursuing Darwin's Curious Parallel. Prospects for a Science of Cultural Evolution. In: Proceedings of the National Academy of Sciences of the United States of America 114, S. 7853–60.

21 So die tiefgreifende, wenn auch nicht formulierte Schlussfolgerung in C. Darwin (1859): On the Origin of Species. London. Zu den Folgerungen die wissenschaftliche Praxis betreffend siehe Boddice (2016).

22 Hier folge ich M. Champion / A. Lynch (2015): Understanding Emotions:

»The Things They Left Behind«. In: Champion/Lynch (2015), S. IX-XXXIV (S. XIV); sowie Dixon (2006).

23 Neben der Suche nach etwas Transzendentalem und Universellem ist dies der vorrangige Eindruck, der hier vermittelt wird: A. Wierzbicka (1999): Emotions across Languages and Cultures. Diversity and Universals. Cambridge.

24 Siehe die Diskussion in Boddice (2018), S. 73–76.

1 Archaische und klassische Leidenschaften

1 Der Meister dieses Forschungsgebiets ist David Konstan. Er hat unvergleichlich viel dazu beigetragen, die Bedeutung der Emotionsgeschichte der Antike hervorzuheben. Siehe D. Konstan (2001): Pity Transformed. London; D. Konstan (1994): Sexual Symmetry. Love in the Ancient Novel and Related Genres. Princeton; D. Konstan (2006): The Emotions of the Ancient Greeks. Studies in Aristotle and Classical Literature. Toronto; Konstan/Rutter (2003). Konstan inspirierte auch Caston/Kaster (2016). Er definierte Ausgangspunkte für Diskussionen, siehe beispielsweise E. Sanders (2014): Envy and Jealousy in Classical Athens. A Socio-psychological Approach. Oxford. Konstan war ein entschiedener Vertreter der Historisierung emotionalen Erlebens. Sanders kritisierte ihn, weil er sich zu sehr darum zu bemühen schien, griechische Begriffe direkt ins Englische zu übersetzen und eine zu starke Verbindung zwischen dem emotionalen Erleben der Vergangenheit und dem der Gegenwart herzustellen, um daraus eine Art direkte topische Relevanz des Erforschens antiker Emotionen abzuleiten. Sanders selbst scheint hier jedoch nicht konsistent zu sein (S. 4–6).

2 Die klassische Altertumswissenschaft hat wahrscheinlich mehr Arbeiten zum Thema Emotionen hervorgebracht hat als jedes andere Fach, allerdings ist ein Großteil dieser Arbeiten unabhängig von der Entwicklung der Emotionsgeschichte als Disziplin entstanden, und die Unterschiede sind teils beträchtlich. Die klassische Altertumswissenschaft untersucht Philosophie, Literatur, Dichtung und Rhetorik ausführlich, um die antiken Texte zu verstehen, viele andere haben sich dem Thema des Gefühls-

lebens aber aus der Perspektive der heutigen Psychologie und Kognitionswissenschaft genähert. Dies gilt insbesondere für die Philosophie, die dazu neigt, das Allgemeine dem Besonderen vorziehen. Manches davon wirkt in der heutigen Emotionsgeschichte eher fehl am Platz. Siehe insbesondere R. Sorabji (2000): Emotion and Peace of Mind. From Stoic Agitation to Christian Temptation. Oxford; sowie M. Nussbaum (1994): The Therapy of Desire. Theory and Practice in Hellenistic Ethics. Princeton.

3 Die Handlung bezieht sich auf Ereignisse, die ca. 400 Jahre zuvor, im frühen 12. Jahrhundert v. Chr., stattgefunden haben. Es gibt eine rege Diskussion darüber, inwieweit Homers Epos eine frühere, mündlich überlieferte Dichtungstradition bewahrt. In jedem Fall wurde die *Ilias* – auch in der klassischen Zeit – hauptsächlich durch Vorlesen, durch mündliche Wiederholung weitergegeben.

4 *Cholos* verweist auf die humorale Substanz Galle (engl., veraltet: *choler*). Das Wort ist in unseren heutigen Sprachen in unterschiedlichen Formen erhalten geblieben. Eine cholerische Person ist jemand, der übellaunig oder wütend ist, und das französische *colère* ist das gebräuchliche Wort für »Wut«. Die Wortherkunft als körperliche Störung oder Krankheit hat sich in dem Wort »Cholera« konserviert (siehe Kapitel 2).

5 L. Muellner (2004): The Anger of Achilles. »Mênis« in Greek Epic. Ithaca. Meine Analyse deckt sich weitgehend mit dieser.

6 R. Fagles (Übers., 1990): Homer, The Iliad. London.

7 Siehe beispielsweise W. V. Harris (2001): Restraining Rage. The Ideology of Anger Control in Classical Antiquity. Cambridge, S. 131–156.

8 Siehe beispielsweise L. Kozak (2017): Experiencing Hektor. Character in the Iliad. London.

9 M. Desmond (2016): Trojan Itineraries and the Matter of Troy. In: R. Copeland (Hrsg.): The Oxford History of Classical Reception in English Literature. Bd. 1, S. 262.

10 W. E. Gladstone (1869): Juventus Mundi. The Gods and Men of the Heroic Age. London, S. 508 f.

11 S. Levin (1949): Love and the Hero of the Iliad. In: Transactions and Proceedings of the American Philological Association 80, S. 37–49 (S. 37). Siehe auch K. Callen King (1987): Achilles. Paradigms of the War Hero

from Homer to the Middle Ages. Berkeley; S. Benardett (2005): Achilles and Hector. The Homeric Hero. South Bend.

12 Muellner: Anger of Achilles (siehe Anm. 5), S. 119.

13 Homer: Ilias 1.408–412.

14 Ebd., 21.521–525.

15 Ebd., 22.312 f.

16 S. Scully (2003): Reading the Shield of Achilles. Terror, Anger, Delight. In: Harvard Studies in Classical Philology 101, S. 29–47 (S. 40).

17 Für eine umfangreiche Darstellung der Bedeutung und der spezifisch körperlichen Eigenschaften von *menos* siehe R. Sugg (2014): The Secret History of the Soul. Physiology, Magic and Spirit Forces from Homer to St Paul. Newcastle, S. 22–25.

18 Homer: Ilias 22.346 f.

19 Zu Fagles siehe Anm. 6. Murray (Übers., 1924): Homer, The Iliad. Cambridge.

20 D. Konstan (2007): Anger, Hatred, and Genocide in Ancient Greece. In: Common Knowledge 13, S. 170–187 (S. 177). S. Ahmed (2004): Collective Feelings. Or, The Impressions Left by Others. In: Theory, Culture and Society 21, S. 25–42 (S. 27).

21 O. Taplin (1980): The Shield of Achilles within the »Iliad«. In: Greece and Rome 27, Ser. 2, S. 1–21.

22 Homer: Ilias. Deutsche Übersetzung von J. H. Voß (München 1957), 19.374–378.

23 Ebd., 19.381–398 / 19.410–427.

24 Scully: Reading the Shield (siehe Anm. 17), S. 40, 43, 45.

25 Homer: Ilias. 19.21 f. / 19.33 f.

26 Boddice (2018), S. 11–14.

27 M. Beard (2013): Confronting the Classics. Traditions, Adventures and Innovations. London, S. 32 f.

28 Aristoteles: Poetik 1451a–b. Deutsche Übersetzung von A. Schmitt (Berlin 2008).

29 Siehe u. a. H. Holborn (1949): Greek and Modern Concepts of History. In: Journal of the History of Ideas 10, S. 3–13; K. J. Dover (1983): Thucydides »As History« and »As Literature«. In: History and Theory 22, S. 54–63.

30 S. Lattimore (1998): Thucydides, The Peloponnesian War. Indianapolis.

31 R. Warner (1974): Thucydides, History of the Peloponnesian War. London; R. Lisle (1977): Thucydides 1.22.4. In: Classical Journal 72, S. 342–347.

32 M. Hammond (2009): Thucydides, The Peloponnesian War. Oxford.

33 H. Vretska / W. Rinner (2000): Thukydides, Der Peloponnesische Krieg. Stuttgart.

34 T. Hobbes (1989, [1629]): Thucydides, The Peloponnesian War. Chicago; B. Jowett (1881): Thucydides, History of the Peloponnesian War. Oxford.

35 M. Cogan (1981): The Human Thing. The Speeches and Principles of Thucydides' History. Chicago. Siehe auch E. Young-Bruehl (1986): What Thucydides Saw. In: History and Theory 25, S. 1–16, wo typische Lesarten infrage gestellt werden.

36 Thukydides: Der Peloponnesische Krieg 2.37. Hoffnung wurde im antiken Griechenland allgemein nicht oder zumindest keinesfalls ausschließlich als positive Emotion bewertet, siehe hierzu D. Cairns (2016): Metaphors of Hope in Archaic and Classical Greek Poetry. In: Caston / Kaster (2016).

37 Zu meiner Zurückhaltung, dies einfach als »Glück« zu übersetzen, siehe den folgenden Abschnitt zu Aristoteles.

38 Thukydides: Der Peloponnesische Krieg 2.35 f.

39 Ebd., 2.47–54.

40 Ebd., 5.84–116.

41 Für verschiedene Ansätze bezüglich der Bedeutung und Verwendung von *eudaimonia* (viele versuchen, dem Konzept aktuelle Relevanz zu geben und es auch tatsächlich anzuwenden) siehe u.a. M. Nussbaum (2003): Upheavals of Thought. The Intelligence of Emotions. Cambridge, S. 31 f.; A. S. Waterman (1990): The Relevance of Aristotle's Conception of Eudaimonia for the Psychological Study of Happiness. In: Theoretical and Philosophical Psychology 10, S. 39–44; R. M. Ryan / V. Huta / E. L. Deci (2013): Living Well. A Self-determination Theory Perspective on Eudaimonia. In: A. Delle Fave (Hrsg.): The Exploration of Happiness. Present and Future Perspectives. Dordrecht, S. 117–139; A. S. Waterman (Hrsg., 2013): The Best within Us. Positive Psychology Perspectives on Eudaimonia. Washington, D. C. Heute sind »Happiness Studies« oder eine »Positive Psychologie« (oft *eudaimonic functioning* genannt, in Abgrenzung zu *hedonic functioning*) im Kommen, und dort ist *eudaimonia* sehr populär. Das folgende

Werk weist jedoch darauf hin, dass »*eudaimonia* nicht angemessen definiert ist«: T. B. Kashdan / R. Biswas-Diener / L. A. King (2008): Reconsidering Happiness. The Costs of Distinguishing between Hedonics and Eudaimonia. In: Journal of Positive Psychology 2, S. 219–233.

42 Bereits 1926 stellte der Aristoteles-Übersetzter Harris Rackham bezüglich der ersten Erwähnung von *eudaimonia* in der *Nikomachischen Ethik* fest, dass er den Begriff, obwohl *happiness* (»Glück«) die unausweichliche Übersetzung ist, nicht »als einen Gefühlszustand, sondern als eine Art Aktivität interpretiert« (1095a), siehe H. Rackham (1926): Nicomachean Ethics. Cambridge. Dies ist insofern aufschlussreich, als der Gedanke, dass Gefühlszustände auch Aktivitäten sind, erst vor Kurzem in der Emotionsgeschichte Einzug gehalten hat.

43 Es ist verlockend, hier auf die Ähnlichkeit zu den Innovationen William James' im Bereich der Psychologie und der Physiologie aufmerksam zu machen: Er wies darauf hin, dass »wir Mitleid empfinden, weil wir weinen, Wut, weil wir zuschlagen, Angst, weil wir zittern«. Die Ziele beider Denker waren jedoch völlig verschieden. Aristoteles' Ziel war eine Abhandlung zur Moral, James' eine Arbeit über Emotionen an sich. Für Aristoteles (und dies gilt für das antike Griechenland im Allgemeinen) kamen die Leidenschaften von außen, aus der Welt, und wirkten sich auf den Körper aus. James arbeitete basierend auf der exakt gegenteiligen Prämisse, nämlich der, dass emotionales Erleben als Reaktion auf innere und automatische viszerale Bewegungen und Aktivitäten entsteht. Eine abschließende Analyse stellt sie als verwandte Ideen dar, jedoch mit radikal unterschiedlichen Beurteilungen bezüglich der Funktion. W. James (1890): The Principles of Psychology. Bd. 2. New York, S. 449 f. Für eine Analyse siehe Boddice (2018), S. 23–25.

44 Aristoteles: Nikomachische Ethik 1103b. Deutsche Übersetzung von F. Dirlmeyer (Berlin 1991).

45 Ebd., 1103b.

46 Ebd., 1104b.

47 Ebd., 1105b.

48 Ebd., 1106b.

2 Rhetorisch heraufbeschworene und körperliche Gefühle

1 Für eine allgemeine Darstellung siehe R. Webb (1997): Imagination and the Arousal of the Emotions in Greco-Roman Rhetoric. In: Morton Braund / Gill (1997), S. 112–127.

2 R. A. Kaster (2005): Emotion, Restraint, and Community in Ancient Rome. Oxford, S. 8.

3 Zum Konzept der emotionalen Improvisation siehe Sullivan (2016).

4 Thukydides: Der Peloponnesische Krieg 1.22. Deutsche Übersetzung von H. Vretska / W. Rinner (Stuttgart 2000). Hervorhebung durch den Autor.

5 Die historische Bedeutung der Reden, sowohl hinsichtlich ihres Inhalts als auch hinsichtlich ihrer Form, wurde viel diskutiert. Für sporadische Beispiele siehe P. Kosso (1993): Historical Evidence and Epistemic Justification. Thucydides as a Case Study. In: History and Theory 32, S. 1–13 (S. 10–11); J. Wilson (1982): What Does Thucydides Claim for his Speeches? In: Phoenix 36, S. 95–103; M. Pavlou (2013): Attributive Discourse in the Speeches in Thucydides. In: A. Tsakmakis / M. Tamiolaki (Hrsg.): Thucydides between History and Literature. Berlin, S. 409–434; M. Cogan (1981): The Human Thing. The Speeches and Principles of Thucydides' History. Chicago; M. Heath (1990): Justice in Thucydides' Athenian Speeches. In: Historia. Zeitschrift für Alte Geschichte 39, S. 385–400.

6 Für Diskussionen bezüglich dieser Reden siehe A. Andrews (1962): The Mytilene Debate. Thucydides 3.36–49. In: Phoenix 16, S. 64–85; D. Kagan (1975): The Speeches in Thucydides and the Mytilene Debate. In: Yale Classical Studies 24, S. 71–94; P. A. Debnar (2000): Diodotus' Paradox and the Mytiline Debate (Thucydides 3.37–49). In: Rheinisches Museum für Philologie 143, S. 161–178; C. Orwin (1984): The Just and the Advantageous in Thucydides. The Case of the Mytilenaian Debate. In: American Political Science Review 78, S. 485–494. Siehe außerdem die folgenden Anmerkungen.

7 Thukydides: Der Peloponnesische Krieg 3.36.

8 Ebd.

9 Ebd., 3.37 f.

10 Ebd., 3.40.

11 E. M. Harris (2013): How to Address the Athenian Assembly. Rhetoric and Political Tactics in the Debate about Mytilene (Thuc. 3.37-50). In: Classical Quarterly 63, S. 94–109; D. Konstan (2001): Pity Transformed. London, S. 82 f.; J. A. Andres (2000): Cleon's Hidden Appeals (Thucydides 3.37-40). In: Classical Quarterly 1, S. 45–62 (S. 50).

12 Harris: How to Address (siehe Anm. 11), S. 100.

13 Ebd., S. 108 f.

14 Thukydides: Der Peloponnesische Krieg 3.42–48.

15 Ebd., 3.42.

16 Übersetzungen, die die Begriffe *passion* und *mind* verwenden: u. a. J. M. Dent (1910), C. F. Smith (1921) und B. Jowett (1881).

17 Thukydides: Der Peloponnesische Krieg 3.44.

18 Ebd., 3.50.

19 Richtungsweisende Untersuchungen zeigen die außergewöhnlichen Möglichkeiten, die die Dekonstruktion vergangener Wissenssysteme bietet, um deren politische, technologische und affektive Dynamiken sichtbar zu machen. Siehe Daston/Galison (2007); P. Burke (2016): What is the History of Knowledge? Cambridge.

20 Galen schrieb über die Temperamente (griech.: κράσεων [*kraseon*] – Mischungen, Temperaturen [Klima], Temperamente; sein Text wurde unter dem Titel *De temperamentis* ins Lateinische übersetzt). Zu Galens Verständnis der Leidenschaften siehe – trotz des anachronistischen Titels – C. Gill (1998): Did Galen Understand Platonic and Stoic Thinking on Emotions? In: Sihvola/Engberg-Pedersen (1998), S. 113–148; sowie L. C. A. Alexander (2008): The Passions in Galen and the Novels of Chariton and Xenophon. In: Fitzgerald (2008), S. 175–197. Zur weitreichenden Bedeutung der Medizin Galens in Bezug auf Fragen des Selbst und der Leidenschaften siehe A. Gowland (2013): Medicine, Psychology, and the Melancholic Subject in the Renaissance. In: E. Carrera (Hrsg.): Emotions and Health, 1200–1700. Leiden, S. 186–219.

21 C. Mirrione (2017): Theory and Terminology of Mixture in Galen. The Concepts of *krasis* and *mixis* in Galen's Thought. Diss., Humboldt Universität zu Berlin, Anm. auf S. 265.

22 Der griechische Text ist zu finden in W. H. S. Jones (1868): Hippocrates. Collected Works. Cambridge, S. 122.

23 »Das Temperament mag aufgebracht sein und sie zu impulsiver Emotion und Leidenschaft ermuntern.« (Der griechische Text dazu ist in der Ausgabe von Jones [siehe Anm. 22] auf S. 114 zu finden.) Entsprechend der Methodologie der Emotionsgeschichte, die um jeden Preis versucht, Anachronismen zu vermeiden, ist eine Verwendung des Begriffs »Emotion« an dieser Stelle allerdings nicht zu rechtfertigen.

24 Die Passage ist in englischer Übersetzung zu finden in P. Brain (1986): Galen on Bloodletting. A Study of the Origins, Development and Validity of His Opinions, with a Translation of the Three Works. Cambridge, S. 74.

25 K. G. Kühn (Hrsg., 1826): Claudii Galeni opera omni. Bd. 11. Leipzig, S. 267.

26 In Brain: Galen on Bloodletting (siehe Anm. 24) steht die Passage in englischer Übersetzung auf S. 83. Für die griechische und lateinische Version siehe Kühn: Claudii Galeni. Bd. 11 (siehe Anm. 25) S. 282.

27 A. Tuttle u. a. (2015): Increasing Placebo Responses over Time in U. S. Clinical Trials of Neuropathic Pain. In: Pain 156, S. 2616–26.

28 K. T. Hall / J. Loscalzo / T. J. Kaptchuk (2015): Genetics and the Placebo Effect. The Placebome. In: Trends in Molecular Medicine 21, S. 285–294.

29 P. Wall (2000): Pain. The Science of Suffering. New York, S. 40, 42.

30 Plinius: Naturgeschichte 32.42.

31 Ebd., 20.13.

32 Ebd., 20.51. In anderen Kulturen, insbesondere in Kleinasien, wurde dieselbe Pflanze dazu benutzt, den bösen Blick abzuwehren. Moderne Forschungen zeigen, dass zumindest die Samen tatsächlich eine analgetische oder anästhetische Wirkung haben: L. Farouk u.a. (2008): Evaluation of the Analgesic Effect of Alkaloid Extract of Peganum harmala L. Possible Mechanisms Involved. In: Journal of Ethnopharmacology 115, S. 449–454.

33 Plinius: Naturgeschichte 21.84.

34 Ebd., 20.70, 20.84.

35 Ebd., 22.33.

36 J. Moscoso (2014): Exquisite and Lingering Pains. Facing Cancer in Early Modern Europe. In: R. Boddice (Hrsg.): Pain and Emotion in Modern History. Basingstoke, S. 16–35 (S. 24, 31). Siehe auch R. Boddice (2017):

Pain. A Very Short Introduction. Oxford; sowie J. Bourke (2014): The Story of Pain. From Prayer to Painkillers. Oxford.

37 *De esu carnium* I und *De esu carnium* II: G. N. Bernardakis (Hrsg., 1895): Plutarch, Moralia. Leipzig.

38 Konstan: Pity Transformed (siehe Anm. 11), S. 53 f.

39 Boddice: Pain (siehe Anm. 36), S. 5–10.

40 Es gibt ein altgriechisches Wort für etwas Ähnliches wie *disgust* (»Ekel«), das dieses Gefühl besser zu erfassen scheint als unser heutiges englisches Wort: σικχός – *sikchos*. Wie das englische *disgust* schließt es den Zustand der Übelkeit mit ein. Daneben gab es noch: ἀηδής (*aedes*) – es bedeutet wörtlich einen Mangel an Lieblichkeit, etwas ist also »unappetitlich« bzw. möglicherweise Übelkeit erregend; auch wenn der Begriff gern mit *disgust* übersetzt wird, scheint doch die eigentlich so zentrale »Abscheu« zu fehlen. Die δυσχέρεια (*dyschereia*) wird ebenfalls häufig mit *disgust* übersetzt. In einer kürzlich erschienenen Abhandlung unternimmt Emily Allen-Hornblower große Anstrengungen, nicht nur zu zeigen, was dieses Wort mit unserem Verständnis von *disgust* gemeinsam hat, sondern auch, inwiefern es sich von einem solchen Verständnis unterscheidet. Allerdings ist diese Arbeit charakteristisch für eine allgemeine Tendenz, Vergangenheit und Gegenwart verbinden zu wollen. »Die Emotionskonzepte der Antike unterschieden sich von unseren; es gibt methodologische Fallstricke in Bezug auf die Annahme einer exakten Übereinstimmung«, stellt Allen-Hornblower richtig fest. Sie behauptet zwar nicht, dass die »Emotion δυσχέρεια einfach auf unser modernes Konzept von *disgust* übertragen werden kann«, dennoch versucht sie, »einige gemeinsame Merkmale herauszuarbeiten«. Ich finde es weit weniger interessant, zu erforschen, inwiefern vergangenes Erleben »unserem« gleicht, als zu erforschen, inwiefern es sich unterscheidet. Warum wird unserer heutigen Kategorie in der Analyse der Vorzug gegeben? Siehe E. Allen-Hornblower (2016): Moral Disgust in Sophocles' Philoctetes. In: Lateiner/Spatharas (2016), S. 69–86, Anm. 11. Die folgenden Stellen: Plutarch: Moralia – De esu cranium 2.1 und 1.1.

41 R. Firth-Godbehere: The Two Dogmas of Disgust. In: The History of Emotions Blog, 31. August 2016. [https://emotionsblog.history.qmul.ac.uk] (Stand: 3. November 2017).

42 Boddice (2018), S. 158; Smail (2008), S. 115.

43 Lateiner/Spatharas (2016). Die Herausgeber gestehen in der Einleitung zu ihrem Buch im Grunde dessen Historizität ein, wenn sie »die Sichtweise vertreten, dass es sich bei Emotionen um ein kognitives Phänomen handelt, das bewertet werden muss, und nicht einfach um instinktive, ›irrationale‹ Reaktionen auf äußere Reize. Bei Ekel handelt es sich tatsächlich um eine reflexartige Emotion, die durch bestimmte Wahrnehmungen zum Ausdruck kommt. Ekel legitimiert aufgrund seiner viszeralen Natur Verhalten und konstruiert soziale Hierarchien, indem er Verbote verhängt. Indem er aversive physische Eigenschaften auf moralisch und sozial zu verurteilendes Verhalten projiziert, dient Ekel als Mechanismus, andere zu marginalisieren« (Ebd., S. 1–2). Vor dem Hintergrund, dass Emotionen und Ekel so als Kategorien definiert werden, hängt die Untersuchung von Dingen der Vergangenheit, die Ekel ähneln, von aktuellen Definitionen ab. Es wird vorausgesetzt, dass wir bei der Suche nach Ekel in der Vergangenheit bereits wissen, wonach wir suchen. Dies ist teleologisch und birgt die Gefahr des Anachronismus. Für eine Darstellung, warum ich es für essenziell halte, dass wir damit aufhören, am Beginn einer Untersuchung die Begriffe zu definieren, siehe Boddice (2018), S. 41–49.

44 Lateiner/Spatharas (2016), S. 8.

45 Ebd., Anm. 19.

46 Boddice: Pain (siehe Anm. 36), S. 67.

47 Platon: Politeia 439e–440a. Deutsche Übersetzung von G. Krapinger (Stuttgart 2017). Die folgenden Zitate: Platon: Politeia 440b und 439e.

48 Die Frage des Verlangens wird explizit gestellt in R. Saadi Liebert (2013): Pity and Disgust in Plato's Republic. The Case of Leontius. In: Classical Philology 10, S. 179–201. Die Diskussion wird jedoch dadurch verzerrt, dass Liebert darauf besteht, dass es hierbei um einen Kampf in Bezug auf Ekel als viszerale Reaktion auf den Anblick toter Körper geht. Die Passage, die direkt an die Anekdote über Leontios anschließt, widerspricht dieser Interpretation, die dort nach Ekel *sucht*, wo *wir* ihn erwarten würden. Solche Annahmen über ein Vorhandensein von »Ekel« müssen von vornherein verworfen werden.

49 Für eine Zusammenfassung der Bandbreite der Meinungen zu Leontios

sowie für bibliografische Hinweise siehe Liebert: Pity and Disgust (siehe Anm. 48), S. 180–182.

50 C. Korsmeyer (2011): Savoring Disgust. The Foul and the Fair in Aesthetics. Oxford, S. 42. Korsmeyer schreibt, die »Begehren« Leontios' stünden »in Konflikt miteinander«. Tatsächlich steht jedoch sein Begehren mit der *Vernunft* in Konflikt. Sie bezeichnet das, was Leontios erlebt, als »ästhetisch verführerischen Ekel«, räumt aber ein, dass »hier nicht klar ist, welche Begriffe am geeignetsten sind«, und zählt »Reiz, Anziehung, Vergnügen, Neugier, magnetische Anziehungskraft« auf. Für mich ist hierbei entscheidend, dass ich es zwar für sinnvoll halte, die ästhetische *Anziehungskraft* von Ekel im Allgemeinen zu diskutieren, dass ich aber keinen Weg sehe, dies bezogen auf Leontios zu tun. Die Ausdrucksformen, die wir üblicherweise mit Ekel in Verbindung bringen, sind hier Teil des Versuchs seiner rationalen Seele, das Begehren zurückzuschlagen. Dieses Begehren wird von Platon (Sokrates im Dialog) einfach als ἐπιθυμοῖ (*epithymoi*) bezeichnet.

51 Für hilfreiche Hintergrundinformationen siehe Rosenwein (2016), S. 24–34. Jedoch setzt Rosenwein hier und auch bei Cicero (S. 16–24) antike Kategorien des affektiven Erlebens mit »Emotionen« gleich. Dies geben die Originale meiner Meinung nach aber linguistisch nicht her. An Cicero wird dies besonders gut deutlich. Rosenwein behauptet, dass Ciceros Begriff *perturbationes* »das lateinische Wort [ist], das er für Emotionen wählte« (S. 17). Sie räumt zwar ein, dass er sich auf das griechische *pathé* bezieht, in den *Tusculanae Disputationes* hätte er jedoch nicht deutlicher sein können. Wenn er über *aegritudo* – Leiden – als Hauptkategorie spricht, meint er Störungen der Seele (*animi perturbationes*), die laut ihm von den Griechen als πάθος (*pathos*) bezeichnet wurden. Um jegliche Verwirrung zu vermeiden, definierte er *pathos* als *morbum* – Krankheit –, also jegliche beunruhigte Bewegung der Seele (*motus in animo turbidus*). In keiner Weise klingen diese beunruhigten Bewegungen der Seele nach »Emotionen« – sie widerfahren einer Person, anstatt von ihr auszugehen. Der Bezug auf *pathos*, etwas, das passiv erlitten wird, sollte ein eindeutiger Hinweis sein. Aus welchen Gründen wir uns auch mit dem Gefühlsleben der Vergangenheit beschäftigen: Wenn wir es in

die emotionalen Schemata der Gegenwart zu pressen versuchen, ist dies eher hinderlich als hilfreich.

52 Für eine allgemeine Darstellung der Leidenschaften bei Augustinus siehe J. Wetzel (2008): Augustine. In: J Corrigan (Hrsg.): The Oxford Handbook of Religion and Emotion. Oxford, S. 349–363; sowie P. King (2010): Emotions in Medieval Thought. In: P. Goldie (Hrsg.): The Oxford Handbook of Philosophy of Emotion. Oxford, S. 167–187 (S. 169–171).

53 Augustinus: Confessiones 10.35. Deutsche Übersetzung von J. Bernhart (Frankfurt am Main 1987).

54 Ebd.

55 Ebd.

56 *Animus* wird oft mit »Geist«, nicht mit »Seele« übersetzt. Diese Entscheidung scheint angesichts der Tatsache, dass Augustinus an anderen Stellen den Begriff *mens* verwendet, wenn er »Geist« meint, ungerechtfertigt, insbesondere im Kontext der Sünde.

57 Hier ist tatsächlich Geist gemeint (*mentemque*) – im Gegensatz zu Seele.

58 Viele haben übersehen, dass Augustinus mehr als eine Definition für Apathie zulässt und dass die Apathie, die an dieser Stelle gemeint ist, für die Lebenden unerreichbar war. Für eine Darstellung der verschiedenen Arten der Apathie in der stoischen, kynischen und epikureischen Schule siehe S. C. Byers (2013): Perception, Sensibility, and Moral Motivation in Augustine. A Stoic Platonic Synthesis. Cambridge, S. 68 ff. und 68 Anm. 65.

59 Augustinus: Vom Gottesstaat 14.9.

60 Der Zusammenhang ist hier eindeutig: Ebd., 14.3.

61 Ebd., 14.9. Für eine umfangreiche Darstellung des Verlangens bei Augustinus siehe T. Nisula (2012): Augustine and the Functions of Concupiscence. Leiden.

62 Augustinus: Vom Gottesstaat 14.9.

63 Zur Theologie des 20. Jahrhunderts siehe C.S. Lewis (2001, [1940]): The Problem of Pain. New York. Das christliche Konzept und Ideal von Schmerz im Sinne einer Gerechtigkeit, einer Tugend oder sogar einer Ekstase hat eine lange Geschichte. Für eine allgemeine Darstellung siehe Boddice: Pain (siehe Anm. 36), insbesondere Kapitel 2; Bourke: The Story

of Pain (siehe Anm. 36); J. Moscoso (2012): Pain. A Cultural History. Basingstoke. Für einzelne Epochen siehe J. Perkins (1995): The Suffering Self. Pain and Narrative Representation in the Early Christian Era. London; E. Cohen (2010): The Modulated Scream. Pain in Late Medieval Culture. Chicago; J. F. van Dijkhuizen / K. A. E. Enenkel (Hrsg., 2009): The Sense of Suffering. Constructions of Physical Pain in Early Modern Culture. Leiden; J. R. Yamamoto-Wilson (2013): Pain, Pleasure and Perversity. Discourses of Suffering in Seventeenth-century England. Farnham.

64 Augustinus' rhetorisches Vorgehen ist Teil der Dynamik der affektiven Formation. Zur Bedeutung der Rhetorik für die emotionale Formation siehe Gross (2006). Einen Überblick darüber, wie die soziale Neurowissenschaft, die Benennen und Fühlen verbindet, das psychologische Denken revolutioniert hat, bietet Feldman-Barrett (2017).

3 Bewegungen und Machenschaften

1 Zur erstaunlichen Bandbreite und Geschichte der Liebe, inklusive der Geschichte der verlorenen Liebe siehe W. Reddy (2012): The Making of Romantic Love. Longing and Sexuality in Europe, South Asia, and Japan, 900–1200 CE. Chicago; Jaeger (1999).

2 Zu Augustinus siehe Kapitel 2 ab S. 83. Zu Thomas von Aquin siehe insbesondere N. E. Lombardo (2013): Emotions and Psychological Health in Aquinas. In: E. Carrera (Hrsg.): Emotions and Health, 1200–1700. Leiden, S. 19–46; Rosenwein (2016), S. 144–168; C. J. Mews (2012): Thomas Aquinas and Catherine of Siena. Emotion, Devotion and Mendicant Spiritualities in the Late Fourteenth Century. In: Digital Philology 1, S. 235–252.

3 In Rosenweins *Generations of Feeling* wird Hildegard von Bingen nicht erwähnt. Ihre Oper, *Ordo virtutum*, wird kurz erwähnt in Liliequist (2013), S. 51, 60; die in der Oper behandelten »Emotionen« werden untersucht in J. Hotchin: »Arousing sluggish souls«. Hildegard of Bingen and the Ordo Virtutum. In: Histories of Emotion, 9. Juni 2015 [https://historiesofemotion.com] (Stand: 12. Dezember 2017). Dem Bezug der Emotionen auf Figuren aus Hildegards Welt ging Constant J. Mews nach, wobei er Hildegard selbst kritisch betrachtet: C. J. Mews (2015): Male-Female Spiritual

Partnership in the Twelfth Century. The Witness of Abelard and Heloise, Volmar and Hildegard. In: R. Berndt / M. Zatonyi (Hrsg.): Hildegards von Bingen Menschenbild und Kirchenverständnis heute. Münster, S. 167–186. Für einen größeren Zusammenhang siehe C. J. Mews (2014): Abelard, Heloise, and the Discussion of Love in the Twelfth-century Schools. In: B. S. Hellemans (Hrsg.): Rethinking Peter Abelard. A Collection of Critical Essays. Leiden, S. 11–36; C. J. Mews (2004): Bernard of Clairvaux, Peter Abelard and Heloise on the Definition of Love. In: Revista Portuguesa de Filosofia 60, S. 633–660. Für weitere Informationen zum Kontext siehe B. Newman (Hrsg., 1998): Voice of the Living Light. Hildegard of Bingen and Her World. Berkeley. Es sollte unbedingt eine Dissertation über Hildegards Leidenschaften und Affekte geschrieben werden.

4 Hildegards visionäre Trilogie besteht aus: *Liber Scivias* (1142–51), *Liber vitae meritorum* (1158–63) und *Liber divinorum operum* (1163/64–72). Ihre medizinischen Abhandlungen: *Physica* (1150–58) und *Causae et curae* (vor 1179). Die Sprache, die sie erfunden hat, wird in *Lingua ignota* (vor 1179) dokumentiert. Ihr bedeutendstes musikalisches Werk ist die Oper *Ordo virtutum* (ca. 1151).

5 Synoptische Ausgabe mit englischer Übersetzung: L. van Acker (Hrsg., 1991): Hildegardis Bingensis Epistolarium, pars prima I–XC. Turnhout; L. van Acker (Hrsg., 1993): Hildegardis Bingensis Epistolarium, pars secunda XCI–CCLR. Turnhout; sowie L. van Acker / M. Klaes-Hachmoller (Hrsg., 2001): Hildegardis Bingensis Epistolarium, pars tertia CCLI–CCCXC. Turnhout. Englische Übersetzung: J. L. Baird / R. K. Ehrman (1994–2004): The Letters of Hildegard of Bingen. 3 Bde. Oxford.

6 Zum Leben Hildegards siehe Mark Athertons Einleitung in seiner 2001 erschienenen Ausgabe: Hildegard von Bingen. Selected Writings. London, S. IX–XLIII.

7 Ebd., S. XIX–XX.

8 Die bedeutende transformative Wirkung der meditativen Praktiken des Lesens und Schreibens auf das Gehirn wurde in diesem Zusammenhang untersucht in J. Bourke (2016): An Experiment in »Neurohistory«. Reading Emotions in Aelred's De Institutione Inclusarum (Rule for a Recluse). In: Journal of Medieval Religious Cultures 42, S. 124–142.

9 Hildegard an Bernhard, Abt von Clairvaux (ca. 1146). In der deutschen Übersetzung von W. Storch: Hildegard von Bingen (2012): Briefe. Epistolae. Rüdesheim/Eibingen, S. 17, Brief Nr. 1.

10 Ebd., S. 18.

11 In der englischen Übersetzung (siehe Anm. 5) von Baird und Ehrmann wird auf S. 29 in Anm. 4 auf eine Stelle in einer der autobiografischen Passagen in ihrer *Vita* verwiesen, in der sie ihre Visionen erklärt.

12 Hildegard an den Mönch Guibert (1175). In der deutschen Übersetzung von W. Storch: S. 176–178, Brief Nr. 103R.

13 Die Formulierung *context of possibilities* (»Kontext der Möglichkeiten«) stammt aus F. Hernández Brotons (2017): The Experience of Cancer Illness. Spain and Beyond during the Second Half of the Nineteenth Century. Diss., Universidad Carlos III de Madrid, S. 20.

14 Das Konzept der *viriditas* in Hildegards Werk wurde gründlich untersucht, jedoch hauptsächlich mit Blick auf die mittelalterliche Medizin. Siehe V. Sweet (2010): Rooted in the Earth, Rooted in the Sky. Hildegard of Bingen and Premodern Medicine. London; sowie ganz besonders V. Sweet (1999): Hildegard of Bingen and the Greening of Medieval Medicine. In: Bulletin of the History of Medicine 73, S. 381–403. Siehe auch C. Meier (1972): Die Bedeutung der Farben im Werk Hildegards von Bingen. In: Frühmittelalterliche Studien 6, S. 280–290.

15 Hildegard an Abt Adam (vor 1166). In der deutschen Übersetzung von W. Storch: S. 152–154, Brief Nr. 85R/A.

16 Die Symbolik wird folgendermaßen erklärt: Der Mantel repräsentiert die »reine Unschuld«, mit der das Mädchen alles umfasst. Die Schuhe weisen darauf hin, dass ihre Wege »durch den besten Teil von Gottes Auswahl führen«. Sonne und Mond in der rechten Hand stehen dafür, dass Gottes rechte Hand die gesamte Schöpfung umfasst und die göttliche Liebe an das Gute überall verteilt. Die Tafel aus Elfenbein – in ihrer Reinheit – ist die Jungfrau Maria; im Inneren befindet sich Jesus Christus, dessen Göttlichkeit durch die saphirblaue Farbe repräsentiert wird.

17 Baird und Ehrman wählen hier eine ziemlich unklare Formulierung, sinngemäß: »Die göttliche Liebe war die Matrix, von der aus er alle Dinge erschuf.«

18 Zu Machiavelli und insbesondere den »Emotionen« siehe N. Hochner (2014): Machiavelli. Love and the Economy of Emotions. In: Italian Culture 32, S. 122–137; J. Barbalet (2006): Emotions in Politics. From the Ballot to Suicide Terrorism. In: S. Thompson (Hrsg.): Emotion, Politics and Society. Basingstoke, S. 45 f.; H. Patapan (2006): Machiavelli in Love. The Modern Politics of Love and Fear. Lanham.

19 N. Machiavelli (1857, [1513]): Il Principe. Florenz, S. 53.

20 D. Wootton (Übers., 1995): Niccolò Macchiavelli, The Prince. Indianapolis, S. 79.

21 Zu Castiglione und den Emotionen (insbesondere Liebe) siehe J. T. Stewart (1957): Renaissance Psychology and the Ladder of Love in Castiglione and Spenser. In: Journal of English and Germanic Philology 56, S. 225–230; W. De Boer (2007): Spirits of Love. Castiglione and Neo-Platonic in Discourses of Vision. In: C. Göttler / W. Neuber (Hrsg.): Spirits Unseen. The Representation of Subtle Bodies in Early Modern European Culture. Leiden, S. 121–140.

22 B. Castiglione (1771 [1528]): Il cortegiano. Vicenza, S. 20.

23 Ich habe die englische Übersetzung von C. S. Singleton von 2002 verwendet (The Book of the Courtier. New York; hier: S. 17 f.).

24 Castiglione: Il cortegiano, S. 29 f.;

25 Castiglione: Il cortegiano, S. 31.

26 R. Descartes: Über den Menschen sowie Beschreibung des menschlichen Körpers (Heidelberg 1969), übers. v. K. E. Rothschuh. S. 69.

27 R. Descartes: Von der Methode des richtigen Vernunftgebrauchs und der wissenschaftlichen Forschung, übers. v. L. Gäbe (Hamburg 1960), S. 38–40.

28 Ebd., S. 45.

29 Ebd., S. 26 f.

30 Descartes: Über den Menschen, S. 136.

31 Ebd., S. 115 f.

32 Ebd., S. 117.

33 Descartes: Von der Methode, S. 48.

34 Vgl. N. A. Rupke (1987): Vivisection in Historical Perspective. London, S. 26.

35 Vgl. Ebd., S. 27.

36 Vgl. Ebd.

37 Zum Kontext siehe J. DeJean (1991): Tender Geographies. Women and the Origins of the Novel in France. New York, S. 71–93.

38 Die stetig wachsende Literatur zu Hysterie, die kontinuierlich neu bewertet wird, ist dementsprechend umfangreich. Siehe R. Boddice (2019): Hysteria or Tetanus? Ambivalent Embodiments and the Authenticity of Pain. In: D. Martin Moruno / B. Pichel (Hrsg.): Emotional Bodies. Studies on the Historical Performativity of Emotions. Urbana-Champaign; E. Showalter (1985): The Female Malady. Women, Madness and English Culture, 1830–1980. London; M. Micale (2008): Hysterical Men. The Hidden History of Male Nervous Illness. Cambridge; M. Micale (1995): Approaching Hysteria. Disease and Its Interpretations. Princeton; S. L. Gilman u. a. (Hrsg., 1993): Hysteria Beyond Freud. Berkeley / Los Angeles.

39 S. Winnett (1993): Terrible Sociability. The Text of Manners in Laclos, Goethe, and James. Palo Alto, S. 12.

40 Zu meiner Verwendung des Begriffs *moral economy* (»moralische Ökonomie«) siehe Boddice (2018), S. 195–201.

41 Winnett: Terrible Sociability (siehe Anm. 39), S. 10.

42 Ebd.

43 Dem Thema kommt besondere Aufmerksamkeit zu in M. Cureau de la Chambre (1634): Nouvelle pensées sur les causes de la lumière, du desbordement du Nil et de l'amour d'inclination. Paris. Hierbei handelt es sich um eine kurzgefasste Arbeit, die aufgrund der ungleichartigen Themen seltsam scheint, gleichzeitig jedoch die Lokalisierung des Herzens in einer Landschaft von Licht und Flut auf den Punkt bringt. Siehe auch Cureau de la Chambres erstaunlich zynische Herangehensweise in Bezug auf den giftigen Charakter der Liebe sowie auf die Wunden, die der Seele von der Schönheit zugefügt werden: M. Cureau de la Chambre (1649): The Characters of the Passions. London, S. 20–35. Zum Kontext siehe F. Dumora (2009): Topologie des émotions. Les caractères des passions de Marin Cureau de la Chambre. In: Littératures Classiques 68, S. 161–175.

44 Siehe A.-M.-L. d'Orléans, Duchesse de Montpensier (2002): Against Marriage. The Correspondence of La Grande Mademoiselle, hrsg. und übers. v. J. DeJean. Chicago; C. C. Lougee (1976): Le Paradis des Femmes.

Women, Salons, and Social Stratification in Seventeenth-century France. Princeton; S. Desan / J. Merrick (Hrsg., 2009): Family, Gender, and Law in Early Modern France. University Park.

45 I. Kant (1922, [1790]): Kritik der Urteilskraft. Leipzig, S. 120. Englische Übersetzungen sind hier teilweise verwirrend. »Zärtliche Rührungen« werden manchmal als *tender emotions* übersetzt, obwohl Kant mit »Rührungen« eindeutlich etwas Innerliches meinte – ein Gefühl des Bewegtseins –, keine äußere Projektion dieses Gefühls. Dies wird dann zu einem Problem, wenn von »Affekt« die Rede ist, was üblicherweise als *affect* übersetzt wird, womit jedoch hier eher etwas wie »Emotionen« gemeint ist, da diese in der Welt gegenwärtig sind und Auswirkungen auf die Welt haben. Siehe den betreffenden Abschnitt in der Übersetzung von W. S. Pluhar (Immanuel Kant, Critique of Judgement, Indianapolis 1978) auf S. 133.

46 A. Bain (2. Auflage 1865): The Emotions and the Will. London, S. 70–93 (S. 72).

47 H. Spencer (2. Auflage 1870): The Principles of Psychology. Bd. 2. London, S. 622–624.

4 Das Zeitalter der Unvernunft

1 Siehe die Rezension zu in jüngerer Zeit erschienenen Arbeiten über die Vernunft bzw. die Beziehung zwischen Vernunft und Gefühl in S. Swift (2006): Mary Wollstonecraft and the »Reserve of Reason«. In: Studies in Romanticism 45, S. 3–24.

2 Siehe die historische Fallstudie in Reddy (2001). Siehe auch Colin Jones' Beitrag zur Bedeutung des Lächelns während der Französischen Revolution: C. Jones (2014): The Smile Revolution in Eighteenth-century Paris. Oxford (Dt.: Die Revolution des Lächelns, Stuttgart 2017).

3 Siehe beispielsweise L. L. Moore / J. Brooks / C. Wigginton (Hrsg., 2012): Transatlantic Feminisms in the Age of Revolutions. Oxford; M. R. Miller (2006): The Needle's Eye. Women and Work in the Age of Revolution. Amherst; H. B. Applewhite / D. G. Levy (Hrsg., 1993): Women and Politics in the Age of the Democratic Revolution. Ann Arbor.

4 Deutsche Übersetzung: B. de Spinoza (2015): Ethik in geometrischer Ordnung dargestellt, übers. v W. Bartuschat. Hamburg, S. 229.

5 Ebd., S. 243.

6 Ebd., S. 171.

7 Ebd., S. 329

8 Für eine umfassende Betrachtung Spinozas und der »Emotionen« siehe S. James (1997): Passion and Action. The Emotions in Seventeenth-century Philosophy. Oxford. Siehe auch K. Hübner (2017): The Trouble with Feelings, or Spinoza on the Identity of Power and Essence. In: Journal of the History of Philosophy 55, S. 35–53.

9 Vertreter der »affektiven Wende« in der Soziologie und verwandten Fachrichtungen mögen eine entsprechende Genese feststellen. Für die »affektive Wende« in der Geisteswissenschaft lässt sie sich aber schwer belegen. Siehe beispielsweise P. Ticineto Clough / J. Halley (Hrsg., 2007): The Affective Turn. Theorizing the Social. Durham. Eine deutlichere Verbindung besteht zwischen Spinoza und dem Philosophen Gilles Deleuze und seinen Anhängern sowie mit der Tiefenökologie. Siehe E. de Jonge (2011): An Alternative to Anthropocentrism. Deep Ecology and the Metaphysical Turn. In: R. Boddice (Hrsg.): Anthropocentrism. Humans, Animals, Environments. Leiden, S. 307–319. Andere machen einen noch größeren Sprung: A. Damasio (2003): Looking for Spinoza. Joy, Sorrow, and the Feeling Brain. Orlando.

10 Boddice (2018), S. 49.

11 Spinoza, S. 369.

12 Ebd.

13 Ebd., S. 337.

14 Ebd., S. 345.

15 Ebd., S. 243.

16 Ebd., S. 557.

17 Eustace (2008).

18 Zum Konzept der »emotionalen Grenze« siehe K. Vallgårda / K. Alexander / S. Olsen (2015): Emotions and the Global Politics of Childhood. In: S. Olsen (Hrsg.): Childhood, Youth and Emotions in Modern History. National, Colonial and Global Perspectives. Basingstoke.

19 H. J. Kaye (2005): Thomas Paine and the Promise of America. A History and Biography. New York, S. 43; M. Foot / I. Kramnick (Hrsg., 1987): The Thomas Paine Reader. London, S. 10.
20 T. Paine (1776): Common Sense. Philadelphia, S. 3.
21 Ebd., S. 4.
22 Ebd., S. 11.
23 T. Paine (1827): The Age of Reason. New York, S. 5.
24 Ebd., S. 6.
25 Paine: Common Sense (siehe Anm. 20), S. 39.
26 C. Robbins (1983): The Lifelong Education of Thomas Paine (1737–1809). Some Reflections upon His Acquaintance among Books. In: Proceedings of the American Philosophical Society 127, S. 135–142 (S. 140). In *Zeitalter der Vernunft* zitiert Paine Spinoza. Siehe J. Fruchtman Jr (2009): The Political Philosophy of Thomas Paine. Baltimore, S. 34 f.
27 Paine: Common Sense (siehe Anm. 20), S. 17.
28 Ebd., S. 17 f.
29 Ebd., S. 31.
30 Ebd., S. 41.
31 Ebd., S. 42.
32 Ebd.
33 Ebd., S. 43.
34 Ebd., S. 58.
35 Ebd., S. 55.
36 Ebd., S. 17.
37 J.-J. Rousseau (1762): Émile, ou de l'éducation. Amsterdam. In ihrer *Vindication of the Rights of Woman* (1792) kritisierte Mary Wollstonecraft Rousseaus Ideen.
38 M. Wollstonecraft (1891, [1792]): A Vindication of the Rights of Woman. London, S. x.
39 Ebd., S. 31 f. Das Problem der »Natur« bzw. des menschlichen Status von Frauen wird ausführlich diskutiert in J. Bourke (2011): What It Means To Be Human. Reflections from 1791 to the Present. London. Es beschränkte sich nicht auf das 18. Jahrhundert, sondern begleitete die Bildungs- und Wahlrechtspolitik bis weit ins 20. Jahrhundert hinein. Siehe beispielswei-

se R. Boddice (2011): The Manly Mind? Re-visiting the Victorian »Sex in Brain« Debate. In: Gender and History 23, S. 321–340.

40 R. M. Wardle (1979): Collected Letters of Mary Wollstonecraft. Ithaca; M. Wollstonecraft (1970): Letters Written during a Short Residence in Sweden, Norway and Denmark. Fontwell, Sussex. Neben ihren Briefen ist die von ihrem Ehemann verfasste Biografie eine Hauptquelle zu Wollstonecrafts Privatleben: W. Godwin (1798): Memoirs of the Author of A Vindication of the Rights of Woman. London. Es gibt eine Vielzahl von Biografien von bewundernswerter Qualität, darunter: L. Gordon (2005): Mary Wollstonecraft. A New Genus. London; J. Todd (2000): Mary Wollstonecraft. A Revolutionary Life. New York; E. Flexner (1972): Mary Wollstonecraft. A Biography. New York. Zum allgemeinen Kontext der Frage von Geschlecht und Sentimentalität siehe C. L. Johnson (1995): Equivocal Beings. Politics, Gender, and Sentimentality in the 1790s. Wollstonecraft, Radcliffe, Burney, Austen. Chicago.

41 Mary Wollstonecraft an Gilbert Imlay (4. Oktober 1795). In Wardles Briefsammlung (siehe Anm. 40) S. 315 f.

42 Wollstonecraft an Imlay (ca. 10. Oktober 1795). In Wardles Briefsammlung (siehe Anm. 40) S. 316 f.

43 S. Johnson (10. Auflage 1792): A Dictionary of the English Language. London.

44 Wollstonecraft an Imlay (ca. November 1795). In Wardles Briefsammlung (siehe Anm. 40) S. 317 f.

45 S. McMillen Conger (1994): Mary Wollstonecraft and the Language of Sensibility. Rutherford, S. 34.

46 Zum Kontext siehe G. Williams (2010): Angel of Death. The Story of Smallpox. Basingstoke; zum Leben Jenners siehe R. Boddice (2015): Edward Jenner. Stroud, Gloucestershire; R. B. Fisher (1991): Edward Jenner. A Biography. London. Die hier folgenden Informationen stammen aus Jenners Korrespondenz, die am Royal College of Physicians, am Royal College of Surgeons und in der Wellcome Library, alle in London, aufbewahrt werden, sowie aus den veröffentlichten Briefen: G. Miller (1983): Letters of Edward Jenner. Baltimore. Jenners ursprüngliche Biografie, von seinem Freund John Baron verfasst, ist ebenfalls eine wichtige, wenn auch recht einseitige Quelle: J. Baron (1838): The Life of Edward Jenner. 2 Bde. London.

47 Siehe dazu aber R. Boddice (2018): Bestiality in a Time of Smallpox. Dr Jenner and the »Modern Chimera«. In: D. Ohrem / M. Calarco (Hrsg.): Exploring Animal Encounters. Philosophical, Cultural, and Historical Perspectives. Cham; Boddice: Edward Jenner (siehe Anm. 46), S. 41–83.

48 Tagebucheintrag Edward Jenners, 15. März 1796. Royal College of Physicians, London, RCP MS372.

49 E. Jenner an T. Pruen (21. November 1808). Wellcome Library, London, MS 5240/11.

50 Jenner an Pruen (1809). Wellcome Library, London, MS 5240/25.

51 Jenner an Pruen (1809). Wellcome Library, London, MS 5240/28.

52 Die Geschichte der Depression als klinisches und diagnostizierbares Phänomen ist interessant. Was die Versuchung »retrospektiver Diagnosen« anbelangt, sollten wir aber vorsichtig sein. Das Verständnis dessen, was Krankheiten sind (und was nicht), hat direkten Einfluss auf Praktiken des Krankseins und des Behandeltwerdens und betrifft den Kern des Erlebens von Krankheit selbst. Siehe beispielsweise Å. Jansson (2011): Mood Disorders and the Brain. Depression, Melancholia, and the Historiography of Psychiatry. In: Medical History 55, S. 393–399. Zum Thema Veränderlichkeit diagnostischer Kategorien siehe E. Shorter (2013): How Everyone Became Depressed. The Rise and Fall of the Nervous Breakdown. Oxford. Es soll auch erwähnt sein, dass es keine für alle Zeiten gültige Depressions-»Wissenschaft« gibt. Wissenschaftliches Wissen darüber, was eine Depression ist und wie sie behandelt werden sollte, existiert ebenso wie alles andere in einem bestimmten Kontext und in einer bestimmten Kultur. Eine brillante Untersuchung zu den Gefühlen, die möglich waren, bevor es die Depression gab: Sullivan (2016).

53 Jenner an T. C. Morgan (11. Juli 1809). Miller: Letters (siehe Anm. 46), Nr. 46.

54 Jenner an Morgan (9. Oktober 1809). Miller: Letters (siehe Anm. 46), Nr. 49.

55 Baron: Life of Edward Jenner (siehe Anm. 46). Bd. 2, S. 141 f.

56 Jenner an Pruen (14. Februar 1810). Wellcome Library, London, MS 5240/31.

57 Jenner an Pruen (23. Oktober 1815). Wellcome Library, London, MS 5240/59.

58 Jenner an Pruen (2. Januar 1816). Wellcome Library, London, MS 5240/60.

59 Ebd.

60 Jenner an Dr. T. H. Burder (5. Februar 1816). Miller: Letters (siehe Anm. 46), Nr. 76.

61 Jenner an Pruen (27. Juni 1816). Wellcome Library, London, MS 5240/61; Jenner an Pruen (9. Dezember 1816). Wellcome Library, London, MS 5240/63; Jenner an E. Davies (2. März 1821). Wellcome Library, London, MS 5237/1.

5 Unverstand und Gefühllosigkeit

1 Klassisch hierzu: G. J. Barker-Benfield (1992): The Culture of Sensibility. Sex and Society in Eighteenth-century Britain. Chicago.

2 John Dashwood wird als »eher kaltherzig«, seine Frau als »überzeugende Karikatur von ihm« beschrieben (S. 4 f.); Lady Middleton wird als »abstoßende [...] kalte Geschmacklosigkeit« bezeichnet (S. 27); und Marianne hat von Oberst Brandon den ersten Eindruck, er habe wohl »seit Langem kein Gefühl [der Liebe] mehr empfunden« (S. 29), was impliziert, dass das Alter das Herz vertrocknen oder erkalten lässt. Die Idee, dass er zu ihr passen würde, bezeichnet sie als »gefühllos« (S. 28). Es gibt viele weitere Beispiele für eine Nebeneinanderstellung von großem Feingefühl und schroffer Herzlosigkeit; die Handlung entwickelt sich aus dieser Dynamik heraus. Die Seitenzahlen beziehen sich auf diese Ausgabe: J. Austen (2004, [1811]): Sense and Sensibility. Oxford. Einige Wissenschaftler vertreten die Auffassung, insbesondere die Männer der britischen Elite hätten sich zu Beginn des 19. Jahrhunderts von der Empfindsamkeit abgewandt, um den Vorwurf der Verweichlichung zu vermeiden und sich so von den Franzosen abzugrenzen. So entstand das Bild des direkten, plumpen Engländers, der wenig spricht und scheinbar noch weniger fühlt. Siehe M. Cohen (1999): Manliness, Effeminacy and the French. Gender and the Construction of National Character in Eighteenth-century England. In: M. Cohen / T. Hitchcock (Hrsg.): English Masculinities, 1660–1800. Harlow. Für eine vergleichende Untersuchung der Historizität der berühmten britischen Haltung *stiff upper lip* siehe T. Dixon (2015): Weeping Britannia. Portrait of a Nation in Tears. Oxford.

3 P. Heath / J. B. Schneewind (Hrsg., 1997): Immanuel Kant. Lectures on Ethics. Cambridge, S. 212 f.

4 Siehe die ausführliche Argumentation in R. Boddice (2008): A History of Attitudes and Behaviours toward Animals in Eighteenth- and Nineteenth-century Britain. Anthropocentrism and the Emergence of Animals. Lewiston.

5 A. Young (2012): Empathic Cruelty and the Origins of the Social Brain. In: S. Choudhury / J. Slaby (Hrsg.): Critical Neuroscience: A Handbook of the Social and Cultural Contexts of Neuroscience. Oxford.

6 Siehe Anm. 4 dieses Kapitels.

7 B. Mandeville (3. Auflage 1724): The Fable of the Bees. London, S. 189 f.

8 J. Bentham (1789): An Introduction to the Principles of Morals and Legislation. London, S. 309 f. Anm.

9 R. Boddice (2010): The Moral Status of Animals and the Historical Human Cachet. In: JAC. A Journal of Rhetoric, Culture and Politics 30, S. 457–489.

10 Penal Code; Cruelty to Animals: Bentham-Manuskripte, University College London (UCL), LXXII, 214 (ca. 1780). Transkribiert und nachgedruckt in L. Campos Boralevi (1984): Bentham and the Oppressed. Berlin, S. 228 f. Siehe auch Benthams Brief, in dem er sich für Tierversuche ausspricht: Morning Chronicle, 13. März 1825.

11 Penal Code: Bentham-Manuskripte (siehe Anm. 10).

12 C. Darwin (2. Auflage 1874): The Descent of Man. London, S. 90. Im Text kursiv: Hervorhebung des Autors.

13 Siehe Boddice (2016) sowie den abschließenden Abschnitt dieses Kapitels zum Kontext der Anästhesie.

14 Brief an *The Times*, 19. April 1881.

15 Insbesondere die Physiologie betrachtete die Emotionen nicht länger als immaterielles Produkt des Geistes, sondern als in körperlicher, viszeraler Aktivität begründet. In der Forschung war eine strenge Kontrolle nötig: Die Emotionen der Forschenden selbst sollten nicht die emotionale Reaktion ihrer Versuchsobjekte (oft Hunde) beeinflussen. Somit zog die Entwicklung einer physiologischen Forschungsagenda, die Jagd nach Emotionen, eine Entwicklung von Strategien zur Entfernung der Emotionen aus den Laboren nach sich. Dies könnte als Streben nach Objektivi-

tät angesehen werden, was natürlich keine weniger affektive Perspektive ist als jede andere. Hinsichtlich der Objektivität sehen wir uns jedoch mit einer großen analytischen Herausforderung konfrontiert: Wir haben es mit einem Affekt zu tun, der beansprucht, eben gerade keiner zu sein. Zum Aufstieg der Physiologie der Emotionen sowie der Emotionslosigkeit von Forschenden in diesem Zusammenhang siehe O. Dror (1999): The Scientific Image of Emotion. Experience and Technologies of Inscription. In: Configurations 7, S. 355–401; O. Dror (1999): The Affect of Experiment. The Turn to Emotions in Anglo-American Physiology, 1900–1940. In: Isis 90, S. 205–237; O. Dror (2001): Techniques of the Brain and the Paradox of Emotions, 1880–1930. In: Science in Context 14, S. 643–660; zum allgemeinen Hintergrund des Aufstiegs der Objektivität in der wissenschaftlichen Forschung sowie der Objektivität als Affekt siehe die monumentale Arbeit von Daston/Galison (2007).

16 A. Ure (1819): An Account of Some Experiments Made on the Body of a Criminal Immediately after Execution, with Physiological and Practical Observations. In: Quarterly Journal of Science and the Arts 6, S. 290 f.

17 Zu diesem Zusammenhang siehe B. Dawson (2011): Modernity as Anthropolarity. The Human Economy of Frankenstein. In: R. Boddice (Hrsg.): Anthropocentrism. Humans, Animals, Environments. Leiden, S. 155–181 (S. 173).

18 D. Ferrier (1875): The Croonian Lecture. Experiments on the Brain of Monkeys. In: Philosophical Transactions of the Royal Society of London 165, S. 433–488.

19 Parlament des Vereinigten Königreichs: Report of the Royal Commission on the Practice of Subjecting Live Animals to Experiments for Scientific Purposes. Aussage John Colam, S. 83.

20 L. Lind-af-Hageby / L. K. Schartau (1903): The Shambles of Science. London, S. 19–26 (S. 20). *Shambles* (»Chaos«) ist hier als eine Anspielung auf eine gewisse Farce zu sehen; es ist eine veraltete Bezeichnung für eine Schlachtbank. Die klassische Untersuchung zu diesem Vorfall ist C. Lansbury (1985): The Old Brown Dog. Women, Workers, and Vivisection in Edwardian England. Madison.

21 Lind-af-Hageby/Schartau: Shambles of Science (siehe Anm. 20), S. 21.

22 *The Times*, 4. August 1875.

23 C. Darwin (1872): The Expression of Emotions in Man and Animals. London. Eine lesenswerte Zusammenfassung des Verhältnisses zu Crichton-Browne, die Darwins Argumentation leider fälschlich mit der natürlichen Auslese in Verbindung bringt, bietet S. Edwards: The Naturalist and the Neurologist. On Charles Darwin and James Crichton-Browne. In: The Public Domain Review, 28. Mai 2014 [https://publicdomainreview.org] (Stand: 14. November 2017).

24 Die Korrespondenz zu diesem Thema wurde zwischen Mai 1869 und Januar 1873 geführt und hatte ihren Höhepunkt 1871. Die Veröffentlichung *Ausdruck der Gemütsbewegungen* fiel also in diese Zeit. Siehe das Darwin Correspondence Project: www.darwinproject.ac.uk (Stand: 15. November 2017).

25 Für eine allgemeine Untersuchung siehe P. Prodger (2009): Darwin's Camera. Art and Photography in the Theory of Evolution. Oxford.

26 Vgl. die kritische Ausgabe von Darwins *Ausdruck*, herausgegeben von Paul Ekman (Oxford, 1998). In der Einleitung entwirft Ekman eine Art intellektuelle Genealogie – die Fotos von Gesichtsausdrücken auf dem Cover dienen der Untermauerung. Für eine lesenswerte Kritik an der fotografischen Methode siehe R. Leys (2012): How Did Fear Become a Scientific Object and What Kind of Object Is It? In: J. Plamper / B. Lazier (Hrsg.): Fear Across the Disciplines. Pittsburgh, S. 51–77.

27 Für eine umfassendere Diskussion dieses Themas, die auch die beiden hier besprochenen Gemälde behandelt, siehe C. Lawrence / M. Brown (2016): Quintessentially Modern Heroes. Surgeons, Explorers, and Empire, ca. 1840–1914. In: Journal of Social History 50, S. 148–178.

28 M. Brown (2017): Surgery and Emotion. The Era before Anaesthesia. In: T. Schlich (Hrsg.): The Palgrave Handbook of the History of Surgery. Basingstoke, S. 327–348; M. Brown (2017): Redeeming Mr Sawbone. Compassion and Care in the Cultures of Nineteenth-century Surgery. In: Journal of Compassionate Health Care, IV / 13.

29 G. Böhme (2000): Atmosphäre. Essays zur neuen Ästhetik. Frankfurt am Main; A. Reckwitz (2012): Affective Spaces. A Praxeological Outlook. In: Rethinking History 16, S. 241–258. Siehe auch B. Anderson (2009): Affec-

tive Atmospheres. In: Emotion, Space and Society 2, S. 77–81. Für eine erzählende Darstellung der Veränderung der emotionalen Atmosphäre (im physiologischen Labor) siehe Boddice (2016), S. 75–86.

30 D. Hume (1888, [1738]): Treatise of Human Nature. Oxford, S. 576.

31 F. Burney an E. Burney, 22. März 1812. In: F. Burney (2001): Journals and Letters, hrsg. v. P. Sabor / L. E. Troide. London, S. 442.

32 A. Smith (2009, [1759]): The Theory of Moral Sentiments. London, S. 45.

33 Eine Zusammenfassung bietet S. J. Snow (2008): Blessed Days of Anaesthesia. How Anaesthetics Changed the World. Oxford.

34 R. Boddice (2014): Hurt Feelings. In: R. Boddice (Hrsg.): Pain and Emotion in Modern History. Basingstoke, S. 1–10; R. Boddice (2017): Pain. A Very Short Introduction. Oxford. Die heutige neurowissenschaftliche Forschung bestätigt das; sie versucht einerseits, körperlichen und emotionalen Schmerz als phänomenologisch und neurologisch konstant darzustellen; andererseits versucht sie, Verletzungsimpulse, die nicht in bedeutsamer Weise als Schmerz erlebt werden, neu zu konzeptionalisieren. Siehe insbesondere N. Grahek (2. Auflage 2007): Feeling Pain and Being in Pain. Cambridge; N. I. Eisenberger (2003): Does Rejection Hurt? An FMRI Study of Social Exclusion. In: Science 302, S. 290–292; eine umfassendere Darstellung bieten G. MacDonald / L. A. Jensen-Campbell (Hrsg., 2011): Social Pain. Neuropsychological and Health Implications of Loss and Exclusion. Washington, D. C.

35 Dies wird von Matt Cartmill als das »Bambi-Syndrom« bezeichnet: M. Cartmill (1993): A View to a Death in the Morning. Cambridge, S. 161ff.

36 H. Spencer (2. Auflage 1870): The Principles of Psychology. Bd. 2. London, S. 622–624. Diese Analyse war in der ersten Ausgabe von 1855 nicht enthalten. Spencer reagierte eindeutig auf den Geist der Zeit und versuchte, insbesondere den Altruismus - ein Neologismus - zu erläutern, sowohl in Hinblick darauf, wo er fehlgeleitet war, als auch darauf, wie er besser eingesetzt werden könnte. Für einen größeren Zusammenhang siehe T. Dixon (2008): The Invention of Altruism. Making Moral Meanings in Victorian Britain. Oxford. Spencer wird in Kapitel 5 der Untersuchung behandelt.

37 Michael Fried zufolge wissen wir »fast alles, was es über die Szene, die

Eakins für sein Gemälde gewählt hat, zu wissen gibt« – so kennen wir etwa die Besonderheiten der von Gross verfeinerten Operationsmethode. Meine Beobachtungen zu diesem Gemälde ergänzen den affektiven Kontext der Szene, der uns notwendigerweise über die Szene selbst hinausführt. Siehe M. Fried (1987): Realism, Writing, Disfiguration. On Thomas Eakins and Stephen Crane. Chicago, S. 6. Zum Hintergrund des Gemäldes siehe G. Hendricks (1969): Thomas Eakins's Gross Clinic. In: Art Bulletin 51, S. 57–64; L. Goodrich (1933): Thomas Eakins. His Life and Work. Bd. 1. New York, S. 49–54; E. Johns (1983): Thomas Eakins. The Heroism of Modern Life. Princeton.

38 Goodrich: Thomas Eakins (siehe Anm. 37). Bd. 1, S. 125.

39 Das Geschlecht des Patienten wurde diskutiert. Ich gehe davon aus, dass es sich um einen Jungen handelt, da Jungen häufiger von dieser Erkrankung betroffen sind als Mädchen. Letztendlich halte ich das Geschlecht hier jedoch für irrelevant. Das Gemälde zeigt einen unergründlichen Körper, der durch die Anästhesie *objektifiziert* wurde. Es handelt sich nicht länger um einen Menschen, sondern – bis die anästhetische Wirkung nachlässt – um chirurgisches *Material*. Die einzige relevante Geschlechterdynamik in diesem Bild ist die zwischen dem Chirurgen und der erschaudernden Mutter. Siehe J. Doyle (1999): Sex, Scandal, and Thomas Eakins's The Gross Clinic. In: Representations 68, S. 1–33 (S. 5, 21). Doyle lässt den medizinischen Kontext beiseite, der sie vielleicht zu der Schlussfolgerung gebracht hätte, dass es sich bei dem Patienten um einen Jungen handelt.

40 Diese Interpretation erscheint mir insgesamt wahrscheinlicher und eher durch die öffentliche Diskussion zu chirurgischen Innovationen und zur Anästhesie zu rechtfertigen als die ödipalen Fantasien Frieds, die Doyle zum Teil wiederholt und modifiziert (Doyle: Sex, Scandal [siehe Anm. 39], S. 5, 22 f.). Fried liegt richtig damit, dass die Geste der Mutter »die Forderung verstärkt, hinzusehen«, und uns zwingt, über den Anblick entsetzt zu sein, seine These, dass dies auf irgendeine Weise »eine Begegnung mit einer Kastration nahelegt« oder dass es sich bei der Wunde am Bein um eine Vagina handelt, entbehrt aber jeder Grundlage.

41 Goodrich: Thomas Eakins (siehe Anm. 37). Bd. 1, S. 50.

42 Zitiert nach ebd., S. 51 f.
43 S. G. W. Benjamin (1880): Art in America. A Critical and Historical Sketch. New York, S. 208.
44 Zitiert nach Goodrich: Thomas Eakins (siehe Anm. 37). Bd. 1, S. 51.
45 Zitiert nach Hendricks: Thomas Eakins's Gross Clinic (siehe Anm. 37), S. 63.
46 Der größere Zusammenhang dieser neuen affektiven moralischen Ökonomie ist das Thema meines Buchs *Science of Sympathy*, dessen Cover *The Gross Clinic* ziert. In dem Buch gehe ich nicht näher auf das Gemälde ein, ich denke aber, dass seine Aussage meine These perfekt auf den Punkt bringt.
47 Goodrich: Thomas Eakins (siehe Anm. 37). Bd. 1, S. 126.
48 W. Osler (2. Auflage 1925): Aequanimitas. In: Aequanimitas, with other Addresses to Medical Students and Practitioners of Medicine. Philadelphia, S. 3–11 (S. 3–6).

6 Die Herrschaft des Glücks

1 Illouz (2007), S. 4.
2 Siehe beispielsweise, A. Killen (2006): Berlin Electropolis. Shock, Nerves, and German Modernity. Berkeley; J. Bourke (1996): Dismembering the Male. Men's Bodies, Britain, and the Great War. London; D. Cantor / E. Ramsden (Hrsg., 2014): Stress, Shock, and Adaptation in the Twentieth Century. Rochester; I. Dowbiggin (2011): The Quest for Mental Health. A Tale of Science, Medicine, Scandal, Sorrow, and Mass Society. Cambridge.
3 A. V. Horwitz / G. N. Grob (2016): The Troubled History of Psychiatry's Quest for Specificity. In: Journal of Health Politics, Policy and Law 41, S. 521–539.
4 Dieses Paradox der emotionalen Praxis wird untersucht in S. Olsen (2014): Juvenile Nation. Youth, Emotions and the Making of the Modern British Citizen, 1880–1914. London. Für eine ähnliche Untersuchung der Liebe als wesentlicher Motivation für die Schlacht siehe V. Kivimäki / T. Tepora (2009): War of Hearts. Love and Collective Attachment as Integrating Factors in Finland during World War II. In: Journal of Social History 43, S. 285–305.

5 Siehe beispielsweise N. F. Gullace (1997): White Feathers and Wounded Men. Female Patriotism and the Memory of the Great War. In: Journal of British Studies 36, S. 178–206.

6 Im Original heißt es: *dulce et decorum est pro patria mori*. W. Owen (ca. 1918): Dulce et Decorum Est.

7 Bourke: Dismembering the Male (siehe Anm. 2).

8 J. Helliwell / R. Layard / J. Sachs (Hrsg., 2017): World Happiness Report 2017. New York, S. 3.

9 Zur OECD: www.oecd.org (Stand: 20. Dezember 2017).

10 Helliwell/Layard/Sachs: World Happiness Report 2017 (siehe Anm. 8), S. 3.

11 Journal of Happiness Studies: https://link.springer.com (Stand: 21. Dezember 2017).

12 2017 Social Progress Index: www.socialprogressindex.com (Stand: 27. Oktober 2017).

13 T. Hellman: Happiness and the Social Progress Index. In: Social Progress Imperative [www.socialprogressimperative.org] (30. Oktober 2017).

14 R. T. Webb u. a. (2015): National Cohort Study of Suicidality and Violent Criminality among Danish Immigrants. In: PLOS ONE 10.

15 Life Satisfaction, in: OECD Better Life Index [www.oecdbetterlifeindex.org] (Stand: 21. Dezember 2017).

16 Denmark, in: OECD Better Life Index [www.oecdbetterlifeindex.org] (Stand: 30. Oktober 2017).

17 P. D. Rosell: Gallup's Well-being Index. Measuring the Attributes of A Life Well Lived [www.amateo.info] (Stand: 30. Oktober 2017).

18 New Economics Foundation: http://neweconomics.org (Stand: 30. Oktober 2017).

19 Happy Planet Index: http://happyplanetindex.org (Stand: 30. Oktober 2017).

20 L. Bruni / P. L. Porta (Hrsg., 2008): Handbook on the Economics of Happiness. Cheltenham.

21 E. Illouz (2009): The Culture of Management. Self-interest, Empathy and Emotional Control. In: R. Ziegler (Hrsg.): An Introduction to Social Entrepreneurship. Voices, Preconditions, Contexts. Cheltenham, S. 107–132 (S. 108). Siehe auch Illouz (2007).

22 Für einen Einstieg in dieses Thema siehe D. Bok (2011): The Politics of Happiness. What Government Can Learn from the New Research on Wellbeing. Princeton; V. De Prycker (2010): Happiness on the Political Agenda. PROS and CONS. In: Journal of Happiness Studies 11, S. 585–603.

23 Zu diesem Themenfeld in all seiner Bandbreite: M. Kalman (2010): And the Pursuit of Happiness. New York; P. Booth (Hrsg., 2012): And the Pursuit of Happiness. Wellbeing and the Role of Government. London; S. M. Low (2003): Behind the Gates. Life, Security, and the Pursuit of Happiness in Fortress America. New York; The President's Council on Bioethics (ca. 2004): Beyond Therapy. Biotechnology and the Pursuit of Happiness. Washington, D. C.; A. Brooks (2015): The Conservative Heart. How to Build a Fairer, Happier, and More Prosperous America. New York; R. Rosenblatt (1999): Consuming Desires. Consumption, Culture, and the Pursuit of Happiness. Washington, D. C.; S. Edelman (2012): The Happiness of Pursuit. What Neuroscience Can Teach Us about the Good Life. New York.

24 J. Bentham (1838–43): Anarchical Fallacies. Being an Examination of the Declaration of Rights Issued during the French Revolution. In: J. Bowring (Hrsg.): Works. Bd. 8. Edinburgh, S. 501.

25 S. Johnson: Happiness. In: B. Besalke (Hrsg.): A Dictionary of the English Language. A Digital Edition of the 1755 Classic by Samuel Johnson [http://johnsonsdictionaryonline.com] (Stand: 1. November 2017).

26 Für eine Kritik der »Positiven Psychologie« oder der »Happiness Studies« im 20. Jahrhundert siehe Horowitz (2018).

27 D. Cameron: PM Speech on Wellbeing, 25. November 2010 [www.gov.uk] (Stand: 21. Dezember 2107).

28 B. Wheeler: Whatever Happened to the Happiness Agenda? In: BBC News, 16. Januar 2014. [www.bbc.co.uk] (Stand: 30. Oktober 2017).

29 A. M. Simmons: UAE's Minister of Happiness Insists Her Job is No Laughing Matter. In: Los Angeles Times, 6. März 2017 [www.latimes.com] (Stand: 31. Oktober 2017).

30 T. Hulse: The Pursuit of Happiness. In: British Airways Business Life, September 2017, S. 58–62 (S. 59).

31 Happiness Meter to Gauge Dubai Residents' Mood Coming Soon, in: Gulf

News, 16. November 2017 [http://gulfnews.com] (Stand: 16. November 2017). Die offizielle Erklärung: Wisam Amid: 2.1: Happiness Meter History. In: Happiness Agenda [http://en.happinessagenda.ae] (Stand: 15. November 2017).

32 Major Initiatives, in: Greater Good Science Center [https://ggsc.berkeley.edu] (Stand: 31. Oktober 2017); Oxford Mindfulness Centre: http://oxfordmindfulness.org (Stand: 31. Oktober 2017).

33 Illouz (2007), S. 12.

34 Wie in den Glücksregimen neoliberaler Gesellschaften die Bürger zu Kunden werden: E. Cabanas (2016): Rekindling Individualism, Consuming Emotions. Constructing »Psytizens« in the Age of Happiness. In: Culture and Psychology 22, S. 467–480. Für eine längere historische Perspektive siehe S. Donauer (2015): Faktor Freude. Wie die Wirtschaft Arbeitsgefühle erzeugt. Hamburg.

35 Hochschild (1983).

36 Yemen: Urgent Investigation Needed into UAE Torture Network and Possible U. S. Role, in: Amnesty International, 22. Juni 2017 [www.amnesty.org] (Stand: 31. Oktober 2017).

37 Bureau of Democracy, Human Rights and Labor: United Arab Emirates, in: Country Reports on Human Rights Practices for 2016 [www.state.gov] (Stand: 31. Oktober, 2017).

38 J. Brauer (2015): Disciplining Young People's Emotions in the Soviet Occupation Zone and the Early German Democratic Republic. In: S. Olsen (Hrsg.): Childhood, Youth and Emotions in Modern History. National, Colonial and Global Perspectives. Basingstoke, S. 178–197; J. Brauer (2012): »... das Lied zum Ausdruck der Empfindungen werden kann«. Singen und Gefühlserziehung in der frühen DDR. In: Emotionen in der Bildungsgeschichte, Jahrbuch für Historische Bildungsforschung 18, S. 126–145.

39 E. Thomas: Venezuela to Create »Ministry of Happiness«. In: BBC News, 26. Oktober 2013 [www.bbc.co.uk] (Stand: 31. Oktober 2017).

40 Hulse: Pursuit of Happiness (siehe Anm. 30), S. 62.

41 Dieses Zitat Webers stammt aus R. MacDonald (1971): Schumpeter and Max Weber. Central Visions and Social Theories. In: P. Kilby (Hrsg.): Entrepreneurship and Economic Development. New York, S. 71–94 (S. 78 f.).

42 E. Hagen (1971): How Economic Growth Begins. A Theory of Social Change. In: P. Kilby (Hrsg.): Entrepreneurship and Economic Development. New York, S. 123–137 (S. 136).

43 J. Schumpeter (1949): Economic Theory and Entrepreneurial History. In: Change and the Entrepreneur. Postulates and Patterns for Entrepreneurial History. Cambridge, S. 63–84 (S. 72, 81 f.).

44 R. Boddice (2009): Forgotten Antecedents. Entrepreneurship, Ideology and History. In: R. Ziegler (Hrsg.): An Introduction to Social Entrepreneurship. Voices, Preconditions, Contexts. Cheltenham, S. 133–152.

45 M. Tamir u. a. (2017): The Secret to Happiness. Feeling Good or Feeling Right? In: Journal of Experimental Psychology 146, S. 1448–59. Dies ist bei Weitem nicht die einzige Studie, die versucht, Aristoteles wiederzubeleben. Siehe beispielsweise J. Vitters (2016): Handbook of Eudaimonic Well-being. Cham. U. a. gibt es darin ein Kapitel zu »eudaimonischer Psychologie« und zu *eudaimonia* als »Lebensstil«. Der Begriff lässt sich vielseitig verwenden, ich denke jedoch, dass er außerhalb der Wissenschaft vollkommen unbekannt ist. Für Beispiele zur Bandbreite der wissenschaftlichen Disziplinen siehe M. Ross Potter (2016): Reconciling Ethical Asymmetry in Agency Oversight. Striving for Eudaimonia among Legislative Staff in West Virginia. In: Global Virtue Ethics Review 7, S. 137–165; J. B. Fowers u. a. (2016): Enhancing Relationship Quality Measurement. The Development of the Relationship Flourishing Scale. In: Journal of Family Psychology 30, S. 997–1007 (hier wird *eudaimonia* mit *flourishing* [Gedeihen] übersetzt); A. West (2017): The Ethics of Professional Accountants. An Aristotelian Perspective. In: Accounting, Auditing and Accountability Journal 30, S. 328–351; M. A. Fuss (2016): Eudaimonia. Using Aristotle to Inform Organizational Communication in order to Reimagine Human Resource Management. Diss., McAnulty College and Graduate School of Liberal Arts. Die Liste ließe sich beliebig fortsetzen; die Werke sind in ähnlicher Weise zu kritisieren wie Tamir u. a.: Secret to Happiness.

46 Tamir u. a.: Secret to Happiness (siehe Anm. 45), S. 1.

47 Ebd., S. 10.

48 Reddy (2001), S. 122–129. Siehe meine Zusammenfassung in Boddice (2018), S. 70–77.

Epilog: Der Wert des Erlebens

1 I. Kant (1781): Kritik der reinen Vernunft.

2 Ich folge hier der Definition von Daston (1995), S. 2–24. Siehe Boddice (2018), S. 194–201.

3 Hier beziehe ich mich auf Clifford Geertz, der sich wiederum auf Max Weber stützt: C. Geertz (1973): Thick Description. Toward an Interpretive Theory of Culture. In: The Interpretation of Cultures. New York.

4 Boddice (2018), S. 201–204; R. Boddice (mit D. L. Smail) (2018): Neurohistory. In: P. Burke / M. Tamm (Hrsg.): Debating New Approaches in History. London.

Literaturhinweise

Für eine ausführlichere Bibliografie zur Emotionsgeschichte, inklusive relevanter Literatur zur Geschichte der Empfindungen, verweise ich auf *The History of Emotions* (Manchester 2018). Die vielen dort aufgelisteten Werke haben mich in intellektueller, theoretischer und methodologischer Hinsicht zu diesem Buch inspiriert und es überhaupt erst möglich gemacht. Diese Auflistung hier zu wiederholen, schien mir nicht sinnvoll, daher habe ich eine kleine Auswahl zusammengestellt – sie umfasst die meiner Meinung nach wichtigsten Einführungswerke zu diesem Themenbereich und ermöglicht somit eine Orientierung für eine vertiefte Auseinandersetzung. Außerdem habe ich zentrale Werke zu den verschiedenen Epochen, die in diesem Buch behandelt werden, zusammengestellt und entsprechend strukturiert.

Die Auflistung enthält keineswegs alle Werke, auf die ich mich in diesem Buch beziehe, da sie sonst unübersichtlich und wenig hilfreich geworden wäre. Vielmehr wollte ich eine Orientierung geben, indem ich die essenzielle Literatur zur Geschichte der Emotionen, der Empfindungen und des Erlebens – des *Gefühls* im Allgemeinen – quer durch die historische Zeit aufführe. Ich habe versucht, mich auf solche Werke zu beschränken, die das Thema allgemein behandeln, jedoch gibt es einige Ausnahmen (besonders die klassische Antike betreffend). Die aufgeführten Werke zu einzelnen Emotionen vermitteln wichtige Einsichten zu allgemeinen theoretischen und methodologischen Fragen.

Die Struktur dieser Auflistung spiegelt die allgemeine Tendenz in der Emotionsgeschichte wieder, eher traditionelle Modelle der Periodisierung zu übernehmen (die Ausnahme ist Barbara Rosenwein; ich habe das Mittelalter und die Frühe Neuzeit zusammengenommen, um dem breiten zeitlichen Ansatz ihrer Arbeit gerecht zu werden). Obwohl ich diese traditionelle Struktur übernehme, empfehle ich nicht unbedingt, dass Arbeiten in diesem Bereich weiterhin dergestalt abgegrenzt werden sollten. Dieses Buch will einige dieser traditionellen Grenzen verwischen bzw. durchbrechen, aber es stützt sich dennoch – notwendigerweise – auf andere Forschungsansätze, die eben traditionell vorgehen.

Eine der Botschaften eines Buchs wie diesem ist es, dass die Geschichte des Gefühlslebens der Vergangenheit für fast jede Epoche vielfältige Möglichkeiten für weitere Forschungen bietet. Sollte das, was ich hier zusammengestellt habe, jemandem bereits umfangreich vorkommen, so möchte ich dennoch versichern, dass hier noch viel Potenzial schlummert, und dazu ermutigen, sich diesem zu widmen.

Zentrale Werke zur Theorie und Methode sowie Einführungen in die Emotionsgeschichte und die Geschichte der Empfindungen

Boddice, R. (2018): The History of Emotions. Manchester.

Daston, L. (1995): The Moral Economy of Science. In: Osiris 10, Ser. 2, S. 2–24.

Davidson, J. / Broomhall, S. (Hrsg., 2018): A Cultural History of the Emotions. 6 Bde. London.

Dixon, T. (2012): »Emotion«: The History of a Keyword in Crisis. In: Emotion Review 4, S. 338–344.

Feldman-Barrett, L. (2017): How Emotions Are Made. The Secret Life of the Brain. New York.

Gross, D. M. (2006): The Secret History of Emotion. From Aristotle's Rhetoric to Modern Brain Science. Chicago.

Howes, D. / Classen, C. (2013): Ways of Sensing. Understanding the Senses in Society. New York.

Jütte, R. (2005): A History of the Senses. From Antiquity to Cyberspace. Cambridge.

McGrath, L. S. (2017): Historiography, Affect, and the Neurosciences. In: History of Psychology 20, S. 129–147.

Plamper, J. (2015): The History of Emotions. An Introduction. Oxford.

Prinz, J. (2007): The Emotional Construction of Morals. Oxford.

Reddy, W. (2001): The Navigation of Feeling. A Framework for the History of Emotions. Cambridge.

Rosenwein, B. (2002): Worrying about Emotions in History. In: American Historical Review 107, S. 821–845.

Scheer, M. (2012): Are Emotions a Kind of Practice (and Is That What Makes Them Have a History)? A Bourdieuian Approach to Understanding Emotion. In: History and Theory 51, S. 193–220.

Smail, D. L. (2008): On Deep History and the Brain. Berkeley / Los Angeles.

Smith, M. M. (2008): Sensing the Past. Seeing, Hearing, Smelling, Tasting, and Touching in History. Berkeley / Los Angeles.

Stearns, P. N. / Stearns, C. Z. (1985): Emotionology. Clarifying the History of Emotions and Emotional Standards. In: American Historical Review 90, S. 813–836.

Stearns, P. N. / Matt, S. (Hrsg., 2014): Doing Emotions History. Urbana-Champaign.

Wassmann, C. (2017): Forgotten Origins, Occluded Meanings. Translation of Emotion Terms. In: Emotion Review 9, S. 163–171.

Griechische und römische Antike

Caston, R. R./Kaster, R. A. (Hrsg., 2016): Hope, Joy, and Affection in the Classical World. Oxford.

Chaniotis, A. (Hrsg., 2012): Unveiling Emotion. Sources and Methods for the Studies of Emotions in the Greek World. Stuttgart.

Chaniotis, A. / Ducrey, P. (Hrsg., 2014): Unveiling Emotions. Bd. 2: Emotions in Greece and Rome. Texts, Images, Material Culture. Stuttgart.

Fitzgerald, J. T. (Hrsg., 2008): Passions and Moral Progress in Greco-Roman Thought. London.

Konstan, D. (2006): The Emotions of the Ancient Greeks. Studies in Aristotle and Classical Literature. Toronto.

Konstan, D. / Rutter, K. (Hrsg., 2003): Envy, Spite and Jealousy. The Rivalrous Emotions in Ancient Greece. Edinburgh.

Lateiner, D. / Spatharas, D. (Hrsg., 2016): The Ancient Emotion of Disgust. Oxford.

Morton Braund, S. / Gill, C. (Hrsg., 1997): The Passions in Roman Thought and Literature. Cambridge.

Sihvola, J. / Engberg-Pedersen, T. (1998): The Emotions in Hellenistic Philosophy. Dordrecht.

Mittelalter und Frühe Neuzeit

Boquet, D. (2005): L'ordre de l'affect au moyen *âge*. Autour de l'anthropologie affective d'Aelred de Rievaulx. Caen.

Boquet, D. / Nagy, P. (2015): Sensible moyen *âge*: Une histoire des *émotions* dans l'Occident médiéval. Paris.

Broomhall, S. (Hrsg., 2016): Early Modern Emotions. An Introduction. New York.

Champion, M. / Lynch, A. (Hrsg., 2015): Understanding Emotion in Early Europe. Turnhout.

Eustace, N. (2008): Passion is the Gale. Emotion, Power, and the Coming of the American Revolution. Chapel Hill.

Jaeger, C. S. (1999): Ennobling Love. In Search of a Lost Sensibility. Philadelphia.

Liliequist, J. (Hrsg., 2013): A History of Emotions, 1200–1800. London.

Rosenwein, B. (2006): Emotional Communities in the Early Middle Ages. Ithaca.

Rosenwein, B. (2016): Generations of Feeling. A History of Emotions, 600–1700. Cambridge.

Sullivan, E. (2016): Beyond Melancholy. Sadness and Selfhood in Renaissance England. Oxford.

Waldow, A (Hrsg., 2016): Sensibility in the Early Modern Era. From Living Machines to Affective Morality. London.

Moderne

Biess, F. / Gross, D. M. (Hrsg., 2014): Science and Emotions after 1945. A Transatlantic Perspective. Chicago.

Boddice, R. (2016): The Science of Sympathy. Morality, Evolution and Victorian Civilization. Urbana-Champaign.

Bourke, J. (2003): Fear and Anxiety. Writing about Emotion in Modern History. In: History Workshop Journal 55, S. 111–133.

Bourke, J. (2005): Fear. A Cultural History. London.

Daston, L. / Galison, P. (2007): Objectivity. New York.
Dixon, T. (2006): From Passions to Emotions. The Creation of a Secular Psychological Category. Cambridge.
Frevert, U. u. a. (2014): Emotional Lexicons. Continuity and Change in the Vocabulary of Feeling, 1700–2000. Oxford.

Zeitgeschichte

Ahmed, S. (2004): The Cultural Politics of Emotion. Edinburgh.
Ahmed, S. (2010): The Promise of Happiness. Durham/London.
Berlant, L. (2011): Cruel Optimism. Durham/London.
Hochschild, A. R. (1983): The Managed Heart. Commercialization of Human Feeling. Berkeley / Los Angeles.
Horowitz, D. (2018): Happier? The History of a Cultural Movement that Aspired to Transform America. Oxford.
Illouz, E. (2007): Cold Intimacies. The Making of Emotional Capitalism. Cambridge.

Dank

Ich habe mit diesem Projekt versucht, meine Darstellung der Theorie und Methoden der Emotionsgeschichte auf die Praxis anzuwenden. Während meiner Arbeit an *History of Emotions*, 2018 durch die Manchester University Press veröffentlicht, habe ich sehr viel Material gesammelt, das das Thema zwar unmittelbar betrifft, aber nicht zu einer streng historiografischen Herangehensweise passte. Vieles davon habe ich nun in dieser notwendigerweise selektiven, aber dennoch hoffentlich essenziellen Darstellung verarbeitet.

Wie immer ist auch dieses Buch nicht allein mein Verdienst. Ich habe mein Fachwissen am Cluster »Languages of Emotion« der Freien Universität Berlin sowie im Forschungsbereich Geschichte der Gefühle des Max-Planck-Instituts für Bildungsforschung, ebenfalls in Berlin, erlangt. Meine Zeit dort, von 2011 bis 2016, hat mich sehr geprägt. Mit Mitarbeitern dieser Institutionen stehe ich voller Dankbarkeit weiterhin in regem Austausch. Mein Fachwissen speiste sich zudem aus weiteren Zentren und Netzwerken für Emotionsgeschichte, insbesondere an der Queen Mary University of London wie auch in Australien und Finnland. Es gibt sehr wenige erfahrene Forschende im Bereich der Emotionsgeschichte. Unterstützung habe ich dennoch erhalten, insbesondere durch Stephanie Olsen, Joanna Bourke, Susan Matt, Peter Stearns, Thomas Dixon, William Reddy, Daniel Lord Smail, Ville Kivimäki, Matthew Milner (der mich im Zusammenhang mit dem Lateinischen vor der einen oder anderen Katastrophe bewahrt hat), Michèle Cohen (die mir das Land *Tendre* gezeigt hat), Juliane Brauer und Karen Vallgåda. Meine wissenschaftliche Auseinandersetzung mit dem antiken Griechenland begann 2006 am European College of Liberal Arts (heute Bard College) in Berlin. Da ich dort weit außerhalb meiner Komfortzone lehrte, war ich sehr nervös. Als der Dekan das bemerkte, riet er mir, mir vorzustellen, ich würde dafür bezahlt, selbst etwas zu lernen. Das traf den Punkt. Michael Weinman ermöglichte es mir, am Bard College nochmals Homer, Platon und Thukydides sowie Descartes und Spinoza zu studieren. Ich danke ihm wie auch Geoff Lehman und

Tracy Colony dafür, dass ich Teil ihrer Seminare sein und mich von ihren Studierenden herausfordern lassen durfte.

Außerdem danke ich Martin Lücke, dem sehr sympathischen und liberalen Fachbereichsleiter an der Freien Universität Berlin, wo die Konzeption und Forschung für dieses Buch unter der Schirmherrschaft eines großzügigen Stipendiums der Deutschen Forschungsgemeinschaft begannen. Das Projekt wurde mithilfe einer Förderung durch eine Marie-Skłodowska-Curie-Maßnahme Nr. 742470 im Rahmen des Forschungs- und Innovationsprogramms »Horizon 2020« der Europäischen Union am Department of Social Studies of Medicine an der McGill University in Montreal fertiggestellt.

Ohne Tony Morris würde es dieses Buch nicht geben. Ich bin so dankbar für seine tatkräftige Unterstützung.

Mein ganz persönlicher Dank gilt auch meiner Familie und meinen Freunden, die mir die Zeit und den Raum geben, zu denken und zu schreiben, insbesondere der bereits erwähnten Stephanie Olsen, neben deren Fachwissen ich ihr Verständnis und ihre Nachsicht nennen will. Und schließlich Sébastien als Quelle der Freude in meiner ganz persönlichen Emotionsgeschichte.

Bildnachweis

Ich bedanke mich bei den im Folgenden genannten Quellen für die Abbildungen und/oder die Erlaubnis zur Verwendung:

S. 31 (unten): British Museum, London.

S. 31 (oben): Museo Archeologico Nazionale, Neapel.

S. 69, 173, 174: Wellcome Library, London (Wellcome Images). Unter Verwendung der Creative Commons Attribution 4.0 International license.

S. 79, 155, 159, 161: Metropolitan Museum of Art, New York (Freihandbestand).

S. 93: Benediktinerinnenabtei St. Hildegard, Eibingen.

S. 105, 107: aus R. Descartes (1667): Tractatus de homine, et de formatione foetus [...], Amsterdam. Mit freundlicher Genehmigung der U. S. National Library of Medicine, Bethesda.

S. 109: aus R. Descartes (1664): L'homme [...] et un traité de la formation du foetus, Paris. The Print Collector / Alamy Stock Photo.

S. 114: aus Mr de Scudéry [sic] (1654): Clélie, histoire romaine. Bd. 1, Paris.

S. 135: Tate, London.

S. 157: Yale Center For British Art, New Haven.

S. 176, 177: Philadelphia Museum of Art, Philadelphia (Leihgabe der University of Pennsylvania. Philadelphia).

S. 193: © IWM (Imperial War Museum), London.